羅馬・翡冷翠

這是什麼呢？

（答案見P2）

Lala Citta是義大利文的「城市＝La Citta」，
和享受輕快旅行印象綜合而成的用語。
書中匯集了古羅馬遺址、文藝復興時代的傑作、
好吃的義大利麵和可愛的義大利雜貨等…
不可錯過的旅遊時尚新主題。
當你在想「今天要做什麼呢」時
就翻翻這本書吧。
歡樂旅遊的各種創意都在書中。

ララ♪Citta Contents

羅馬・翡冷翠

Carino!

Roma 羅馬

Bello!

P1的答案→用義大利麵做成的磁鐵（Chiurato→P45）

Firenze 翡冷翠

Buono!

符號的意思

🌐…世界遺產　🌟…必看景點　　📋…有英文版菜單

📷…絕佳景觀　　📖…有諳英語的員工

🏃30分…大約30分　🏃30~120分…30～120分　Ⓢ…單人房，或是單人使用雙人房的住宿費

🏃120分…120分以上　　⑪…雙人住宿費（⑪為單人雙人房）　🍴…有餐廳

🔒…需事先訂位　　🏊…有泳池　　🏋…有健身房

👔…有著裝規定　　🚇…交通　🏠…地址　📞…電話號碼　🕐…開館時間、營業時間
（最好穿西裝繫領帶）

🚫…公休　💰…費用　Ⓜ…地鐵

其他注意事項
●本書所刊載的內容及資訊，是基於2014年7月時的取材、調查編輯而成。
書籍發行後，在費用、營業時間、公休日、菜單等營業內容上可能有所變
動，或是因臨時歇業而有無法利用的狀況。此外，包含各種資訊在內的刊載
內容，雖然已經極力追求資訊的正確性，但仍建議在出發前以電話等方式做
確認、預約。此外，因本書刊載內容而造成的損害賠償責任等，弊公司無法
提供保證，請在確認此點之後再行購買。

●地名、建築物名在標示上參考政府觀光局等單位提供的資訊，並盡可能貼
近當地語言的發音。

●休息時間基本上僅標示公休日，省略復活節、聖誕節、新年期間、固定紀
念日等節日。

●費用的標示基本上為成人的費用。

羅馬・翡冷翠——基本資訊

Roma 羅馬

早先為古代羅馬帝國的首都，歷經基督教聖地的歷史而蓬勃發展，時至今日，羅馬仍以義大利首都的姿態大展風采。在羅馬的街道上，我們可以看到訴說著昔日繁華的各種遺址，以及巴洛克風格的建築物，編織出一股美麗而協調的氛圍；鋪設石板的巷弄裡，迴盪著羅馬人開朗的吆喝聲。這座輝煌的永恆之城，無論在哪個時代都散發出引人駐足的迷人魅力。

瑞士　　　　　奧地利
斯洛維尼亞
・米蘭　　　　克羅埃西亞
威尼斯
波士尼亞・
赫塞哥維納
法國　　　　　　　　聖馬利諾共和國
利久立海
Mare Ligure　　　翡冷翠
摩納哥　　　　　　　　亞德里亞海
科西嘉島　　　　　　　Mare Adriatico
羅馬　　義大利
提雷諾海
Mare Tirreno　　・拿坡里
薩丁尼亞島
地中海
Mare Mediterraneo
0　　200km　　西西里島
突尼西亞

首先從此開始
旅遊基本資訊

匯率：€1＝35.85台幣
（2015年8月時）
貨幣為歐元Euro（€）和輔幣歐分Cent（¢）。高面額的紙鈔在使用上較不方便，建議隨身多準備€1等硬幣，能讓旅行更加順暢。詳情請見→P130。

最佳旅遊季節：春與秋
義大利的氣候四季分明，4、5、10月的天氣舒適宜人，夏季則相當酷熱，有許多店家會在8月放暑假歇業。詳情請見→P135。

👑 世界遺產

●羅馬歷史中心、享有治外法權的羅馬教廷建築和城外聖保羅大教堂
古羅馬時期的遺址群、中世紀後建造的3座教堂皆列入世界遺產。

●梵蒂岡城國
坐擁聖彼得大教堂、梵蒂岡博物館等，全域列入世界遺產的獨立國家。

✈ 觀光焦點

●西班牙廣場→P26

●圓形競技場＆古羅馬廣場
→P8、32
●梵蒂岡博物館→P11、36

🍴 必嘗美食

●鄉村義大利麵→P12、70
●羅馬風味披薩→P35、74

💼 購物

●高品味雜貨→P16
●時尚小配件→P19
●康多提街→P42

羅馬・翡冷翠年表

羅馬

BC753年 羅馬建國
BC509年 羅馬共和體制開始施行
BC312年 鋪設阿庇亞古道

BC272年 羅馬統一義大利半島

BC44年 凱薩就任終身獨裁官
BC27年 推入奧古斯都帝政時期

80年 圓形競技場落成
125年 重建萬神殿

315年 君士坦丁建造凱旋門
395年 分裂成東、西羅馬帝國
476年 西羅馬帝國滅亡

1512年 米開朗基羅完成『西斯汀禮拜堂天井畫』

BC1000年 　　　　　　　　　AD~　　　　　　　　　　1400年~

翡冷翠

BC1000年前後 伊特魯利亞人定居托斯卡納一帶

BC59年 羅馬人以「百花女神」佛羅倫緹亞之名為翡冷翠地區命名

1296年 大教堂竣工
1397年 梅第奇銀行開業

1434年 梅第奇家族掌握翡冷翠政權
1494-98 薩沃納羅拉實行神權統治

正式國名　·　城市名	國旗 三色旗	人口／面積
義大利共和國	國歌 馬梅利之歌	約6090萬人／約30萬 km²
羅馬（拉齊奧大區）	政治體制 共和制	言語 義大利語
翡冷翠（托斯卡納大區）		

Firenze
翡冷翠

花都翡冷翠，是在中世紀帶動文藝復興大放異彩的城市。在這座以聖母百花大教堂為中心的街廓，林立著橘色屋頂的建築，也完整保存下達文西、米開朗基羅全盛時期的濃濃歷史與文化氣息。可以在此品嘗托斯卡納美食、見識堅守傳統技藝的巧匠工藝品等，享受無窮的旅行樂趣。

♛ 世界遺產
● **翡冷翠歷史中心**
建於13～14世紀文藝復興時期的古老建築櫛次鱗比，整座古城被列入世界遺產。建築物內部，仍保存著文藝復興時期代表性藝術家的繪畫和雕刻。

✈ 觀光焦點
● 大教堂→ P92
● 烏菲茲美術館→ P96
● 維奇奧橋→ P95
● 學院美術館→ P112
● 比薩斜塔→ P107

🍴 必嘗美食
● **翡冷翠風味牛排**
→ P13
● **托斯卡納葡萄酒**
→ P114

💼 購物
● **工匠精品**
→ P18、102
● 美味食材伴手禮→ P15
● 名牌＆雜貨→ P100

簽證：90天內免簽證
若是以觀光為目的停留義大利，在90天內都不需簽證。若攜帶超過€1萬的現金時需要事先申報。詳情參考→P125。

時差：-7小時
與台灣的時差為-7小時。施行夏令時間，3月最後週日的上午2時～10月最後週日上午3時之間，與台灣的時差為-6小時。

語言：英語亦可通
除了旅客常去的飯店、餐廳或是名牌店舖能用英語溝通之外，車站及博物館等公共設施的導覽圖也常以義語和英語作雙語標示。

稅率：消費稅為4～22%
購物時，商品費用內含增值稅（IVA），而稅率會依據商品品項有所不同。不過，非歐盟圈的旅客可享有免稅制度。詳情請見→P137。

小費：看心意即可
付小費並非義務，僅需懷抱著對服務品質的謝意給予即可。至於小費的基準，飯店門僮、房務員約€1～2，高級餐廳則給全額的10～20%左右。

治安：人多時不可大意
在車站內、地鐵、觀光勝地等人潮聚集處，最好想定扒手、小偷就在人群之中。稍有疏忽，包包的拉鍊就有可能被扒手拉開，不可不防。

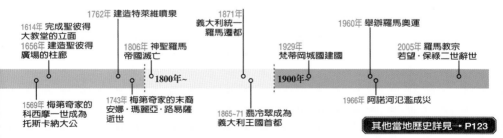

1614年 完成聖彼得大教堂的立面
1656年 建造聖彼得廣場的柱廊
1569年 梅第奇家的科西摩一世成為托斯卡納大公

1762年 建造特萊維噴泉
1806年 神聖羅馬帝國滅亡
1743年 梅第奇家的末裔安娜·瑪麗亞·路易薩逝世

1800年~

1871年 義大利統一羅馬遷都
1865~71 翡冷翠成為義大利王國首都

1929年 梵蒂岡城國建國

1900年~

1960年 舉辦羅馬奧運
2005年 羅馬教宗若望·保祿二世辭世
1966年 阿諾河氾濫成災

其他當地歷史詳見→ P123

\永恆之城/ \文藝復興重鎮/
羅馬&翡冷翠
旅行Key Word 7

景點如雲，美食和購物樂無窮——這就是羅馬與翡冷翠。
若是貪心想走遍每一處，肯定會讓旅遊的時間在不知不覺中流逝。
還是先鎖定非去不可的景點，再搭配個人喜好規劃一場美好的旅行吧。

Key Word

Key Word 1

鞏固歐洲文明基礎的智慧結晶

古羅馬的遺產

古代羅馬以地中海為中心，建立起龐大的帝國。當年以高度技術打造的建築物，如今仍留存在這座曾為帝國首都的古都中，將昔日的繁榮和生活型態傳承下來。

為直徑長軸188公尺、短軸150公尺的橢圓形，周長527公尺、高為48.5公尺，是羅馬帝國眾多競技場中最高大雄偉的一座。

場中鋪設木板並灑上沙子，地下空間則設有圈養猛獸的牢籠等，並使用升降機將其抬至競技場上，增添戲劇效果。

昔日的圓形競技場…？競技場的外牆以精巧的工法鋪上一層大理石及裝飾用石材。一共有80個出入口，據信可讓超過5萬名觀眾於10分內就座。競技場的頂部設置了寬敞的遮陽蓬，能讓觀眾免於日曬，貼心的設計可見一斑。

到了中世紀，此處被當成了採石場，歷代的教宗開始將競技場的建材挪為他用。建築外側的小碎石也被用在聖彼得大教堂上。

正式名稱為弗拉維奧圓形競技場，圓形競技場（Colosseo）的取名來自於豎立在附近的尼祿皇帝巨像（Colossus）

尤里烏斯‧凱薩

奧古斯都

讓羅馬市民亢奮不已的血腥娛樂設施遺址

圓形競技場 Colosseo

MAP→別冊P11D2／DATA→P33

西元72年，維斯帕先大帝為娛樂市民，著手建設了這座圓形競技場。落成之際，競技場舉辦了長達100天的競技大會，經費全由大帝出資，讓市民得以免費觀賞。其後由於基督教的普及，而在5世紀全面禁止廝殺競技，圓形競技場的繁盛光景，也隨著帝國沒落而逐漸被世人淡忘。

古羅馬歷史年表

主要的皇帝、執政官 ▶▶▶▶▶

				BC205年 大西庇奧		BC45~44年 尤利烏斯‧凱薩	BC27~AD14年 奧古斯都	37~41年 卡利古拉

BC753 年 王政　　　　　　　　BC509 年 共和制　　　　　　　　　　　　　　　　　BC27 年 帝政

約BC753年 據傳羅馬於此時建國	BC616年 建設古羅馬廣場與馬西摩大競技場	BC059年 廢止王政，推行共和制	BC100年 尤里烏斯‧凱薩誕生	BC44年 凱薩就任終身獨裁官。同年遇刺身亡	BC27年 奧古斯都就任羅馬首任皇帝

大事記 ▶▶▶▶▶

象徵古羅馬繁華的市民廣場

古羅馬廣場 Foro Romano

MAP →別冊 P11C2／DATA →P32

西元前6世紀開始建造，設置有許多禮堂、神殿、元老院議會和凱旋門等。雖然在凱薩與奧古斯都的時代進行整修，但腹地也因人口爆增而不敷使用，歷代皇帝便在周圍建起冠上自己名號的廣場，古羅馬市場的重要性日漸衰退，隨著帝國沒落而荒廢。19世紀起開始在此挖掘古蹟，至今仍在各處持續挖掘。

昔日的古羅馬廣場…？

中央廣場搭建了能讓皇帝及政治家演講用的講台，周邊則被尤里烏斯集會堂以及農神殿等建築物包圍。橫亙東西的聖道通往康比托利歐山上的朱比特神廟，據說凱旋歸國的將軍會穿過塞維魯斯凱旋門，前往神廟獻祭。

遺址內有安東尼諾、法斯提娜神殿等保存情況較良好的建築物，在中世紀被做為基督教教會使用。

古羅馬廣場由兩座山丘環抱，建在東西長約300公尺、南北長約100公尺的河谷地帶。據傳當時是小溪流入的沼澤地，而有部分土地被用來做為墓地使用。

歷經數世紀的堆積後，古羅馬廣場遺址被埋到20公尺深的地下。在被開挖出來以前，這裡已成了一片青草覆蓋的牛隻放牧地。

古羅馬的主道路──聖道

\現在也還看得見！/

羅馬的五大古老遺址

1 阿庇亞古道
BC312年 別冊 MAP P5C4

2 凱撒廣場
BC50年前後 別冊 MAP P11C1

3 凱薩神殿
BC29年 位於古羅馬市場內

4 馬切羅劇院
BC11年 別冊 MAP P10B1

5 奧古斯都廣場
BC2年 別冊 MAP P11C1

雖已成了磚瓦外露的廢墟，但各處還保留著美麗的馬賽克磚，相當值得一看。

古羅馬人的休憩場所

卡拉卡拉浴場
Terme di Caracalla

MAP→別冊P5C4／DATA→P66

卡拉卡拉大帝在217年建成，持續使用了300年之久的浴場。浴場內有蒸氣室、冷水泉等數種浴池，也有除垢和按摩等服務。此外，浴場也併設運動場、戶外泳池、圖書館和會議室，成為備受古羅馬人喜愛的大型休閒中心。

據說古羅馬人的一天是在黎明時分起床，工作至午間。下午前往兼作社交場所的浴場，以運動及泡澡悠然度過午後時光。

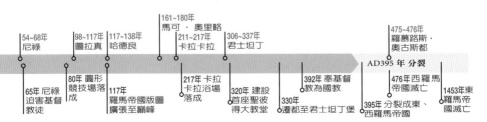

54~68年
尼祿

65年 尼祿
迫害基督
教徒

98~117年
圖拉真

80年 圓形
競技場落
成

117~138年
哈德良

117年
羅馬帝國版圖
擴張至巔峰

161~180年
馬可・奧里略

211~217年
卡拉卡拉

217年 卡拉
卡拉浴場
落成

306~337年
君士坦丁

320年 建設
首座聖彼
得大教堂

330年
遷都至君士坦丁堡

392年 奉基督
教為國教

395年 分裂成東、
西羅馬帝國

AD395 年 分裂

475~476年
羅慕路斯・
奧古斯都

476年 西羅馬
帝國滅亡

1453年東
羅馬帝
國滅亡

Key Word **2**

邂逅義大利藝術的巔峰

文藝復興傑作4選

文藝復興於15世紀初的翡冷翠大放異彩,這個時代也被稱為義大利美術風格的轉捩點,在此介紹幾幅不可錯過的經典傑作。

維納斯的誕生 Nascita di Venere

波提且利／1484年左右創作
展示⇒烏菲茲美術館（→ P96）

描繪美神維納斯的誕生,是一幅縱高172.5公分,橫長278.5公分的大作。左端為風神澤費洛斯和奧拉,右側則推測為女神霍拉或三美神之一。如裝飾畫般的構圖和維納斯羞報的表情是鑑賞重點。

波提且利生平

出生於翡冷翠,在15歲時進入菲力普‧利比的工作室成為學徒。之後受到「偉大的羅倫佐」賞識,在梅第奇家族的庇護下埋頭於創作,並創作出『春（Primavera）→P97』等多數作品。晚年因追隨薩沃納羅拉,而失去了創作意欲。

文藝復興（Renaissance）是……？

由義大利語的「再生（Rinascita）」變化而來的單字,在美術界代表以「懷古與復舊」和「重建人文」為主題,朝著更為寫實的立體藝術發展。15世紀末~16世紀初被稱為文藝復興全盛時期,人稱「三傑」的達文西、米開朗基羅和拉斐爾也在這時大為活躍。這股風潮在17世紀左右拓展至義大利各地,以提香為代表的威尼斯畫派等流派也是在此時誕生。

文藝復興與梅第奇家

梅第奇家族是從14世紀後半葉起統治翡冷翠的家族,他們憑藉強大的財力,成為拉斐爾和米開朗基羅等眾多藝術家的後盾,為文藝復興的發展貢獻甚鉅。梅第奇的末代當家安娜‧瑪麗亞,路易薩在遺言中表示,她願意將為數可觀的收藏品捐贈給托斯卡納大公國,條件為這些藝術品永遠不得離開翡冷翠,也因此促成烏菲茲美術館的雛形。

梅第奇家族的族徽

文藝復興簡史

義大利國內 ▶▶▶▶▶						
			1434年 梅第奇家族掌控翡冷翠政權	1469年 菲力普‧利比逝世	1483年 拉斐爾誕生	1494年前後 梅第奇家族遭到翡冷翠放逐,薩沃納羅拉推行神權政治（～1498年）
1296年 聖母百花大教堂竣工	1397年 梅第奇銀行於翡冷翠開業	1406年 菲力普‧利比誕生	1444年 波提且利誕生	1452年 達文西誕生	1475年 米開朗基羅誕生	1488年前後 提香誕生
AD1300年		AD1400年				

最後的審判
Giudizio Universale
米開朗基羅／
1536～1541年創作
展示⇒梵蒂岡博物館（→P36）

在完成為他贏得「巧奪天工的米開朗基羅」美名的『西斯汀禮拜堂天井畫』（→P38）後20年，繪於祭壇側牆面的晚期作品，根據新約聖經啓示錄中「神在世界末日施行審判」為主題，畫出共391名人物的壯觀作品，震懾了當時的羅馬。畫中央的耶穌基督下方繪有一張人皮，這便是米開朗基羅的自畫像。

米開朗基羅生平
生於翡冷翠近郊的卡普雷塞，擅長高度寫實的雕刻，自認為雕刻家而非畫家或建築師，留下聖彼得大教堂的『聖殤像』（P41）及學院美術館的『大衛像』（P112）等許多雕刻作品。

金翅雀聖母
Madonna del Cardellino
拉斐爾／1505～1506年創作
展示⇒烏菲茲美術館（→ P96）
拉斐爾24歲時創作的作品。幼小的耶穌基督站在聖母膝間，輕撫著象徵豐收與受難的金翅雀。耶穌基督踩著聖母腳掌的描繪，代表著耶穌基督是比聖母更為神聖的存在。

拉斐爾生平
生於烏比諾，受到8歲時亡母的影響，畢生不斷描繪聖母像。他的畫風細膩優美、比例掌握十分精妙，直至19世紀左右被奉為美學基準。雖然他也以建築家的身分大為活躍，卻在37歲英年早逝。

達文西生平
生於翡冷翠近郊的文西村。研究領域涉足科學、解剖學等，十分多才多藝。但或許也因為他的才氣畢露，他盡可能避開人際交流，孤獨一生。和米開朗基羅是競爭對手。

聖告圖 Annunciazione
李奧納多·達文西／1472～1475年創作
展示⇒烏菲茲美術館（→P96）
描繪大天使加百列告知瑪莉亞懷胎一景的作品。前景的花草、朝後方細膩繪出的湖畔街景等，呈現風景的手法十分動人。

1497年前後
達文西完成
『最後的晚餐』

1504年 米開朗基羅開始創作『大衛像』（→P112）

1510年 波提且利逝世

1512年米開朗基羅完成『西斯汀禮拜堂天井畫』（→P38）梅第奇家族重返翡冷翠

1519年達文西逝世

1520年拉斐爾逝世

1541年 米開朗基羅完成『最後的審判』

1564年米開朗基羅逝世

1576年提香逝世

AD1500 年　　　　　　　　　　　　　　　　　　　　　　　AD1600 年

Antipasto

Primo piatto

黑胡椒起司義大利麵
Tonnarelli cacio e pepe

在以Q彈口感為賣點的羅馬名產寬細麵（Tonnarelli）灑上羅馬羊奶起司粉及胡椒調味的簡單料理。重點在於吃之前要仔細攪拌，讓湯汁將起司粉和胡椒成勾芡狀，與麵條合而為一。Ⓑ

羅馬燉菜薊
Carciofi alla romana

將菜薊（朝鮮薊）的花苞部分以橄欖油和白酒燉煮，是羅馬的特色美食。雖然調味簡單，但菜薊的獨特苦味和濃郁口感會讓人越吃越上癮。Ⓐ

Primo piatto

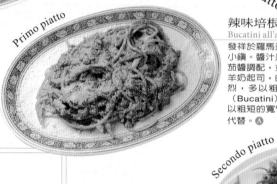

辣味培根番茄麵
Bucatini all'amatriciana

發祥於羅馬近郊的阿馬特里切小鎮。醬汁是以培根油脂和番茄醬調配，並灑上大量的羅馬羊奶起司，由於醬汁的味道強烈，多以粗式中空的吸管麵（Bucatini）搭配，有時也會以粗短的寬管麵（Rigatoni）代替。Ⓐ

Roma
羅馬

羅馬的當地料理以從庶民文化延伸出來的家常菜為主，代表性菜色有灑上大量羊奶起司、羅馬羊奶起司的義大利麵，以及使用小羊肉烹煮的肉類料理。

餐館List
Ⓐ Tritone→P71
Ⓑ Da Oio a Casa Mia→P70
Ⓒ La Cabana→P71
Ⓓ Galleria Sciarra→P73

燒烤小羊肋排
Abbacchio alla scottadito

將出生後餵奶至5～6週的羔羊肉烘烤而成，是羅馬的著名菜餚，帶骨肉以肉質鮮嫩多汁、無羊騷味為一大特色。Scottadito的意思是「燙到手指」，讓人想抓著熱騰騰的肋排大快朵頤一番。Ⓒ

Secondo piatto

Secondo piatto

羅馬風奶油煎肉
Saltimbocca alla romana

將生火腿和鼠尾草鋪在小牛肉薄片上，以奶油煎煎後再加入白酒收尾，是羅馬當地的特色美食。Saltimbocca的意思是「躍入口中」，據說是因為能在短時間內調理成美味菜餚而得此名。Ⓓ

Key Word 3

好吃!

盡情享用當地美食！
讓人讚不絕口的幸福餐桌
來到當地最想先品嚐的，就是自古以來與這片土地共生共存的地方菜。就來細細品味能代表羅馬和翡冷翠悠久歷史的鄉土美饌吧。

Antipasto

Primo piatto

車夫麵
Spaghetti alla carrettiera
在義大利麵上添滿由大量蒜頭和辣椒調製的嗆辣番茄醬。由於在寒冬中駕駛馬車的車夫喜歡吃這道菜暖和身子，因此被稱為「車夫麵」。**E**

Primo piatto

雞肝醬烤麵包片
Crostini do fegato
在薄切的麵包上塗上雞肝，是遠近馳名的必點前菜。濃郁的滋味與葡萄酒相當匹配。這道菜大多都會含在「前菜拼盤」中。**E**

Primo piatto

Primo piatto

粗圓麵 Pici
托斯加那的樸實風味菜。偏粗的麵條口感和日本的烏龍麵相當相似，適合搭配肉醬等重口味醬汁。圖片為灑了羅勒的熱那亞風味。**F**

番茄麵包粥
Pappa al pomodoro
以番茄醬汁燉煮的麵包粥，源自於讓硬掉的麵包變好吃的家庭小妙方。番茄的酸甜吃起來相當爽口，若稍稍灑點橄欖油，更能增添風味。**G**

Secondo piatto

翡冷翠丁骨牛排
Bistecca alla fiorentina
名聞遐邇的丁骨牛排。將厚約2～3公分、重達1公斤的帶骨肉烤至表面微焦、裡面微生的狀態。正統的吃法是用炭火炙烤，並只以胡椒鹽調味。**G**

F$irenze$ 翡冷翠

有托斯卡納提供豐富食材的翡冷翠，主要以能呈現出食材本身滋味的簡樸菜色為主。將蔬菜、肉類與橄欖油等搭配當地的名產紅酒一同食用，就能享受各種食材的天然美味。

餐館List
E Trattoria Armando → P115
F Osteria Belle Donne → P101
G L'Osteria di Giovanni → P115

也別忘了這些！
甜點&冰淇淋

提拉米蘇
Tiramisù

將摻入馬斯卡彭起司、蛋黃、瑪薩拉酒的奶油，與浸泡過濃縮咖啡的餅乾疊在一起，經過冷藏後完成的甜點。提拉米蘇的意思是「帶我走！」。

奶酪
Pannacotta

如同其名，是將鮮奶油（Pannna）燉煮（cotta）而成的甜點。作法是將鮮奶油燉煮過後加入吉利丁，使其固化。雖然最近多搭配莓果醬食用，但還是焦糖口味最為經典。

馬其頓
Macedonia

將數種切塊水果浸漬於糖漿後盛裝起來的甜點。由於使用多種水果，被比喻成多民族共存的馬其頓共和國，而得其名。

泡芙
Profiterole

將一口大小的泡芙淋上大量巧克力醬的點心。若是在酷熱的盛夏，還會推出將奶油改用冰淇淋的冰製版本。

巴巴
Baba

將海綿蛋糕浸泡在加了蘭姆酒的糖漿中，是拿坡里的知名點心。也有加上奶油和水果的口味可供選擇，不妨點喜歡的口味來試試吧。

冰淇淋
Gelato

義式冰淇淋。有各式水果、咖啡和堅果類製作的口味，種類相當豐富。比起一般的冰淇淋味道更濃，乳脂含量低是其特徵。

Key Word

4

把真正的義大利美味帶回家
掛保證的
頂級食材

最適合用來
分送禮物！

如果回國後還想重現義大利菜的風味…
在此精選出高品質又美味的推薦食品伴手
禮，達成你的美味願望。

1.帶有果香、花香的香甜糖果各€1.90 Ⓐ
2.杜林的知名巧克力品牌Venchi出品的平價
小點心€2.15 Ⓑ　3.橄欖油的知名產地拉齊
奧大區的Colline Pontine所推出的產品中最
受好評的油品€12.90 Ⓑ　4.沙丁魚和辣椒醃
製的辣醬「Neonata」€6.50是義大利南部
卡拉布里亞大區的名產 Ⓐ　5.摩德納的
Leonardi公司所生產的義大利香醋€32.60，
儲藏12年的美味 Ⓐ　6.鯷魚醬€3.50，可塗
在麵包等食物上食用 Ⓐ　7.Latour a
Civitella的白酒€18.80，拉齊奧大區首屈一
指的品質，價格也很實惠 Ⓑ　8.馬凱省的老
字號MANCINI公司出品的琴弦麵
（Chitarra）€2.90 Ⓐ　9.皮埃蒙特大區的松
露品牌所推出的松露甜點試吃包€4.98 Ⓑ
10.來自薩丁尼亞島，將鮪魚卵巢醃漬而
成，類似烏魚子的Bottarga di Tonno磨成粉
末狀€7.80 Ⓐ　11.在拉齊奧大區被譽為「頂
級紅」的Casale del Giglio酒莊的Mater
Matuta酒€29.90 Ⓑ

高品質的
紅酒！

羅馬
Roma

DOP與DOC

歐洲擁有認證產地、保證品質及安全
性的認證制度。DOP意指受保護原產
地名，只有在食品完全來自原產地的
時候才能獲得認證，並於標籤上註明生
產大區及地區名，如果是葡萄酒則稱為
DOC。在購買橄欖油和酒類時，不妨
以此作為選購標準。

DOP是紅色
麥田的標誌

IGP是藍色
麥田的標誌

Ⓐ 架上擺滿精選食材
Castroni

MAP別冊P7C1

將來自義大利全土的嚴選食
材一舉網羅，店內販賣橄欖
油、香醋、義大利麵、零食
等，商品多不勝數，也和品
質有保證的食品廠牌推出聯
名商品，不容錯過。

DATA 交Ⓜ A線
LEPANTO站步行10分
住Via Cola di Rienzo
196　℡(06)6874383
時8時30分～20時
休1～11月的週日

Ⓑ 義大利的特選食材齊聚一堂
Eataly

MAP別冊P4B4

專門販賣義大利優質食材的
食品百貨。偌大的店內依照
分類，擺滿了葡萄酒、義大
利麵和點心等，同時也附有
生產者的介紹。此外，店裡
還設有用餐區，可做為午餐
景點盡情享用。

DATA 交Ⓜ B線
PIRAMIDE站步行10分
住Piazzale XII
Ottobre 1492
℡(06)90279201
時10～24時
休無休

Firenze
翡冷翠

充滿濃濃杏仁味

能以公克為單位購買

五花八門的義大利麵

義大利麵的種類據說多達650種以上，在此整理出食材店常見的幾種經典義大利麵。

細繩麵 Spaghetti

最受歡迎的義大利麵。長20～30公分，根據粗細不同，有時也稱為天使麵（Capellini）等。

吸管麵 Bucatini

如同其「小洞」之名，以中間開洞為特色。和羅馬著名的辣味培根番茄醬為經典搭配。

寬麵 Tagliatelle

寬7～10mm的寬麵義大利麵。適合與波隆那的名產肉醬搭配。根據地區不同，有時也會將其稱為緞帶麵（fettuccine）。

管麵 Rigatoni

外側有著波浪狀紋路，比通心麵略粗的短麵，常搭配辣味培根番茄、培根蛋汁。

筆管麵 Penne

前端呈筆尖形的管狀麵，外側若刻有紋路則稱為Penne Rigate。多與香辣番茄醬（arrabbiata）做搭配。

蝴蝶麵 Farfalle

誠如其名，為蝴蝶形狀的義大利麵。無論是鮮奶油、番茄、橄欖油等風味的醬料都很搭的萬用型。

貓耳麵 Orecchiette

意思為「小耳朵」的南部普利亞大區名產。製麵時不加蛋，可以感受到柔軟有嚼勁的口感。

螺旋麵 Fusilli

螺旋狀的麵條，以容易沾附醬汁為特色。經常用於沙拉等前菜上。

1.托斯卡納的著名點心杏仁餅乾€7.50搭配咖啡品嘗 Ⓓ　2.在古典奇揚替（Chianti Classico）製造的甜酒VIN SANTO€14.90 Ⓓ　3.裝入噴霧罐容器的白香醋€16.90，可以在鍋前噴一下增添風味 Ⓒ　4.在麵糰中加入Frantoio di Sant'Agata d'Oneglia黑橄欖油的義大利麵€4 Ⓓ　5.加入大量碎松露的醬汁€7.50，可做為義大利麵醬料或直接塗抹在土司上 Ⓒ　6.摩德納大區Reale廠牌所出品的香醋€54.90可以品嘗到醞釀12年的濃醇滋味 Ⓒ　7.奇揚替產的橄欖油罐頭€6 Ⓒ　8.近年備受矚目的酒莊Sasso di Sole公司出品的2008年份Brunello di Montalcino€45.50 Ⓔ　9.糖漬黑橄欖€4.50，適合搭配起司 Ⓔ　10.自然風乾的頂級牛肝菌，吃起來相當柔嫩€9.90 Ⓒ　11.加入松露提昇香氣的羊奶起司€40/1kg

Ⓒ 想找托斯卡納食材就來這裡
Enoteca Lombardi
MAP別冊P21C3

以托斯卡納當地為中心，嚴選出葡萄酒、橄欖油等多元商品，備有許多的試吃食品。店內也有能以英語溝通的店員，提供商品介紹、安排宅配事宜等服務。

ⒹⒶⓉⒶ 🚶聖母百花大教堂步行1分 🏠Via de Martelli 28r ☎(055)2670317 🕐9～22時（週日為10時～）🈑無休

Ⓓ 網羅多種托斯卡納產葡萄酒
L'Antica Cantina del Chianti
MAP別冊P21D3

以托斯卡納產地為中心，販售約600種的葡萄酒。如Brunello di Montalcino和Chianti Classico等知名品牌，都能以合理的價格購入。也有販賣杏仁餅乾等托斯卡納的著名零食。

ⒹⒶⓉⒶ 🚶聖母百花大教堂步行1分 🏠Piazza Duomo 23r ☎(055)282489 🕐9時30分～21時30分（冬季為～19時30分）🈑無休

Ⓔ La Bottega dell'Olio→P102

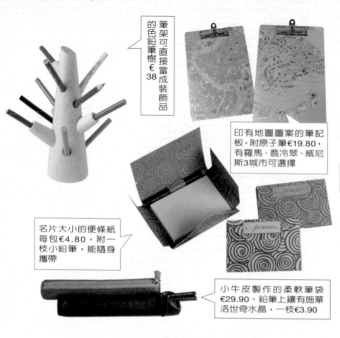

筆架可直接當成裝飾品的色鉛筆樹 €38

印有地圖圖案的筆記板，附原子筆€19.80，有羅馬、翡冷翠、威尼斯3城市可選擇

據說連大師也愛不釋手的傳統製紙

Farbriano

13世紀起在馬爾凱大區開業至今的老字號製紙公司所監製的店家。以招牌紙張製成的筆記本、便條紙，據說連李奧納多‧達文西、拉斐爾也曾使用過，還有實用、設計簡樸的文具等也廣受好評，最近更推出飾品。

在這裡買得到♪　Farbriano→**P43**

色彩豐富的素色筆記本，每本€2.90

名片大小的便條紙每包€4.80，附一枝小鉛筆，能隨身攜帶

小牛皮製作的柔軟筆袋€29.90。鉛筆上鑲有施華洛世奇水晶，一枝€3.90

Key Word 5

設計大國的玩心與感性鋒芒畢露

高品味雜貨

在此鎖定將義式精髓融入其中的四家品牌作介紹，各式各樣送禮自用兩相宜的奇特商品讓人目不暇給。

香港設計師陳幼堅所製作的「茶緣」€90，是有著鳥型外觀的茶匙，從籠子取出時會發出啁啾聲

以珊瑚為設計形象的餐巾座「MEDITERRANEO」€26

義大利設計界的大師亞力山卓‧麥狄尼設計的葡萄酒開瓶器€36

開羅出身的設計師卡姆‧拉旭德所設計的ALESSI WATCHES手錶系列€95

將日用品結合設計感的先驅

Alessi

1921年創業的老字號廚具品牌，一開始是以辦公用品等為主，50年代開始與國際知名設計師合作，持續推出充滿設計感的商品，提供多種兼具實用性與巧思的生活用品。

在這裡買得到♪
Cucina→**P17**　Stilvetro→**P81**

心型的馬克杯€19與指套造型的攪拌棒€19

德國設計師打造的時尚摩卡壺€155

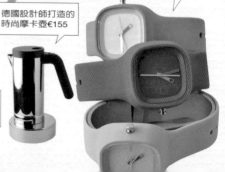

鋁製烤盤造型的小碟，白色€6.90，銀色€13.50

摩卡壺造型的茶壺€29.80

濃縮咖啡杯€3.90與小湯匙€1.60

以葡萄酒瓶為設計的醒酒器€19.90

印上羅馬地圖的杯子€12

以紙杯加杯套為設計概念的杯子，兩個一套€16

玩心洋溢的各種日常用品
Seletti

以新潮獨特的廚房用品和居家用品而備受矚目，商品在47個國家的精品店等地販賣。其中最值得注意的是以寶特瓶、紙杯、蛋盒等的外型，設計出簡單又洋溢趣味的Estetico系列。

在這裡買得到♪
DOM→**P81**

罐頭造型的鹽&胡椒罐€5.90

將大自然封存起來的壓克力盤
Riccardo Marzi

Riccardo Marzi誕生於托斯卡納，在經過無數次的失敗後終於成功的純手工壓克力盤，將托斯卡納的水果和植物直接封入壓克力之中，輕巧又耐用的特性相當討喜。

在這裡買到♪ Chiurato→**P45**

將染成藍色的小麥鎖在裡頭的小托盤€40

義大利麵用的橢圓形盤子€50

大型方盤€60，義大利麵用的深盤€55

封入辣椒等植物，色彩鮮豔的義大利麵用小碗€35

前往販賣廚具的複合式精品店

若要尋找廚具，不妨去複合式精品店逛逛吧。羅馬的知名商店「Cucina」從世界多國精選出兼具設計感與機能性的優質用品。

簡單又有設計感的侍酒師刀€6

Bialetti的摩卡壺€25是萬年經典款

不鏽鋼製的松露刨刀€7

能緊緊壓在麵糰上的滾輪型義麵切刀€7

Cucina

MAP 別冊P15C1

🚇MA線SPAGNA站步行3分 🏠Via Mario de'Fiori 65 📞(06)6791275 🕐10時～19時30分（週日、一為11時30分～，週六為10時30分～）休無休

感受得到手工溫度的義大利優質精品 in Firenze

工匠精品

Artigiano在義語中是「工匠」的意思。
遵循流傳至今的傳統與技法，用心製作出的精品叫人愛不釋手。

Il Bisonte的皮革包

由瓦尼‧迪‧菲利浦創立的包飾品牌，1970年從翡冷翠的帕里奧內街所開設小小皮革製品店起家。只使用2歲以內的小牛皮等通過嚴格標準的動物皮革製作，包包色澤會隨著使用時間而越來越深，皮革也會更加柔軟、越用越順手。以野牛（Bisonte）為品牌標誌。

SHOP DATA P116

裝飾在店內的瓦尼‧迪‧菲利浦照片

> 牛皮包的價格為€585～

Idrus的EXT系列飾品

> EXT系列的戒指€120～、耳環€220

生於翡冷翠的Alessandro Barellini所創立的珠寶品牌。特色為兼具傳統與現代感的設計，以及高水準的手工質感。在多種設計款式中，又以銀、琺瑯、皮革製作的EXT系列，跳脫傳統框架的素材運用與豐富用色，營造出獨特魅力。

SHOP DATA P105

在店面後方的工作室默默製作珠寶的Alessandro Barellini

Alberto Cozzi的大理石紋紙

將顏料倒進乳白色的特製液體中，藉此描繪出紋路後，再將紙撈起製成的大理石紋紙，這就是翡冷翠自16世紀傳承至今的傳統工藝品。傳承四代的老字號店舖Alberto Cozzi，以25種顏料精心調配，造出有著美麗紋路的大理石紋紙，亦被加工成筆記本及書衣等，是相當受歡迎的伴手禮。

SHOP DATA P104

店舖由第4代店長里卡多掌櫃

> 筆記本€12～、書擋兩個一組€35、鉛筆組€3.50、便條紙€15

Loretta Caponi的蕾絲

> 可愛的童裝連身裙約€200

創業的洛麗塔‧卡普尼從8歲起便在刺繡工作室當學徒，1967年於翡冷翠開店。工作室兼商店的空間內，擺滿了美麗的蕾絲與刺繡、手帕、亞麻寢飾、睡衣、童裝等，也接受客人訂製。素材選用棉和麻、絲綢，舒適膚觸十分窩心。絲絹手帕€120。

由創業者洛麗塔女士的女兒露西亞小姐親手設計

SHOP DATA MAP別冊P20B3
🚇聖母百花大教堂步行10分 🏠Piazza Antinori 4r
📞(055)213668 🕐10～19時
休7、8月的週六下午、9～6月的週一上午

要不要買點「迷你書」當伴手禮呢？

16世紀風靡一時的迷你書，由1970年代中開始製書業的Lo Scrittoio工作室，推出工匠手工製作的迷你書€4～。不妨買來做為便條紙使用？

> 只有拇指大小

> 每一本都是手工製作

Lo Scrittoio

MAP別冊P18B1

🏠(DATA) 🚇聖母百花大教堂步行10分
🏠Via Nazionale 126r
📞(055)2670380 🕐9時～19時30分 休週日

Key Word 7

從小飾品妝點自己 in Roma

義大利時尚

義大利時尚品牌的魅力，來自於工匠的手藝和引領潮流的流行設計。
若想尋找重點式打扮的靈感，不妨選用稍微高級一些的配件。

全部純手工製的帽子

Borsalino

由帽匠Giuseppe Borsalino在1857年於北義創立的帽子品牌。擁有超過150年歷史的Borsalino仍堅守創業當時的傳統工法製作帽子。使用棕櫚製成的巴拿馬帽是遠近馳名的經典款，也有中性、女性設計的帽款。

巴拿馬帽€881和凹頂帽€492

在這裡買得到♪

Borsalino

MAP別冊P13C3

(DATA) 交M A線FLAMINIO站步行5分 住Piazza del Popolo 20 ☎(06)32650838 時10～20時（週日為10時30分～19時30分）休無休

在這裡買得到♪

Alexandra

MAP別冊P7C1

(DATA) 交M A線LEPANTO站步行10分 住Via Paolo Emilio 19-21-23 ☎(06)3243311 時10～20時 休夏季的週日

涼鞋€389。以裝飾鉚釘和亮片讓腳跟閃閃動人

展現女性魅力的美麗鞋款

Kalliste

Kalliste在希臘語中代表「最為美麗」的意思，誠如其名，店內販售多種能彰顯女性腿部美感包鞋和涼鞋等。不但有著新潮的設計，也展現出考量舒適度的深思熟慮等，體現義大利製鞋的優點。豐富的色彩選擇也是一大亮點。

設計別緻的前厚底細高跟鞋€325

藍色與紅色的清爽搭配€240～

帶來輕鬆愉快好心情的繽紛眼鏡

Alek Paul

由Alessandro Martire設計的眼鏡。採用以摩擦熱熔解來調製顏色的Frixion工法，成功組合出五花八門的顏色。鏡架的鏡腳也能搭配不同顏色，加強造型。

玳瑁花紋的漸層配色€240～

在這裡買得到♪

Ottica De Bon

MAP別冊P12A1

1946年創業。陳列著不分品牌名氣的高品質品牌商品。

(DATA) 交M A線REPUBBLICA站步行20分 住Piazza Sallustio 3 ☎(06)4814401 時9～13時、16時～19時30分 休週日

019

羅馬 ▶▶▶ 翡冷翠 *Best*

6天5夜的標準行程

想觀光又想吃美食，同時還想購物……羅馬＆翡冷翠就是這麼讓人
流連忘返。在此提供能在6天5夜內盡情玩樂的標準行程，
不妨參考下列資訊，出發前先做好規劃吧

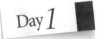

Day 1

第一天在飯店附近
淺嚐義大利風情

19:00 菲烏米奇諾機場
　▼　到羅馬市中心約
　　　30～60分
20:00 飯店辦理入住手續
　▼　步行10分
20:30 在飯店附近
　　　吃頓簡單的晚餐

Advice 小小建議

由於機上會提供餐點，若下機後
只想簡單吃點東西，也推薦前往
咖啡廳或酒吧。

點些炭烤蔬菜等
清爽的菜色
搭配紅酒

連接機場與特米尼站的機場快線
Leonardo Express (→P126)

Day 2

經典觀光行程＆購物

10:00 從飯店出發
　▼　地鐵A線SPAGNA站
　　　步行即到
10:30 參觀西班牙廣場
　▼　步行15分
11:00 參觀特萊維噴泉
　▼　步行10分
11:30 啜飲金杯咖啡的
　　　著名飲料稍作休憩
　▼　步行1分
12:00 參觀萬神殿
　▼　步行30秒
13:00 午餐在Trattoria
　　　Armando al
　　　Pantheon吃羅馬菜
　▼　步行10分
14:30 在那沃納廣場
　　　參觀噴水池
　▼　步行3分
15:15 在念珠商街
　　　購物
　▼　步行5分
16:30 在舊執政官街
　　　購物
　▼　步行或搭乘巴士回飯店
18:30 抵達飯店
　▼　搭乘計程車或地鐵
19:30 晚餐吃
　　　創意義大利菜

在西班牙廣場 (→P26) 像奧黛莉·
赫本般拾級而上吧

在特萊維噴泉 (→
P127) 投入硬幣，
許下能再來羅馬的願
望…

咖啡專賣店的
知名飲品

在金杯咖啡 (→P
28) 品嘗鮮
奶油咖啡冰沙

讓人上癮的
濃醇滋味

在Trattoria Armando
al Pantheon(→P28)
來份遠近馳名的義
大利麵吧

古代混凝土建築，萬神
殿 (→P28)

在骨董店林立的念
珠商街 (→P46)
購買亮眼飾品！

那沃納廣場 (→P29) 有3座
以精美雕刻裝飾的噴水池，千
萬別錯過

Advice 小小建議

在舊執政官街購物結束後，也可
以前往步行約5分可到的鮮花廣
場(→P83)逛逛，這一帶散佈
著許多販賣雜貨的小店。

舊執政官街 (→P48)，
優質的精品店琳瑯滿目

晚餐就吃以羅馬風味菜加
以變化的創意義大利菜餚
(→P72)

Day 3

觀光焦點！從名畫到古蹟

8:00　從飯店出發
　　　地鐵A線CIPRO站
▼　　步行5分

9:00　在梵蒂岡博物館
　　　欣賞名畫
▼　　步行5分

12:00　參觀
　　　聖彼得大教堂
▼　　搭乘地鐵A線從OTTAVIANO
▼　　站至TERMINI站轉乘B線，
▼　　COLOSSEO站下車步行5分

13:30　在Café Café吃午餐
▼　　步行5分

14:30　參觀圓形競技場&
　　　古羅馬廣場
▼　　搭乘地鐵或巴士回飯店

17:30　抵達飯店
▼　　搭乘計程車

18:30　晚餐在Ivo享用
　　　羅馬風味披薩

網羅多幅經典名畫的梵蒂岡博物館（→P36），旺季時要做好入場大排長龍的心理準備！

梵蒂岡的衛兵是瑞士人！

聖彼得大教堂（→P41）可從圓頂眺望廣場和羅馬市容

Advice 小小建議

如果圓形競技場人太多，不妨前往古羅馬廣場購買通票，或許可以減少排隊的時間，讓觀光更加流暢。若還有時間，就去步行可到的『羅馬假期』拍攝景點——真理之口看看吧。

午餐在圓形競技場附近的CAFÉ CAFÉ（→P76）享用

古羅馬遺址的代表性建築——圓形競技場（→P33）

酥酥脆脆的口感

在特拉斯特維雷區的IVO（→P35）品嘗羅馬風味披薩

古羅馬的政治中心曾設於古羅馬廣場（→P32）內

Day 4

感受文藝復興藝術

9:30　從飯店出發
　　　地鐵A線SPAGNA站
▼　　步行3分

10:00　在Caffè Greco
　　　體驗老咖啡風情
▼　　步行即到

10:45　在康多提街
　　　附近購物
▼　　搭乘地鐵或巴士回飯店

12:00　在飯店
　　　收拾行李
▼　　搭乘計程車

12:30　抵達特米尼站
▼　　鐵路約1小時30分〜

14:30　抵達
　　　翡冷翠的新聖母
　　　瑪莉亞中央車站
▼　　步行或搭乘計程車前往飯店

15:00　飯店辦理入住手續
▼　　步行或搭乘計程車

15:30　前往烏菲茲美術館
　　　欣賞名畫
▼　　步行10分

18:00　聖母百花大教堂周邊
　　　購買食材伴手禮
▼　　步行或搭乘計程車回飯店

19:00　抵達飯店
▼　　步行或搭乘計程車

19:30　牛排晚餐

來到康多提街上的CAFFÈ GRECO（→P45）等待商店開張

前往名牌精品到個性派雜貨一應俱全的康多提街（→P42）購物

香醋等商品種類繁多！

在烏菲茲美術館（→P96）欣賞文藝復興時代的名畫

有高鐵ITALO停靠的堤布堤納（TIBURTINA）站與地鐵B線相通

份量驚人！

晚餐挑戰翡冷翠的名產牛排（→P114）

將義大利的當地口味——橄欖油或是義大利麵帶回家吧！（→P15、118）

Advice 小小建議

要從羅馬出發前往翡冷翠，可以從特米尼站搭乘義大利國鐵（TRENITALIA），或是從堤布堤納站搭乘高鐵前往。不妨評估時間和預算，挑選適合的交通方式。

羅馬 ▶▶▶ 翡冷翠
6天5夜
Best
的標準行程

喬托鐘樓（→P93）可以遠眺圓頂和街景，是極佳的觀景處

有著美麗幾何外觀的聖母百花大教堂（→P92）

Day 5

漫遊黃金路線

8:30　**從飯店出發**
▼　　步行或搭乘計程車
9:00　**從喬托鐘樓眺望翡冷翠街景**
▼　　步行即到
10:00　**參觀聖母百花大教堂＆聖若望洗禮堂**
▼　　步行5分
11:30　**在領主廣場欣賞雕刻**
▼　　步行3分
12:30　**在廣場周邊品嘗托斯卡納午餐**
▼　　步行5分
14:00　**參觀維奇奧橋＆過橋**
▼　　步行約5分
14:30　**在阿諾河周邊購物**
▼　　巴士約10分
17:00　**從米開朗基羅廣場欣賞街景**
▼　　巴士約10分
18:00　**抵達飯店**
▼　　步行或搭乘計程車
19:00　**在餐館享用晚餐**

聖若望洗禮堂（→P93）的天堂之門是參觀重點

大衛像的複製品

聳立著許多座雕像的領主廣場（→P94）有許多適合稍作休憩的咖啡廳

托斯卡納的菜色可參考P13

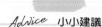

維奇奧橋（→P95）的兩側擠滿了金飾小販

米開朗基羅廣場（→P95）是市內最佳觀景處

在阿諾河周邊的傳統工藝品店挑選伴手禮（→P102）

夕陽時分的景色也美極了！

在義大利的最後一夜，就用義大利美食畫下句點（→P13、114）

Advice 小小建議

若想要購買名牌，務必特別留意知名品牌店雲集的托納波尼街（→P100）。若是喜愛觀光更勝購物，不妨前往收藏大衛像的學院美術館（→P112）或是梅第奇家族禮拜堂（→P111）看看。

Day 6

從羅馬回國

9:00　**在飯店辦理退房手續**
▼　　步行或搭乘計程車
9:30　**從新聖母瑪莉亞中央車站出發**
▼　　鐵路約1小時30分～
11:30　**抵達特米尼站**
▼　　搭乘鐵路或巴士、計程車約30～60分
15:00　**從菲烏米奇諾機場回國**

新聖母瑪莉亞中央車站。以告示板確認欲搭列車的候車月台

最後的購物機會

建議預留時間，提早2小時抵達機場。登機前的時光就前往免稅店購物吧

特米尼站。站內有著方便消磨時間的小酒吧

Advice 小小建議

也推薦早點起床，享受離開前最後一刻的翡冷翠街景。

Roma

羅馬

聖天使橋（→P52）的欄杆上，有多尊由貝尼尼設計的天使像。

023

重點一把抓！

Roma 區域 *Navi*

1 *Città del Vaticano* (MAP 別冊P6A～B2)

梵蒂岡城國

是天主教的大本營，也是以羅馬教宗為元首的世界上最小主權國家，設有收藏歷代教宗蒐集美術品的梵蒂岡博物館等眾多景點。

CHECK!
- ●聖彼得大教堂(→ P41)
- ●聖彼得廣場(→ P40)
- ●梵蒂岡博物館(→ P36)

最近車站>>> Ⓜ A線OTTAVIANO站

2 *Piazza Navona* (MAP 別冊P16A2)

那沃納廣場周邊

將古代競技場遺址改建而成的廣場，由矗於中央的貝尼尼設計噴水池為象徵。廣場聚集了肖像畫家和街頭藝人，也有雅致的咖啡廳。周邊有許多備受年輕人歡迎的店家及餐廳雲集於此，一路熱鬧到深夜。

CHECK!
- ●那沃納廣場(→ P29、52)
- ●萬神殿(→ P28)
- ●鮮花廣場(→ P83)

最近車站>>> 巴士64號LARGO TORRE ARGENTINA站

3 *Trastevere* (MAP 別冊P10A～B3)

特拉斯特維雷區

意思為「台伯河的對岸」，是洋溢著生活氣息的羅馬老街。以特拉斯維特雷聖母教堂為中心，周邊聚集了氣氛愜意的餐館、披薩店等熱門店家。此區在白天較為恬靜，日暮後才會開始熱鬧起來。

CHECK!
- ●特拉斯特維雷聖母教堂(→ P68)
- ●河畔聖方濟各教堂(→ P52)

最近車站>>> 路面電車8號VIALE DI TRASTEVERE站

Piazza del Popolo

人民廣場 (MAP 別冊P13C3)

是弗拉米尼亞街的起點，同時也是羅馬的北境大門。可以在人民門旁邊的人民聖母教堂觀賞貝尼尼和卡拉瓦喬的名作。

西班牙廣場周邊
那沃納廣場周邊
特拉斯特維雷區

Testaccio

戴斯塔奇奧區 (MAP 別冊P4B4)

這裡是有著肉品處理廠的老街，也被視為以內臟入菜的羅馬菜發祥地。戴斯塔奇奧市場一帶林立著許多經營多年的餐館。

024

羅馬既是義大利的首都，
同時也是擁有許多歷史和文化遺產的
觀光都市，吸引世界各地旅人造訪。
由於觀光景點眾多，建議在出發前
先掌握住各區域的特徵和地理位置為佳。

【人潮眾多】
梵蒂岡城國 ★
　　　　　★ 特米尼站周邊
★西班牙
廣場周邊
那沃納
廣場周邊
★圓形競技場
　周邊
美食購物 ←→ 觀光為主

特拉斯特維雷區 ★

【人潮偏少】

Villa Borghese
波給塞別墅公園 MAP 別冊P13D2

廣布於羅馬市區北部的綠意盎然公園。偌大的腹地內有著美術館和博物館，南側的維內多街一帶則有許多高級飯店和餐廳。

④ Piazza di Spagna MAP 別冊P15D1
西班牙廣場周邊

常做為羅馬觀光起點的廣場，這一帶有位於廣場正對面且名牌林立的康多提街等，購物美食樂趣無窮。爬上西班牙階梯則是可眺望街景的絕佳觀景處。

CHECK!
●西班牙廣場(→ P26)
●特萊維噴泉(→ P27)
●名牌商店街(→ P42)

最近車站>>> Ⓜ A線SPAGNA站

⑤ Stazione Termini MAP 別冊P12B3
特米尼站周邊

可說是羅馬大門的火車站，同時也是各線地鐵及巴士總站交會的交通樞紐。車站地下規劃成購物中心，有著營業到深夜的超級市場，附近也有許多經濟實惠的飯店和異國美食。

CHECK!
●勝利聖母教堂(→ P50)
●雪地聖母大教堂(→ P65)

最近車站>>> Ⓜ A‧B線TERMINI站、
Ⓜ A線REPUBBLICA站

注意! 車站一帶扒手和竊盜頻仍，也須小心別上了無照計程車的當。

Piazza Venezia
威尼斯廣場 MAP 別冊P17D4

位於市中心的廣場，也被稱為羅馬的肚臍。南側矗立著維多利歐‧艾曼紐二世紀念堂，這裡的交通流量相當大。

⑥ Colosseo MAP 別冊P11D2
圓形競技場周邊

此區以帕拉提諾山丘為中心，是圓形競技場和古羅馬廣場等古代遺址雲集之處。在圓形競技場北側的蒙提區有許多美食和購物景點，深受當地學生歡迎。

CHECK!
●圓形競技場(→ P8、33)
●古羅馬廣場(→ P9、32)
●真理之口(→ P34)

最近車站>>>
Ⓜ B線COLOSSEO站

羅馬玩樂行程

COURSE♪1

電影的取景地
永恆之城的經典路線

Check♪

將羅馬魅力集中在一起的經典路線，除了著名景點之外，這裡也以常做為電影拍攝地為一大特色。在此介紹外景資訊及電影祕辛，整理出遊逛羅馬的標準行程。一面感受羅馬街頭的氛圍和街頭美食，一面享受專屬於自己的「羅馬假期」。

行程比較表

逛街指數	♪♪♪	距離雖長，但略加休息就很輕鬆
美食指數	♪♪♪	萬神殿和那沃納廣場一帶有許多餐廳
購物指數	♪♪♪	西班牙廣場附近有許多名牌店
美麗指數	♪♪♪	在美麗的街道散步洗滌心靈
文化指數	♪♪♪	自古羅馬到巴洛克時代
推薦時段		9時左右出發
所需時間		約4小時
費用預算		餐費約€20左右

🚇MA線SPAGNA站步行即到

1 西班牙廣場
⋮ 步行15分
2 特萊維噴泉
⋮ 步行10分
3 萬神殿
⋮ 步行2分
4 金杯咖啡
⋮ 步行6分
5 那沃納廣場

🚇MA線SPAGNA站步行20分

LaLa電影院♪

模仿劇中情景拍照Spot

『羅馬假期』中最為著名的一景便是在西班牙階梯上所拍攝，相信有不少人慕名而來。若來到西班牙階梯，不妨以同樣的角度（面朝聖三一教堂的微斜右下方），模仿奧黛麗赫本所飾演的公主拍張照吧，一定能為旅途增添美好回憶。不過須留意階梯上禁止飲食。

① 西班牙廣場
Piazza di Spagna
MAP 別冊P15D1

最適合當成羅馬的觀光起點

總是被羅馬市民和各國旅客塞滿的熱鬧廣場。由於在17世紀，廣場南側曾設有西班牙大使館而得名。有137階的西班牙階梯其實是使用法國資金所建造，階梯盡頭聳立著聖三一教堂，視野相當良好。廣場周邊也有許多商店。

DATA
🚇MA線SPAGNA站步行即到

西班牙階梯禁止飲食！
在電影『羅馬假期』中，安公主在西班牙階梯吃冰淇淋的橋段被視為經典，可惜的是，現在西班牙階梯已全面禁止飲食。

👆在天氣好的日子，會有許多人來階梯散心

View

登上階梯後可看到的景色（左），以及在聖三一教堂前的眺望景色（右）

位於廣場中央的破船噴泉

2 特萊維噴泉
Fontana di Trevi
別冊P17D1

巴洛克風格的壯麗水池

當初由貝尼尼打造到一半,直到18世紀才由在設計比賽奪冠的尼古拉・莎維接手完成。由於建築於三岔路(Trevio),而取名為「Fontana di Trevi」。背後的建築物為波利宮,凹壁上的雕刻是由皮耶特羅・伯拉奇所雕塑的『海神納普敦像』。中央為納普敦(波塞頓),左側有象徵富饒、右側則有象徵健康的雕像妝點。

DATA
交MA線BARBERINI站
步行10分

La la check!

據說如果能背對水池擲入一枚硬幣,便能再次造訪羅馬。此外還有擲入2枚能讓戀情開花結果、3枚則能斬斷緣份…等說法,你想投擲幾枚呢?。

←還曾經有段時間禁止遊客投錢

←在前往萬神殿的路上也有一些氣氛休閒的小餐館

→也有冰淇淋蛋糕,是店家的人氣餐點

←店內總是擠滿了人,也設有桌位(加收費用)

La La電影院

好孩子請勿模仿!

特萊維噴泉也曾做為知名電影的取景地。在『生活的甜蜜』中,馬切洛與希薇亞一同跳入水池弄得渾身濕,『羅馬假期』中想借用相機的喬伊・布萊德利被誤認為小偷。當然目前已禁止進入水池中,被人誤認為小偷也不是件好事,還請各位切勿模仿。此外,在『羅馬假期』的那一幕中,導演威廉・惠勒的兩個女兒也有入鏡。

♪在這邊你息一下!

Giolitti
別冊P17C1

在最古老的冰淇淋店稍做小憩

擁有超過百年歷史,足以代表羅馬的老字號冰淇淋店,十分講究食材。最受歡迎的是可從約60種口味中挑選3種口味的冰淇淋。外帶為€2.50~。

交那沃納廣場步行8分
住Via Uffici del Vicario 40
電(06)6991243 時7時~翌日1時
休無休

地圖標示

往A線SPAGNA站的出入口

聖三一教堂

①西班牙廣場

Hotel Hassler

・西班牙階梯

這一帶很多羊腸小徑,務必仔細確認路牌

Via Due Marcelli

M往A線BARBERINI站

中央郵局

・聖西爾維斯特廣場 P.za S. Silvestro

海神街 Via del Tritone

海神廣場 Largo d.Tritone

Galleria Alberto Sordi

Giolitti
P.za d. Montecitorio ●

科隆納廣場 Piazza Colonna

特萊維噴泉②

水池前人潮洶湧,若要拍照請做好排隊的心理準備!

Caffè Bernini

③那沃納廣場

Caffe Barrocco
Tre Scalini

法國聖路易教堂

P.za di Pietra ●

金杯咖啡④ Via del Pastini

Via d. Muratte

過馬路時往左手邊看,可以看到維多利歐・艾曼紐二世紀念堂

Via Giustiniani

四河噴泉

Trattoria
Armando
al Pantheon

羅通達廣場 P.za della Rotonda

③萬神殿

有許多美食景點

摩爾人噴泉
Altoro Quando

布拉斯奇宮

聖伊沃智慧教堂

Via del Corso

0 — 100m

↓往威尼斯廣場

羅馬玩樂行程

→米開朗基羅曾讚賞古羅馬的高度建築技術為「天使的設計」

↓圓頂中央的圓形窗像徵太陽，採光功能也具有顯示時間的功用

3 萬神殿
Pantheon
MAP 別冊P16B2

保存古代風華的世界最大混凝土建築

由奧古斯都的女婿阿格里帕在西元前27年所建造，雖曾一度焚毀，125年由哈德良皇帝重新建造下，幾乎保存了原本的樣貌，也成為珍貴的遺址。在完全不使用鋼筋的石造建築中，其規模為世界最大，殿內空間之大，可完整容納直徑43.3公尺的球體。在羅馬帝國滅亡後，此處做為祭祀聖母瑪莉亞和殉教者的教會使用。如今，神殿內部有七處禮拜堂，文藝復興巨匠拉斐爾等歷史偉人也長眠於此。

↑大門迴廊由16根花崗岩圓柱構成

LaLa電影院

這裡也是經典外景…

在電影『天使與惡魔』中，蘭登教授曾被線索誤導而來到萬神殿，他將關鍵字「惡魔洞」誤以為是萬神殿的圓形窗。不過，飾演蘭登教授的湯姆·漢克斯靜佇於這座莊嚴建築的模樣也是相當精采的一幕。此外，在『羅馬假期』中，公主等人也曾在萬神殿旁的咖啡廳（現已歇業）稍做休息。附近有許多迷人的咖啡廳，不妨順道造訪一下。

DATA

🚇那沃納廣場步行6分
📞(06)68300230　🕐8時30分～19時30分（週日為9～18時，假日為9～13時）　公休無休　免費

美食 SPOT

Trattoria Armando al Pantheon

品嘗得到傳統菜色的家庭式餐館

MAP 別冊P16B2

1961年創業的餐館，就位在萬神殿附近。主廚阿曼多繼承父業，與家人共同經營。有培根蛋汁義大利麵€9.50、網烤小羊肉€17等羅馬傳統菜餚，供應多種美味選擇。

🚇那沃納廣場步行5分
📍Salita dei Crescenzi 31
📞(06)68803034　🕐12時30分～15時、19～23時
公休週六晚上、週日、7月的週六、8月

←店裡採用木頭裝潢，散發出溫馨的氣氛

→店內瀰漫著咖啡香氣，可在此購買咖啡豆

←辣味培根番茄麵 €10.80

↑羅馬風味燉牛肚€15

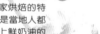

4 金杯咖啡
Tazza d'Oro

知名點心是遊逛時的好夥伴

MAP 別冊P17C2

位在萬神殿附近，在市內各地和機場等地都有分店的知名咖啡廳。招牌是自家烘焙的特調咖啡，而香醇的濃縮咖啡€0.90是當地人都讚不絕口的美味。在咖啡碎冰上添加鮮奶油的鮮奶油咖啡冰沙€2.50是夏季的知名甜點。

DATA

🚇那沃納廣場步行6分
📍Via degli Orfani 84
📞(06)6789792
🕐7～20時（週日為10時30分～19時30分）
公休無休

→盛上大量鮮奶油的咖啡冰沙

5 那沃納廣場 MAP 別冊P16A2
Piazza Navona

貝尼尼噴泉與咖啡廳坐落的廣場

此處在古代曾做為競技場，15世紀則是市場，在17世紀時由伊諾森教宗命令貝尼尼改建為慶典用的會場，而有了現今的樣貌。廣場中央有四河噴泉（→P52），後方則有貝尼尼當時的競爭對手——博羅米尼所設計的聖阿涅塞蒙難教堂。那沃納廣場禁止車輛通行，可自在參觀。

DATA
→表現出世界四大河的「四河噴泉」
🚇 Ⓜ A線SPAGNA站
步行20分

↗在街頭開演唱會!?每聽完一首，請別忘了給予約€1的小費喔！

↓位於南側的「摩爾人噴泉」

貝尼尼製作的雕像令人肅然起敬

▲矗立在「四河噴泉」中央的方尖碑

小小預習知識
羅馬有很多噴水池??

源自於古代的基礎建設，羅馬自古以來便設有許多水道。由於15世紀推行水道修建，恢復了豐沛水量的供給，教宗為了重振天主教的威望，而在羅馬市內興建巴洛克風格的噴泉來妝點市容。

La La電影院
方尖碑的白鴿是關鍵！

電影『天使與惡魔』中出現許多羅馬、梵蒂岡的知名景點，而這座那沃納廣場也不例外。在象徵「土、空氣、火、水」四大元素的雕刻中，簽立於四河噴泉方尖碑頂端的白鴿，被視為「水」的雕刻而出現於劇中。此外，遭到犯人謀害的第四位樞機主教也被扔入這座噴泉中，為電影增添令人屏息的刺激場面。

廣場前的名咖啡廳

Tre Scalini MAP 別冊P16A2
以巧克力包裹住冰淇淋的松露冰淇淋（Tartufo）非常著名。

Caffè Bernini
提供許多菜色，也不妨嘗嘗提拉米蘇等甜點。（→P76）

Caffè Barrocco
MAP 別冊P16A2
距離廣場中央不遠，最適合在露天座眺望四河噴泉。

再走遠一些
Altoro Quando
MAP 別冊P16A2

提供大量的電影寫真集

這間書店網羅了許多以羅馬為背景的電影相關商品，販賣書籍、寫真書、磁鐵、海報等。

🚇那沃納廣場
步行3分
🏠 Via del Governo Vecchio 80/82/83
📞(06)6879825
🕐10時30分～翌日1時（週五、六為～翌日2時）🚫8月14～16日 Ⓔ

↘明亮的店內擺滿許多商品！

↑『生活的甜蜜』寫真書

↗經典橋段的劇照磁鐵

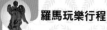

COURSE♪2

循著古代帝國的足跡前進

漫遊古羅馬

自西元前753年建國以來，經歷了無數戰爭和政變，建立起雄霸一方的羅馬帝國。而當時所留下的眾多遺產，即使是在帝國垮台數個世紀後，還是能令人遙想起昔日的風采。就讓我們踏入輝煌如昔的古羅馬世界吧。

行程比較表

逛街指數	♪♪♪	不僅移動範圍廣，坡度起伏也大
美食指數	♪♪	在特拉斯特維雷區品嘗羅馬風味披薩
購物指數	♪♪	圓形競技場和美術館設有商店
美麗指數	♪♪	藉由參觀古蹟培養氣質
文化指數	♪♪♪	觀摩古羅馬史蹟
推薦時段		8時左右出發
所需時間		約8小時
費用預算		門票€25＋餐費約€30

搭M B線COLOSSEO站步行10分

充實路線 ｜ **快走路線**

1 威尼斯廣場
步行5分 ｜ 步行8分

順道參觀康比托利歐廣場

2 卡比托利尼博物館
步行3分

3 古羅馬廣場
步行即到 ｜ 步行10分

4 帕拉提諾山丘
步行5分

5 與圓形競技場美景共進午餐
步行3分

6 圓形競技場
步行20分或搭乘計程車5分

7 科斯梅丁聖母教堂
步行15分 ｜ 步行15分

8 馬爾他騎士團長別墅
步行20分

9 台伯島
步行10分

10 在特拉斯特維雷區品嘗羅馬風味比薩晚餐

搭M步行約30分至B線CIRCO MASSIMO站

1 威尼斯廣場

MAP 別冊P17D4

Piazza Venezia

聳立著白色紀念堂的巨大圓環廣場

被稱為「羅馬肚臍」的廣場。正面為維多利歐·艾曼紐二世紀念堂，是為了紀念1870年統一義大利半島的第一任國王艾曼紐二世而建。面對紀念堂的右手邊則建有文藝復興樣式的威尼斯宮。

↑白堊建築物呈左右對稱設計，相當美麗

DATA

搭M B線COLOSSEO站步行10分

↑可以從維多利歐·艾曼紐二世紀念堂的露臺將街景盡收眼底

←紀念堂前有維多利歐·艾曼紐二世騎馬像

地圖標示（map labels）

N・S・E・W（羅盤）
0 200m

Via d. Plebiscito
❶ 威尼斯廣場
耶穌會教堂　圖拉真廣場
P.za d.Gesù　威尼斯宮　圖拉真市場
Via dei Fori Imperiali
維多歐・艾曼紐二世紀念堂　奧古斯都廣場
凱薩廣場　聖彼得鎖鏈教堂
天壇聖母堂　❷ 卡比利尼博物館
（卡比托利諾美術館）
CAVOUR Ⓜ
Via Cavour
康比托利歐廣場
前往古羅馬廣場
Via d. Teatro di Marcello
馬切羅劇場
Lung. d'Vallati
Lung. dei Centi
卡比托利尼博物館
（保守宮美術館）
馬克森提烏斯
集會堂
奧比歐公園 Ⓜ
Oppio Caffè ❺
前，先從上方俯
瞰一下遺址吧
古羅馬廣場
P.za d.Consolazione
提圖凱旋門
帕拉提諾山丘入口
COLOSSEO
入口 Ⓜ
圓形競技場
❾ 台伯島
波圖努斯神殿
法尼斯花園
君士坦丁凱旋門
圓形競技場廣場
Piazza del Colosseo
貝利廣場
P.za G. Belli
Via della Lungaretta
❹
帕拉提諾山丘
科斯梅丁聖母教堂
有許多賣冰
淇淋的露天
攤販，也有
賣水
特拉斯特維雷
聖母廣場
P.za S. Maria in Trastevere
台伯河
Ponte Palatino
P.za Piscinula
真理之口
❼
Via della Greca
Ivo ❿
特拉斯特維雷
聖則濟利亞教堂
Piazza Mastai
特拉斯特維雷
馬西摩
大競技場
切里歐山丘
文化資產部
阿文提諾山丘
Piazzale Ugo La Malfa
Via del Circo Massimo
卡佩納門廣場
Piazza di Porta Capena
河畔聖方濟各教堂
薩維洛公園
Via di S. Sabina
聖莎賓納教堂
聖阿雷西歐教堂
波給門
Piazza di Porta Portese
Porta Sublicia
這裡人煙稀少，
經過時要小心
Largo Vittime d.Terrorismo
CIRCO MASSIMO
❽
鑰匙孔
馬爾他騎士團長別墅

---

❷ 卡比托利尼博物館
Musei Capitolini

MAP 別冊P11C1

保守宮美術館

位於卡比托利尼山丘的古代藝術品寶庫

這座博物館建造於羅馬七丘之中最為神聖的卡比托利尼山丘上。在廣場的兩側，分別聳立著卡比托利諾美術館及保守宮美術館。除了可欣賞受到希臘影響的眾多雕刻作品外，也能看到如『卡比托利諾母狼』等青銅作品。

➡「拔刺的男孩」

DATA
🚇 Ⓜ B線COLOSSEO站步行15分
📞(06)0608　🕐9～20時（12月24・30日為～14時，售票處只營業至閉館前1小時）　🚫週一　💰€9.50（兩館共通），特展期間會加收費用

⬇「卡比托利諾母狼」

重點看過來

夾在兩座美術館之間的康比托利歐廣場，是米開朗基羅在16世紀時特別設計的作品。請特別注意以碎石鋪成的美麗幾何線條。中央立有馬可・奧里略的雕像。

View

⬆在卡比托利諾美術館的迴廊露臺，可以望見古羅馬廣場和圓形競技場

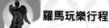

古羅馬廣場全景

3 古羅馬廣場
Foro Romano

MAP 別冊P11C2

至今仍在挖掘遺址的古羅馬核心地帶

坐落在兩座山丘間的窪地上，是古羅馬政治、經濟與文化的中樞。「Foro」的意思為公共廣場，設立有元老院、法院、神殿和凱旋門等建築。不過隨著帝國的式微，這些建築物也隨之荒廢，並被當成其他建築物的建材而遭到拆卸。

DATA
⊠ M B線COLOSSEO站步行5分
📞(06)39967700 🕐8時30分～日落前1小時（售票處營業至關閉前1小時）🈑無休 💰€12

沿著保守宮與元老宮間的步道前進，可在盡頭處的廣場眺望古羅馬廣場

通往古羅馬廣場的階梯上有著許多販賣伴手禮的小販

帝國大道

入口

黑石 ③ ④ ⑥ 羅慕路斯神殿 ⑦ 考古學博物館

① 皇帝廣壇 ② 凱薩神殿

尤里烏斯集會堂 ⑤ 聖火貞女之家 往山丘帕拉提諾 ⑧ 出口

① 塞維羅凱旋門
Arco di Severo
為紀念塞維羅皇帝遠征東方勝利與即位10年，於203年建造。拱門上有一角繪出遠征的場景。

② 農神神殿
Tempio di Saturno
祭祀農耕之神薩圖爾努斯的神殿。如今仍留有8根圓柱。

③ 元老院
Curia
共和國時代進行國事會議的所在，也是古羅馬廣場的中樞。現在的建築物已經過修復。

④ 艾米利亞集會堂
Basilica Emilia
進行徵稅和審判的集會堂。在西哥德人入侵之際遭到燒毀，現場留有燒熔的硬幣痕跡。

⑤ 聖火貞女神殿
Tempio di Vesta
祭祀火神維絲塔的神殿，現存的是圓形神殿的遺址。早於西元前2年就已經存在。

⑥ 安東尼與法斯提娜的神殿
Tempio di Antonius e Faustina
安東尼皇帝為了悼念妃子法斯提娜，於141年前後建造。安東尼皇帝死後也葬在這裡。

⑦ 馬克森提烏斯集會堂
Basilica di Macsennzio
用來開庭和集會，由馬克森提烏斯皇帝興建，後由君士坦丁大帝接手，312年完工。

⑧ 提托凱旋門
Arco di Tito
羅馬現存最古老的凱旋門。於西元前81年為戰勝提圖斯皇帝的征戰勝利而建造。

4 帕拉提諾山丘
Colle Palatino

MAP 別冊P11C2

昔日皇帝所居住的翠綠山丘

位於古羅馬廣場南側、綠意盎然的山丘。歷任皇帝都在這邊興建宮殿（Palatium），而得其名。雖然許多宮殿都遭祝融焚毀，現今仍能看到奧古斯都皇帝和其妻莉維雅所居住的「莉維雅之家」等遺址。

DATA
⊠ M B線COLOSSEO站步行5分
📞(06)3996770 🕐8時30分～日落前1小時 🈑無休 💰€12

感受豐沛綠意

View

眼前就是古羅馬廣場的全景，右手邊則能遠眺圓形競技場

小小預習知識
打造出羅馬的七座山丘

古羅馬的市區是以七座山丘為中心所形成。有開國君主羅慕路斯建造聚落的帕拉提諾山丘，以及康比托利歐、奎利納雷、維米納雷、埃斯奎利諾、切里歐、阿文提諾等七座山丘。

※古羅馬廣場、帕拉提諾山丘和圓形競技場的門票可共通使用（2日內有效）

與圓形競技場美景共進午餐

5 Oppio Caffè
MAP 別冊P11D2

→備受當地年輕人也喜愛的咖啡廳

早晨到深夜人潮不斷的休閒咖啡廳

離圓形競技場僅有咫尺之遙的休閒咖啡廳，不只提供各種飲料，也有輕食可供選擇，能在這裡吃一頓簡便的午餐。在日落到入夜之際，圓形競技場會點亮燈光，而這邊也會化為欣賞圓形競技場的頭等席，總是人聲鼎沸。

DATA
交M線COLOSSEO站步行2分 住Via delle Terme di Tito 72 電(06)4745262 時7時〜翌日2時 休無休

→有許多飲料可供選擇，也推薦來這邊欣賞夜景

君士坦丁凱旋門
Arco di Costantino
MAP 別冊P11D2

緊鄰圓形競技場的西側，於西元315年建造的凱旋門。君士坦丁大帝為了紀念打敗政敵馬克森提烏斯皇帝而建造，但因為建材不足，只好從過去的紀念建築上拆下浮雕，用來裝飾於此。

交M線COLOSSEO站步行3分

↑圓形的浮雕是挪用自哈德良皇帝的建築物 ←高度達25公尺的巨大紀念碑

6 圓形競技場
Colosseo
MAP 別冊P11D2

古羅馬遺址的代表建築 巨大的圓形競技場

由維斯帕先皇帝竣工，並由其子提圖斯於西元80年前後完成的圓形競技場。周長527公尺，高48.5公尺，能容納約5萬人的這座設施，是皇帝為了娛樂民眾所搭建，各種血腥的死鬥成了競技場的精采戲碼。

DATA
交M線COLOSSEO站步行1分 電(06)39967700 時8時30分〜日落前1小時（售票處營業至關閉前1小時） 休無休 金€12（中文導覽€5.50）

購票的小小建議 其實圓形競技場和帕拉提諾山丘的門票是共通的，若是在人潮相對較少的帕拉提諾山丘或古羅馬廣場購買門票，就可以省去在圓形競技場大排長龍的困擾。

參觀重點

欣賞建築樣式

4樓 沒有拱門的科林斯柱式，藉由堆疊磚瓦來呈現柱式的建築工法。為了能鋪設遮陽的蓬頂，曾在外牆上拉起繩索。

3樓 科林斯柱式。以柱頭上刻有葉薊圖案的雕刻為特色。萬神殿正面的圓柱也採用同樣形式。

2樓 愛奧尼亞柱式。柱頭的渦漩形雕刻是其特徵。據說原本每個拱門下方都有一座雕像。

1樓 多利克柱式。特色為設計簡單，柱子上幾乎毫無裝飾，越往上段越細。據說是由多利亞人傳來的工法。

想像昔日的模樣

雖然外牆和內部都已經毀壞，但當年據說是呈漂亮的圓形。過去不僅有1〜3樓的觀眾席，還有遮陽用的天篷，究竟原本的圓形競技場是長什麼樣子呢？

賽場的地板 雖然如今已不復見，但過去的賽場地板上曾鋪設厚厚的木板，時常會以灑沙除去水氣。

觀眾席 1樓為貴族的VIP席，2樓為一般客席，3樓則為站席。而同一樓層還會照已婚人士、女性和軍人做劃分。

遮陽篷頂 古代曾在外牆頂端拉上繩索，用來固定大張的布製蓬頂。這是為了讓觀眾在強烈日曬下也能舒適觀賽所構思的設計。

※圓形競技場自2012年12月起開始進行修繕，預定在2016年3月完工，期間內仍開放入場參觀。

※若是想遊覽遺址，有「考古卡」會方便許多。→見P65注解

右側：建於6世紀的教堂

7 科斯梅丁 聖母教堂

MAP 別冊P11C3

Chiesa di Santa Maria in Cosmedin

重現老電影的經典場景

「真理之口」的著名教堂

教宗哈德良一世為了居住在這一帶的希臘人，而於8世紀修建而成的教堂。希臘人為了裝飾教會，將教會冠上了科斯梅丁（裝飾）之名。被視為古代水井蓋或是下水道孔蓋的「真理之口」就位於柱廊的盡頭。

DATA
交 M B線CIRCO MASSIMO站步行10分 電(06)6787759 時9時30分～17時50分（冬季為～16時50分）休無休 金免費

check!

通往真理之口的沿路會大排長龍！

↑據說是以海神的相貌做為形象 ➡人多的時候要排上30分鐘左右的隊伍

將手伸入真理之口並拍攝紀念照，已經是羅馬觀光的必備行程。由於這裡總是排成人龍，須做好排上30分鐘的心理準備。只有在一大早和午餐時段可能人潮會稍少一些。

順道逛逛

馬西摩大競技場
Circo Massimo

MAP 別冊P11C3

約建於西元前600年的古羅馬競技場遺址，當時會在此舉辦戰車競賽等活動娛樂市民，據說最多能一次容納25萬名觀眾。現在成了一片青翠的大草原，是市民休憩的場所。
交 M B線CIRCO MASSIMO站步行即到

曾做為電影『賓漢』的拍攝場景

---

8 馬爾他 騎士團長別墅

MAP 別冊P10B4

Casa dei Cavarieli di Malta

內行人才知道的秘密鑰匙孔

究竟能看到什麼風景？

馬爾他騎士團長別墅，坐落在羅馬七丘之一的阿文提諾山丘上，是一個十分奇特的觀景處。雖然無法進入，但若從大門的鑰匙孔窺看，就可以看見隱身在修剪林木後方的聖彼得大教堂圓頂。

DATA
交 M B線CIRCO MASSIMO站步行20分

➡鮮為人知的羅馬祕密景點

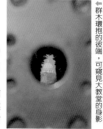

右側：群木環抱的彼端，可窺見大教堂的身影

9 台伯島 `MAP 別冊P10B2`
Isola Tiberina

↓從法布里丘橋眺望小島

從古代傳承至今的醫學之神小島

有古羅馬時代保存至今的切斯提歐橋、法布里丘橋相連，位於台伯河中的沙洲小島。在西元前3世紀時，建造醫學之神艾斯克拉皮思的神殿，成為信徒祈禱病痛早日康復的所在。現在仍保存有16世紀傳承下來的法泰貝內弗拉泰里醫院。

DATA
交特拉斯特維雷聖母教堂步行12分

↓也有許多人來做日光浴

↓橫渡茜奇河岸大道，沿著台伯河散散步吧。鬱鬱郁郁的道路是最佳的散步路線。在過馬路時要注意來車！

小小預習知識

功績傳頌後世的羅馬皇帝

尤里烏斯·凱薩…打造最強的軍隊，平定高盧的羅馬英雄。就任終身獨裁官後提出改革，卻遭到保守派暗殺，留下遺言「你也有份嗎？布魯特？」相當有名。

奧古斯都（屋大維）…在凱薩的遺囑中被指名為後繼的古羅馬首任皇帝。雖然身體虛弱，但利用巧妙的政治手腕奠定了羅馬的帝政基礎。

尼祿…母親阿格里庇娜毒殺了前任皇帝，使他在16歲便登上王位。雖然早年施行善政，後來卻變成瘋狂的暴君。在失去民心之後，被迫走上了自殺的末路。

圖拉真…生於西班牙行省，歷經長年的軍旅生活後由皇帝指名繼承。以親民的行事作風搏得人民愛戴，羅馬帝國的疆域也在此時擴展到最大版圖。

君士坦丁…第一位信奉基督教的羅馬皇帝。將首都自衰敗的羅馬遷至君士坦丁堡（現在的伊斯坦堡），其後羅馬帝國也分裂成東西兩半。

在特拉斯特維雷區品嘗羅馬風味披薩晚餐

10 Ivo `MAP 別冊P10A3`

在傳統老街品嘗酥脆的羅馬風味比薩吧

在傳統披薩店雲集的老街─特拉斯特維雷區內，最足以作為代表的超人氣餐廳。老手師傅所烤出來的披薩有著酥脆不膩的口感，1人應當能輕鬆吃下1片。在披薩中央打入雞蛋的主廚特製披薩€6.80，以及用上水牛莫札瑞拉起司的水牛比爾也很受歡迎。

DATA
交特拉斯特維雷聖母教堂步行3分
住Via S. Francesco a Ripa 158
電(06)5817082 時18～24時 休週二

↑加了番茄醬、莫札瑞拉起司和鯷魚的拿坡里披薩€6
↓灑上大量食材的主廚特製披薩

←只在晚間營業的傳統老店，一直到深夜都是高朋滿座

la la check!

如何將聖彼得大教堂拍得漂亮？

雖然成果因機種而異，但在此拍照容易受到黑色鑰匙孔及林木的影響，使得大教堂成為一片白濛濛的景象。若將鏡頭固定在鑰匙孔上拍攝，或許拍出來的成效會漂亮許多，不妨試試。

→將鏡頭固定在鑰匙孔上

COURSE♪3

在梵蒂岡城國欣賞藝術珍寶

坐落在羅馬市內的獨立小國，梵蒂岡。境內擁有館藏堪稱世界數一數二的梵蒂岡博物館、天主教信仰中心的聖彼得大教堂等，隨處都是值得造訪的景點，以悠閒的腳步好好欣賞梵蒂岡吧。

守護梵蒂岡的瑞士衛兵

行程比較表

逛街指數	♪ ♪ ♪	美術館裡的移動距離相當大
美食指數	♪ ♪	周邊巷弄散布著價格公道的店家
購物指數	♪ ♪	博物館商店品項豐富
美麗指數	♪ ♪ ♪	建築、繪畫和雕刻的寶庫
文化指數	♪ ♪ ♪	一定要看看梵蒂岡博物館的美術品
推薦時段		旺季時最好在博物館開館前30分抵達
所需時間		約8小時
費用預算		門票€26.50～＋餐費約€20＋伴手禮費

🚇Ⓜ A線CIPRO站步行5分

1 梵蒂岡博物館
- ●皮歐・克萊蒙提諾博物館
- ●拉斐爾畫室
- ●西斯汀禮拜堂
- ●畫廊

步行15分

2 聖彼得廣場

順著指標朝入口前進

步行即到

3 聖彼得大教堂

步行15分

4 聖天使堡

🚇Ⓜ 步行15分至A線LEPANTO站

---

1 *Musei Vaticani* 梵蒂岡博物館

MAP 別冊P6B2

傲視全球的美術寶庫
鑑賞義大利的藝術瑰寶

展示著歷任梵蒂岡教宗收藏品的大型博物館。利用歷任教宗居住的美景宮、多棟建築物與迴廊，將依照時代與主題分門別類的博物館、畫廊設於其間，其中又以古希臘、古羅馬時代的雕刻及文藝復興藝術的收藏最為豐富，擁有世界數一數二的規模。

DATA
🚇Ⓜ A線CIPRO站步行5分 📞(06)69883333/(06)69884676/(06)69883145 🕐9～18時（最後一個週日為～14時）※最後入場時間為16時（最後一個週日為12時30分）、11人以上的團體需事前預約 🚫週日（每月最後一個週日例外）、固定休館日（每年調整）💰€16（每月最後一個週日免費）

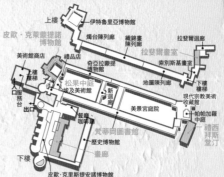

3小時藝術巡禮！ 必看作品鑑賞導覽

松果中庭
Cortile della Pigna

巨大的青銅製松果原本是聖彼得大教堂噴水池的一部分，由君士坦丁大帝建造。中庭中央的『球中球』也是必看景點。

拉斐爾畫室總是擠滿了人

皮歐‧克萊蒙提諾博物館
Museo Pio Clementino

展示教宗尤里烏斯二世的收藏及古希臘、古羅馬時代雕刻的博物館。由克萊蒙十四世創建，大約在庇護六世時代的1784年才完成目前所見的收藏。以傳說和神話為題材的雕刻，將人類的肌肉和衣服的皺褶表現得栩栩如生，據說米開朗基羅等眾多藝術家也深受影響。

『英雄軀幹』
Torso del Bel vedere
（西元前1世紀製作）

希臘新阿諦加派作品，為一座刻出擁有精壯身材的人物坐在岩石上的雕像，但只剩下軀幹的部分。據說這種肉體的呈現手法，帶給米開朗基羅莫大的啟發。

『勞孔群像』 Laocoonte
（西元1世紀前後製作）

1506年在埃斯奎利諾山上找到的古希臘雕刻傑作。特洛伊的神官勞孔和兩名兒子遭蛇纏附。據說作者是三名住在羅德島上的雕刻家。

拉斐爾畫室
Stanze di Raffaello

由展示著拉斐爾與徒弟所繪製的壁畫、室內裝飾的四間房間所構成，其中最為著名的是「簽字廳」，為16世紀初由尤里烏斯二世打造的書齋兼圖書館。在這裡可以看到拉斐爾以人類精神的「真、善、美」為主題製作的4面壁畫，包括『聖體辯論』和『雅典學園』等，是非看不可的作品。往深處走去，就會抵達「尼古拉五世禮拜堂」，可以鑑賞弗拉‧安基利柯的作品。

『雅典學園』 Scuola di Atene
拉斐爾（1508～11年製作）

以古希臘哲人和科學家群集爭論的構圖，表現出「理性的真理」。採用透視法繪製，焦點聚焦於拱門下方的兩位人物——亞里斯多德與柏拉圖。畫中有許多人物都是以和拉斐爾活躍於同一時代的文藝復興藝術家為模特兒，一一找出他們的位置，也是欣賞這幅作品的樂趣之一。

Ⓐ 亞里斯多德…位於中央右側，手指向天地之間的前方，象徵著「眼前的確切現實」。Ⓑ 柏拉圖…以達文西為參考，以右手食指指向天，象徵上天為思想的起源。Ⓒ 赫拉克利特…在中央下方撐著頭的人物，一個人陷入思索當中，以米開朗基羅的外型繪製。Ⓓ 第歐根尼…在亞里斯多德下方、位在畫面約略中央，橫躺在階梯上的人物。Ⓔ 拉斐爾…繪於畫作右下角的側臉自畫像，R.V.S.M. 是他的簽名。Ⓕ 伊鲁‧索多瑪…拉斐爾的好友，也是畫家。他後面的人就是拉斐爾。

梵蒂岡博物館 【觀賞建議】

1.入場時段

不管是平日還是假日都是人滿為患。可以在線上預約購票，避開購票的人龍，但最晚要在開館10分前抵達。

2.確認能參觀的區域

由於這座博物館本身是座年代久遠的建築物，經常會在各處進行修繕。在行李檢查處前方的螢幕確認能參觀的區域吧。

3.大型行李需寄放

大型包包或是雨傘、腳架等長型棒狀物品無法攜帶入內，請在檢查結束後右手邊的衣帽間寄放。貴重物品請隨身攜帶。

4.善用語音導覽

刷票入館後，在搭電扶梯上樓處，有著租借語音導覽的櫃台。對應語言包括中文，價格€7。租借時需押護照。

西斯汀禮拜堂
Cappella Sistina

西斯都四世於1477～1480年所修築的禮拜堂，現在也是用來舉辦教宗選舉（Conclave）等重要儀式的神聖場所。亮點為米開朗基羅受命為尤里烏斯二世、保祿三世所製作的天井畫，以及祭壇上的濕壁畫，皆被譽為文藝復興時代的至高傑作。

建議準備觀劇鏡！
天井畫和壁畫的高度往往超乎預期，為了能夠仔細欣賞人物的表情等細節，小型的望遠鏡在這裡是必需品。

ZOOM ❶
『創造亞當』
Creazione di Adamo
描繪出舊約聖經中「神以自己的形象造人」一景的畫作。創造出人類的上帝，透過指尖將生命賜予躺臥在畫面左方的亞當，這一瞬間的捕捉，讓觀者也能感受到那股緊張感。

ZOOM ❷
『德爾菲女先知』 Sibilla Delfica
描繪出讀書中的女祭司突然獲得啟示而轉移注意力的美麗神色。左手握著書卷的肉感、接獲強烈靈示而傍徨的表情等是鑑賞重點。

ZOOM ❸
『最後的審判』 Giudizio Universale
➡P11
繪於祭壇後方整片牆面，宛如雕刻般的肉體呈現等，是邁入成熟期的米開朗基羅傾注技術與心血的最大傑作。

天井畫『創世紀』 米開朗基羅（1508～12年左右製作）

壯觀的氣勢與美麗的色彩非常出色。畫於左右牆面上的『摩西的一生』和『耶穌基督的一生』也是波提且利和吉爾蘭戴奧等文藝復興巨匠所繪製的傑作。

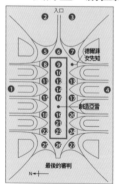

- ❶…耶穌基督的一生
- ❷…復活
- ❸…摩西遺體的爭論
- ❹…摩西的一生
- ❺…大衛與歌利亞
- ❻…先知撒迦利亞
- ❼…友弟德與赫羅弗尼斯
- ❽…先知約耳
- ❾…諾亞醉酒
- ❿…大洪水
- ⓫…伊莉泰雅女先知
- ⓬…諾亞獻祭
- ⓭…先知以賽亞
- ⓮…原罪與逐出伊甸園
- ⓯…先知以西
- ⓰…創造夏娃
- ⓱…庫蔓女先知
- ⓲…波斯女先知
- ⓳…神分水陸
- ⓴…先知丹尼爾
- ㉑…創造眾星
- ㉒…先知耶利米
- ㉓…神分光暗
- ㉔…利比亞女先知
- ㉕…哈曼的懲罰
- ㉖…先知約拿
- ㉗…青銅之蛇

從禮拜堂通往大教堂的捷徑
西斯汀禮拜堂有兩個出口，背向『最後的審判』的右側出口，會通往聖彼得大教堂。若兩邊都想參觀的話，走這條捷徑可以省下許多時間與體力。但也必須先排好參觀路線，看是要先從畫廊或其他地方開始走起。此外，有時也會碰上圖書館等部分景點不開放參觀的情況，使用語音導覽時也必須多加留意。

梵蒂岡圖書館
Biblioteca

15世紀後半葉，由西斯都四世建設的圖書館。合計約有110萬本的藏書量相當傲人，其中也包括了被視為最古老聖經抄本的『梵蒂岡抄本』。

←有時參觀畫廊的人潮會十分擁擠，建議預留些時間慢慢參觀

畫廊
Pinacoteca

展覽11～19世紀創作的繪畫和錦織畫。多達18處的展示廳裡，將作品依照創作年代和流派分門別類，可以照著時代的先後順序欣賞。必看作品包括了第3廳裡由弗拉・安基利柯所製作的『聖母子與聖道明與聖加大利納』和菲力普・利比所畫的『聖母加冕』，第8廳的拉斐爾畫作『登山變相』，以及第12廳卡拉瓦喬所作的『耶穌下十字架』等等。

『聖傑羅拉莫』San Girolamo
李奧納多・達文西（約1482年製作）

以聖傑羅拉莫幫受傷獅子療傷的故事為題，描述聖人在荒野修行的模樣。這是達文西約28歲時的作品，以未完成的形式保存下來。由於曾將頭部和身體部分切割保存，即使修復後仍能看見留下的痕跡。

『登山變相』Trasfigurazione
拉斐爾（1520年製作）

拉斐爾死前完成的作品。描繪耶穌基督和3名弟子登山時，他們突然被神聖光輝所包圍的景象。這也是拉斐爾不靠徒弟協助所親手完成的晚期作品。

在博物館商店尋找伴手禮

玄關大廳和館內各處都有商店，販售著明信片€0.90～和原創商品。螺旋梯附近的商店商品種類豐富，十分推薦。

→將畫作焦點擷取出來的便利貼，1個€4

↑可以在拼圖上寫下留言的卡片€4

♪ 在這裡休息一下！

博物館咖啡廳

博物館內有著半自助式的餐廳、酒吧和披薩店。想休息或吃午餐的話，就抱著輕鬆的心情入店吧。

↓採自助式的餐廳

→拿鐵咖啡
€1.70

←有各式各樣的螺旋麵包和丹麥麵包€1.10～

2 Piazza San Pietro 聖彼得廣場

由貝尼尼打點的壯麗巴洛克空間

 MAP 別冊P7C3

17世紀，教宗亞歷山大七世下令貝尼尼設計的橢圓形廣場，位於聖彼得大教堂的正前方。包覆左右兩翼的半圓形柱廊指向大教堂的大門，並在中途轉為直線延伸。這種建築手法，營造出伸出雙手環抱造訪梵蒂岡眾人的象徵。橢圓的長軸為240公尺，最多可容納10萬人。

DATA
交 M A線OTTAVIANO站步行15分

參觀Point

✤ 郵局

販售梵蒂岡城國特有的郵票和明信片。許多人會將蓋有梵蒂岡郵戳的明信片當成旅遊的紀念品。郵局內設有寫信的空間。

✤ 教宗窗

面向大教堂的右手邊建築物，就是羅馬教宗的宅邸。每週日的正午，教宗會在4樓右邊數來第2扇窗亮相。

✤ 聖人像

柱廊上的欄杆，立著由17～18世紀雕刻家所打造的聖人像做為裝飾，高約3.2公尺，共有140尊。

✤ 風花圖

彷彿要將方尖碑給包圍住一般，鑲嵌於地面上的裝飾，具有表示風花圖和黃道十二宮的功用。

✤ 方尖碑

大教堂入口在這裡，由於會在此進行安全檢查，最好先作足大排長龍的心理準備。

豎立於中央的方尖碑，是卡利古拉皇帝從埃及運回，作為戰車競技場的繞行指標。過去架設在大教堂的左側，後於16世紀遷移至現在我們所看到的位置。

✤ 柱廊

貝尼尼所設計的柱廊一共有284根由大理石打造成的圓柱。5排圓柱從橢圓中心呈放射狀配置，從不同的角度看去便有不同的風貌。

✤ 橢圓的中心點

這座橢圓形廣場是由兩個圓相疊所設計而成，而兩圓的中心點被稱為貝尼尼點，若站在點上朝柱廊望去，便能看見原本呈4排排列的圓柱形成單一排的效果。

3 聖彼得大教堂
Basilica di San Pietro

在天主教的大本營 MAP 別冊P6B2
感受莊嚴的氣氛和藝術

遭到尼祿皇帝迫害而殉教的聖彼得是耶穌12門徒之一，在其陵墓所在之處建起世界規模最大的大教堂。當初是在西元4世紀時由君士坦丁大帝建造，後於16世紀做大規模的整修。在經由伯拉孟特、拉斐爾和米開朗基羅之手後，終於在17世紀初整修完畢。堂內有著米開朗基羅製作的『聖殤像』，以及許多活躍於文藝復興時期和巴洛克時代的藝術家作品。

DATA
🚇MA線OTTAVIANO站步行15分
📞(06)69881662 🕐7～19時(10～3月為～18時30分)、圓頂為8～18時(冬季為～17時)
🈳無休 💰免費(參觀圓頂，搭電梯€7，走樓梯€5)

登上圓頂一探究竟！

←在安全檢查後，將大型行李寄放在衣帽間，開始排參觀圓頂的隊伍

↑即使搭乘電梯，還是要走這段樓梯才能抵達瞭望台。夏季時非常悶熱

↑購票時需說明是要搭電梯或是走樓梯

→汗流浹背地登上圓頂後，迎面而來的是壯麗的景色！可以將廣場和街景盡收眼底

←出電梯後，往聖彼得大教堂的上層移動，這裡的通道非常狹窄

必看 『聖殤像』 Pieta
米開朗基羅(1499年製作)

刻劃出聖母瑪莉亞抱著死去耶穌的聖殤像，是米開朗基羅年僅25歲時便完成的早期傑作。瑪莉亞披在左肩的彈弓帶上刻有米開朗基羅的名字。

→城堡屋頂上可以盡覽聖彼得大教堂和羅馬市容，來拍張紀念照吧！

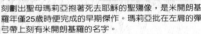

4 聖天使堡
Castel Sant'Angelo

有大天使米迦勒 MAP 別冊P7D2
守望的堅固要塞

在西元139年做為哈德良皇帝的陵墓而建，爾後做為要塞、監獄等用途的建築物。6世紀時，大天使米迦勒曾降臨此地，帶來鼠疫即將結束的預告，而有了聖天使堡的稱號。這裡也被做為教宗在非常時期的避難處，現在仍以迴廊與梵蒂岡相連，內部則開放做為能了解城堡歷史的博物館。

架於城堡前方的橋樑出自貝尼尼之手，欄杆上的天使像相當迷人

DATA
🚇MA線LEPANTO步行15分 📞(06)6819111 🕐9時～19時30分（入場時間～18時30分）截止 🈺週一 💰€10.50

COURSE 4

從憧憬的名牌到平價雜貨

在康多提街周邊盡情購物

Via Condotti

說到義大利的旅行樂趣，就不得不提上街購物了。以匯集各國名牌的康多提街為中心，周邊有許多複合式精品店和販賣時尚飾品、雜貨等店家。讓我們一邊感受著高貴的氣氛，一邊尋找自己喜歡的東西吧。

↑自人民廣場延伸出去的巴布伊諾街也不可錯過

行程比較表

逛街指數	♪♪♪ 移動範圍較小，並不會太累
美食指數	♪♪ 有數間咖啡廳和葡萄酒館
購物指數	♪♪♪ 從名牌到雜貨一應俱全
美麗指數	♪♪♪ 可以欣賞華麗的時尚服飾
文化指數	♪♪♪ 有西班牙廣場和人民廣場
推薦時段	店家開始營業的10點左右出發
所需時段	約4小時
費用預算	餐費約€30＋購物費

↓ 發揮素材質感的連身裙約€100～

人民門●

Ｍ往A線FLAMINIO站

人民廣場

奇蹟聖母教堂（雙子教堂）

○ Bomba

Via A. Brunetti

↑店內可以感受到老闆的獨到品味

■ Buccone

V. d. Vantaggio

時尚

Bomba （MAP 別冊P13C3）

嚴選素材
高質感商品琳瑯滿目

充滿手工感的店內，有著老闆親自挑選的衣著和時尚小飾品，陳列著緞帶和鈕釦等素材的櫃位也是耐人尋味。

DATA
Ｍ A線SPAGNA站步行10分　Via dell'Oca, 39-41　(06)36491555　11時～19時30分（週一為15時30分～）　週日

Via A. Canova

Via di Ripetta

→ 有炭烤蔬菜的前菜拼盤€8.50

⇒店舖裡面有桌椅可供用餐

Via Ara Pacis

● 和平祭壇博物館

葡萄酒館

Buccone （MAP 別冊P13C4）

用輕鬆的心情
在吧台以玻璃杯品酒

受到當地人推崇，是一間氛圍輕鬆的葡萄酒館。一走進店內便是擺滿牆面的葡萄酒，能在吧台飲酒搭配下酒菜，是該店堅守的原始風情。
Ｍ A線FLAMINIO站步行7分　Via di Ripetta 19　(06)3612154　9時～20時30分（週五、六為～23時20分，週日為11～19時）　無休

咖啡廳　（MAP 別冊P13D4）

Musseo Atelier Canova Tadolini

在優雅的空間
來杯餐前酒吧！

↑用雕刻家卡諾瓦的工作室改裝而成的咖啡廳

店內擺滿了500多件雕刻作品，讓人彷彿置身於美術館、藝廊中的咖啡廳。17:30～20:30提供的餐前酒1杯€6～（附小菜）。
Ｍ A線SPAGNA站步行8分　Via del Babuino 150 a/b　(06)32110702　8～23時（週日為10時～）　無休

奧古斯都皇帝陵墓

↑ 聖洛可教堂

咖啡廳

黃色的遮陽蓬十分搶眼

Canova MAP 別冊P13C3

費里尼導演也曾光顧
面對人民廣場的咖啡廳

由於電影導演費德里柯・費里尼曾是常客而聲名大噪的咖啡廳，店內展示著費里尼的照片等相關物品。坐在能眺望人民廣場的露天座，品嘗自製蛋糕及咖啡。

🚇A線FLAMINIO站步行5分
🏠Piazza del Popolo 16
☎(06)3612231 ⏰7時～翌日1時30分
📅無休

文具

Farbriano

獻給大人的高雅風格
文具＆飾品 MAP 別冊P13C4

由13世紀起製作Farbriano紙的老店所經營的文具店，其優異的設計感有口皆碑，最近則是以利用Farbriano紙製作的設計飾品博得好評。此外也販售問候卡€3～等商品。

←24色彩色鉛筆組
€42 ←木偶抱著的尺€24.90（直尺價格）↓繪有義大利各都市地圖的筆記本€9.80～

DATA
🚇A線SPAGNA站步行10分
🏠Via del Babuino 173
☎(06) 32600361 ⏰10～20時
📅8月

複合式精品店

Gente MAP 別冊P15C1

來此蒐集
流行品牌的最新信息

設立於巴布伊諾街，散發高雅氛圍的精品店。從LANVIN、Chloé等知名品牌，到備受矚目的Martin Margiela、FENDISSIME等，廣泛的選貨品味是一大賣點。有時也會進BALENCIAGA的限定商品等，務必來逛逛。

←也有JIMMY CHOO的商品 →提供許多充滿個性的衣著和小飾品

DATA
🚇A線SPAGNA站步行7分 🏠Via del Babuino 77
☎(06)3207671
⏰10時30分～19時30分（週日為11時30分～）、週一為12時～）📅無休

飾品

↑讓人不禁想整套買下的耳飾€90、手環€145

Lanelleria

價格公道的
手工飾品店 MAP 別冊P15C1

由師傅在羅馬的工作室手工打造的飾品，每一樣都是以無鎳電鍍製作的金、銀飾品。在想更悉心打扮的時候，不妨試試這邊販售的優雅耳飾、項鍊和戒指。

DATA
🚇A線SPAGNA站步行7分
🏠Via Belsiana 96a
☎(06)6994336 ⏰10時30分～19時30分（週一為15時～）📅週日、8月定休三週

↑雍容華貴的店面

地圖標示

○ Canova

🎵（音樂符號指南針）

⛪ 聖山聖母教堂（雙子教堂）

○ Fabriano

巴布伊諾街

● Ricordi Media Store

Canova Tadolini

Hotel Mozart H

Via del Babuino

Via dei Greci

○ Gente

科索街

Via Vittoria

Via del Corso

Etro
Gianni Versace

往地鐵A線 M
SPAGNA站的地下道出入口

西班牙廣場

Via della Croce

Lanelleria

Pura López (P44)
破船噴泉
Caffè Greco (P45)
Via delle Carrozze
● Prada
Giorgio Armani
● Christian Dior
Salvatore Ferragamo ●
康多提街
○ Gucci ○ Barcaccia (P45)
Bvlgari (P45)

⛪ 聖安博及嘉祿教堂

0　　　100m

靴飾品牌

Pura López

展現女性腿部
美麗線條的品牌　MAP 別冊P15D1

開在西班牙廣場對面的名牌鞋店，是由
西班牙設計所設計的優雅女鞋品牌，
特色為能襯托女性腿部美感的高跟設
計。雖然在西班牙和法國也有展店，但
義大利境內僅此一家。

DATA

Ⓜ️A線SPAGNA站步行3分
🏠Piazza di Spagna 96
📞(06)6781470　🕐10時30分～19時30分
📅8月不定期休

↑想搭配鞋款一同使用的晚
宴包€390
➡鮮豔粉紅色十分吸睛的圓
頭高跟鞋€315

Via Ara Pacis

● 和平祭壇博物館

(P43) Lanelleria ○

奧古斯都皇帝陵墓

🏛聖洛可教堂

聖安博及嘉祿教堂 🏛

克羅埃西亞聖傑羅拉莫教堂

Via Tomacelli

Max&Co.

Via dell'Arancio

Fendi ●

○ Ciampini

● P.za Borghese

P.za S. Lorenzo in Lucina ●

○ Bottega Veneta

Via di Ripetta / 里貝塔街 / 科索街 / 馬車街 / Via del Corso / Via Belsiana / Via Vittoria

冰淇淋店

Ciampini　MAP 別冊P14B3

來品嘗超過20種口味的
自製冰淇淋吧

該店最著名的是將冰淇淋以巧克力包裹住
的松露冰淇淋€8.70，是由現任老闆的曾
祖父所研發。自製冰淇淋只選用水果等新
鮮食材製作，吃得到天然的好滋味。外帶
1種口味€2.50～。

Ⓜ️A線SPAGNA站步行12分　🏠Piazza
S. Lorenzo in Lucina 29　📞(06)6876606
🕐7時30分～21時30分　📅6～9月的週日

↑糖漬栗子口
味，有著滿滿
的碎栗子

義大利品牌

Bottega Veneta

見識師傅打造的
美麗精品　MAP 別冊P14B3

1966年創立的老字號高級皮
件品牌，使用小羊皮精心製作
的編織包「Intrecciato」相當
有名，每季還會推出限定設計
款及限定色。網羅全方位的品
項，賣場面積堪稱全義大利之
最。

DATA

Ⓜ️A線SPAGNA站步行12分
🏠Piazza S. Lorenzo in Lucina
9/13
📞(06)68210024　🕐10～20時（週日
為10時30分～19時30分）　📅無休

↑也有各種小飾品
↓2樓為女裝區
妝包和提包
→帆布製的化

義大利品牌　MAP 別冊P15C2

Marni

以新浪漫風的
可愛服飾妝點自己

主要商品為以刺繡和拼布製作
的浪漫風格女裝。輕飄飄的獨
特剪裁和設計，受到許多走在
時尚前端的女性喜愛。也有各
種鞋子、包款、太陽眼鏡和飾
品。

DATA

Ⓜ️A線SPAGNA站步行9分
🏠Via Bocca di Leone 8
📞(06)6786320　🕐10～19時（週日
為10～13時、14～19時）
📅無休

可愛包包
↑推薦這款以串珠裝飾的

↑散發近未來氛
圍的店內裝潢

Etro

Gianni Versace

往地鐵A線SPAGNA站的地下道出入口 Ⓜ

十字街
Via della Croce

巴布伊諾街
Via del Babuino

Pura López

西班牙廣場

Missoni
Caffè Greco
Prada

西班牙階梯

Via delle Carrozze

Giorgio Armani

Christian Dior

Salvatore Ferragamo

Gucci

康多提街
Via Condotti

Bvlgari

Barcaccia

Max Mara

Gucci

Ⓗ Hotel d'Inghilterra

勃根地街
Via Borgognona

Via Bocca di Leone

Via Mario de' Fiori

Marni

Via Frattina

法拉蒂納街

Via della Vite

⊕ 中央郵局

Via della Mercede

聖西爾維斯特廣場
P.za S. Silvestro

0 ─── 100m

Chiurato

➡ 將真正的植物和蔬果封入其中的精緻盤子

➡ 知名的壓克力盤 €15〜

咖啡廳

➡ 蛋糕類為€8左右〜

Caffè Greco ᴹᴬᴾ 別冊P15C2

全世界藝術家都鍾愛的老牌咖啡廳

1760年開業，由於老闆是希臘裔，而將店名取做Greco。後來也吸引來自各國的詩人、畫家、作家、音樂家等藝術家雲集，成為一家刻畫出悠久歷史的咖啡廳。 ⊠ⓂA線SPAGNA站步行5分 🏠Via Condotti 86 ☎(06)6791700 🕐9〜21時 🈺無休

雜貨 ᴹᴬᴾ 別冊P15D2

Chiurato

封入水果的新潮盤子極具人氣

1889年創業的家庭經營小店。店內盡是充滿義大利風情的日常用品，既平價又色彩繽豔，讓人目不轉睛。其中尤以將水果、義大利麵、香草等鑲入盤內的壓克力盤最受歡迎。還有使用義大利麵製作的磁鐵等，由老闆自創的可愛商品，以及忠實重現食物與雜貨的設計磁鐵。

➡ 也有FitFlop等流行鞋款

DATA

⊠ⓂA線SPAGNA站步行5分 🏠Via Due Macelli 61 ☎(06)6780914 🕐10時〜19時30分（週一為11時〜、週日為11〜19時） 🈺無休

咖啡廳

Barcaccia ᴹᴬᴾ 別冊P15D2

在購物之餘眺望西班牙廣場歇腳休憩

面對西班牙廣場和破船噴泉開設的咖啡廳。2樓有茶點沙龍風格的客席，可以遠眺西班牙廣場的風光。1樓則有冰淇淋吧和酒吧。⊠ⓂA線SPAGNA站步行5分 🏠Piazza di Spagna 65 ☎(06)6797497 🕐6時30分〜23時 🈺無休

➡ 在2樓的窗邊席可以欣賞到極致美景

義大利品牌 ᴹᴬᴾ 別冊P15C2

Bvlgari

不分時代深受愛戴的迷人珠寶

1884年開業的高級珠寶品牌。位於羅馬的總店不只有販賣區，還設立了博物館，可以鑑賞擺放在櫥窗中的獨一無二稀奇珠寶，以及寶格麗貴族的收藏品。

➡ 試戴看看時尚的太陽眼鏡

DATA

⊠ⓂA線SPAGNA站步行5分 🏠Via Condotti 10 ☎(06)696261 🕐10〜19時（週日、一為11時〜） 🈺8月的週日

➡ 各式商品一應俱全

⬅ NewB01玫瑰金款

還有這些品牌

名牌店

Etro➡P78
Gucci➡P78
Christian Dior➡P78
Salvatore Ferragamo➡P78
Gianni Versace➡P78
Giorgio Armani➡P78
Tod's➡P78
Dolce&Gabbana➡P78
Fendi➡P78
Prada➡P78
Max&Co.➡P78
Max Mara➡P78
Missoni➡P78

COURSE♪5

尋找超值小物和獨門景點
深入巷弄

在嚮往已久的名牌店購物固然是一大樂事,不過深入巷弄裡的個性小店尋找喜歡的東西,也是在羅馬購物的樂趣之一。骨董店林立的念珠商街、最受熱愛時尚的羅馬人矚目的舊執政官街,都在距離那沃納廣場步行10分的範圍內,若想挑個與眾不同的紀念品,絕對要來這裡逛逛!

⬆校車造型的巧克力餅乾1個€3

⬆也很受歡迎的提拉米蘇1個€3.50

點心舖　MAP 別冊P8A3
MADE Creative Bakery

宛如玩具般的零食為最大賣點
以烘焙點心為主的點心舖

特色為有著可愛裝飾的甜點,而小小的店面中乾淨整齊的擺設也很討喜。可愛的彩繪餅乾很適合做為伴手禮。店內還販售飲料,也能內用。亦有販售義大利相當少見的貝果€4。

⬆櫥窗展示也很可愛

DATA
🚶那沃納廣場步行7分 📍Via dei Coronari 25
📞(06)98932195 🕐11〜19時 🗓8月定休三週

行程比較表

逛街指數	♪♪♪	街道不長,移動距離短
美食指數	♪♪♪	各街道都有美食景點
購物指數	♪♪♪	各街道都有個性獨到的店舖
美麗指數	♪♪♪	享受櫥窗購物趣
文化指數	♪♪♪	可以感受新舊羅馬的兩種風情
推薦時段	11〜19時。須留意有些店家中午休息
所需時間	各街道約2小時
費用預算	購物費+餐費約€30

⬆往聖天使橋

P.za del Coronari ●

Via Banco di S. Spirito

P.za.del Coronari
P.za.S. Salvatore in Lauro
念珠商街 Via dei Coronari
阿爾坦普斯宮
V.d.Mte Giordano
V.d Pace
那沃納廣場 Piazza Navona
V.d Banchi Nuovi
新教堂
舊執政官街 V.d.Governo Vecchio
聖多羅利亞·一比亞道
V.d Banchi Vecchi
P.za.d.Chiesa Nuova
布拉斯奇宮

⬆幸福的滋味,巷弄中的休閒時光

口味 開心果與老羅馬

♪在這邊你息一下!

Gelateria del Teatro

MAP P7D3

嚴選產地食材
將旅途疲勞一掃而空的天然甘甜

從念珠商街轉入小巷稍走一會,就可以看到這間冰淇淋店。由於店家只選用新鮮食材製作,因此像西西里島產的開心果等,都是從產地特別進貨。2球€2。

🚶那沃納廣場步行10分 📍Via dei Coronari 65-66 📞(06)45474880 🕐11〜24時(週五、六為〜翌日1時、11〜4月為10時30分〜23時) 🗓無休

加牛奶的口味,隨時備有40種口味,其中也有不添

↑雪加盒€300
（左）、€1200
（右）→迷你
馬賽克小型收納
盒€2500～、人
偶擺飾€800～

鞋子
Sperga 30

↑夏季的限量鞋款€85

老字號運動品牌的
好穿運動鞋　MAP 別冊P16A1

發跡於杜林的老字號運動品牌Sperga的直營
店。永不退流行的招牌商品運動鞋，有花紋的女
用鞋款等五花八門的設計款式和材質。鞋子的價
格主要落在€54～100之間左右。

DATA
🚇那沃納廣場步行3分　🏠Via dei Coronari 17
📞(06)68300481　⏰10時30分～19時30分（週日為15時
30分～，週一為14時30分～）　📅夏季的週日

↑裝潢俐落簡單的店內陳
列著商品

↑孩童運動鞋€59

骨董店
Liberty

MAP 別冊P16A1

想用小小的骨董品
為日常生活稍稍增添亮點

1962年，由老闆的母親瑪莉亞女士開設店
面，目前由女兒露菈其亞掌櫃。店內主要以蒐集
自歐洲各地的1910年代到70年代古董珠寶為
主，尤其是新藝術運動樣式的商品相當豐富。

DATA
🚇那沃納廣場步行5分
🏠Via dei Coronari 8
📞(06)6875634
⏰10時30分～13時、16～19時左
右（週一為16時～）　📅週日

→宛如受招待至
古宅般，散發優
美氣氛的店內

這裡有間冠上街道名稱的酒吧
「Caffè Coronari」，可以在悠
閒的店內喝杯義式濃縮咖啡，休息
一下再出發。

P.za S. Salvatore
in Lauro ●

念珠商街　　　Via dei Coronari　　　往那沃納廣場 →

● Gelateria del
Teatro
● Kouki
MADE
Creative
Bakery
Sperga 30
Liberty
Lorenzale
Antichità

Via d. Pace

威尼斯玻璃
Kouki

MAP 別冊P8A3

購買色澤迷人的玻璃飾品
做為義大利之旅的紀念品吧

販售產自穆拉諾島（玻璃島）
的威尼斯玻璃工藝品。1樓主
要販售飾品，地下室則陳列著
玻璃器皿、花瓶等雜貨。推薦
商品是先依個人喜好選擇玻璃
珠€2～，再選擇線€0.50，直
接請店家現場製作的飾品。雖
會因設計的差異而有所不同，
但大製上都會在20分左右製
作完畢。

↑店內擺設著色
彩奪目的玻璃珠

↑鮮紅色的頸
鍊€15

↑用不同形
狀的玻璃組
合而成的項
鍊€45～
↓手鍊€4.50
～30

DATA
🚇那沃納廣場步行7分　🏠Via dei
Coronari 26　📞(06)68806914
⏰9時30分～19時30分　📅無休

骨董店
Lorenzale
Antichità

↑也有亞洲的骨董

MAP 別冊P16A1

從歐洲各地蒐集而來的
骨董物琳瑯滿目

該店創業於1950年，由父親傳承給兒子吉昂路
卡經營、擔任店長。雖然商品主要以19世紀的
擺飾為中心，店內也有使用1910年
代的威尼斯玻璃所製作的文鎮€80～
300，以及1920年代翡冷翠出品的十
字架墜飾約€150等，充滿各式各樣
的小物品。

→前方是文鎮，後方
是小收納盒約€480

DATA
🚇那沃納廣場步行5分
🏠Via dei Coronari 2-3
📞(06)6864616　⏰10時30分～19時30分
（週一為16時～）　📅週日

※由於骨董品都是僅此一件的商品，請將
上述價格當作參考基準即可

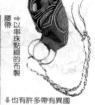

↓以串珠點綴的布製

腰帶

↓也有許多帶有異國風情的飾品

→夏季洋裝約€55

當地品牌

Toko MAP 別冊P8A3

異國情調＆自然風格
深獲當地羅馬人喜愛

身兼老闆和設計師的莎碧娜‧詹札雷利所設計的亞洲的休閒品牌。她將亞洲的素材和形象，重新依照義大利人的個性所打造出來的服飾，大多是在峇里島所製造。看似簡樸卻又帶著獨特的個性，讓這間商店受到許多當地年輕人的喜愛。

DATA..........................
⊠那沃納廣場步行5分
⊞Via del Corallo 32/33　☎(06)68210780
⊞11～22時(8月為16時～)　⊞8月中旬～月底

→合理的價格也是受歡迎的秘密

複合式精品店

Utilefutile MAP 別冊P7D3

能搭配日常穿著
設計簡單又個性十足的豐富商品

除了義大利國內以外，也引進西班牙和丹麥等不分名氣高低的品牌商品，有著其他地方買不到的奇特格商品，受到當地女性的歡迎。也有許多店家自行設計的獨創商品。

DATA..........................
⊠那沃納廣場步行8分
⊞Via del Governo Vecchio 20a
☎(06)68809488　⊞10時～19時30分
(週日為12時～)　⊞8月的週日和8月中旬公休兩週

←價位方面，夏季連身裙的價格為€50～

↑使用色彩斑斕的零件與墜飾搭配成的耳飾€20～

→Cicca Boomba€10

Cicca Boomba MAP 別冊P16A2

一片片現點現作的
窯燒披薩大受歡迎

披薩的口味約有20種，相當多元。以店名取名的招牌披薩「Cicca Boomba」每天都會更換餡料。

DATA..........................
⊠那沃納廣場步行5分
⊞Via del Governo Vecchio 76
☎(06)68802108　⊞12時30分～15時、19～24時　⊞週三

色吧
→也看看推薦菜

Utilefutile ○

Toko ○

Pal. d. Governo Vecchio ●

Pal. dei Filippini ●

舊執政官街 ○ Morgana
Via del Governo Vecchio

V. Parione

Sartoria Scavelli ○

↑也有販賣成衣，順道看看吧
←舒適的質料也是魅力之一

當地品牌

Sartoria Scavelli MAP 別冊P8A3

高品質的
簡約＆時尚襯衫

接受訂製襯衫、領帶、西裝和裙子等衣物的服飾店，只使用義大利布做為材料。由於也有販賣各種尺寸的成衣，可以現場購買。襯衫在下訂後約需兩週的製作時間，可以將成品寄回國內（加收運費）。

DATA..........................
⊠那沃納廣場步行6分　⊞Via Sora 19a
☎(06)68392164　⊞10時30分～19時30分
(週一為15時30分～)　⊞週日

複合式精品店

Josephine de Huertas

MAP 別冊P16A2

走在流行尖端
精選多種休閒風服飾

網羅當季單品的精品店，提供Paul Smith、Valentino
等歐美知名品牌，其中又以Paul Smith的商品量最為
豐富，從服飾€150～400，到涼鞋、圓頭鞋等選擇多
元。在帕里奧內街也有展店。

小小的店內蒐羅了各式流行配件

DATA
🚇那沃納廣場步行5分　🏠Via del
Governo Vecchio 68　📞(06)6876586
🕐10時30分～20時（週日為12～19
時）　🚫無休

←Paul Smith
的長袖襯衫
€160～

美食 SPOT在這裡

Caffetteria Pasquino　MAP 別冊P16A2

最適合休息及吃些輕食
羅馬人最愛的休閒咖啡廳

當地居民愛去的咖啡廳。自早晨營業到深
夜，可以品嘗各種飲料和帕尼尼等輕食。
18時30分～20時的Happy Hour飲品
€6～，適合在結束購物的回程中順道來喝
一杯。

🚇那沃納廣場步行4分　🏠Via del
Governo Vecchio 79　📞(06)68808124
🕐7時～翌日2時左右　🚫無休

→帕尼尼（小）€3.50，有蝦子、起司等數種餡料

Josephine de Huertas
Caffetteria
Pasquino
Cicca Boomba
●P.za Pasquino

那沃納廣場

SBU○　●布拉斯奇宮
Pal. Braschi

P.za S. Pantaleo ●

當地品牌

SBU

MAP 別冊P16A3

羅馬製造的
高質感牛仔褲

誕生於羅馬的牛仔褲品
牌。布料使用發揮藍染
傳統技藝的日本製牛仔
布，搭配義大利的高度
裁縫技術所製作出的牛
仔褲享譽全球。約有35
種牛仔褲款式，價位落
在€135～195左右。店
家的堅持在於不刻意秀
出品牌標誌，而是靠質
感定勝負。

有各式各樣的牛仔褲款式

也有牛仔褲以外的各種商品

DATA
🚇那沃納廣場步行3分
🏠Via di San Pantaleo
68-69　📞(06)68802547
🕐10時～19時30分
🚫無休

→不秀出品牌名稱是
出自設計的講究

當地品牌

Morgana

MAP 別冊P8A3

光是遠觀就讓人賞心悅目
洋溢玩心的連身裙

由雙胞胎兄弟的馬可與法比歐兼任老闆及
設計師，店內擺滿了他們親自設計的服
飾。從布料、配色、剪裁等，每一件講究
細節的連身裙都是獨一無二的結晶。不僅
在設計上展現出女性魅力，實惠的價格也
深獲好評。

有許多加派對用的連身裙

DATA
🚇那沃納廣場步行5分
🏠Via del Governo Vecchio 27
📞(06)6878095　🕐10～20時左右　🚫無休

位約在€70～300

COURSE♪6

巴洛克之都羅馬的掌門人
貝尼尼六大
鉅作巡禮

→聖德瑞莎的幻覺，仔細鑑賞肉體呈現等細節

在各個城邦拓展勢力的中世紀，梵蒂岡為了重建權威，而將羅馬街景整治成散發出宗教戲劇性氛圍的巴洛克之都。其中被選為掌門人而受到重用的便是巴洛克風格的天才──貝尼尼。透過他所留下的教堂、噴泉、雕像等，可以一窺劇場式都市羅馬的風采。

↑表現出寫實的神態

行程比較表

逛街指數	♪♪♪	移動範圍相當廣，妥善運用交通工具
美食指數	♪♪♪	那沃納廣場有多處美食景點
購物指數	♪♪♪	並無特別的逛街景點
美麗指數	♪♪♪	美麗雕像具有療癒效果
文化指數	♪♪♪	鑑賞貝尼尼的巴洛克雕刻＆建築
推薦時段		約9時出發
所需時間		約8小時
費用預算		拜訪教堂的誠摯心靈＋餐費約€20

MA線REPUBBLICA路步行5分

1 聖德瑞莎的幻覺
（勝利聖母教堂）

⋮ 步行5分

2 橢圓形圓頂
（奎里納雷聖安德烈教堂）

⋮ 步行20分或搭乘計程車10分

3 基吉禮拜堂
（人民聖母教堂）

⋮ 步行30分或搭乘計程車15分

4 天使
（聖天使橋）

⋮ 步行10分

5 四河噴泉
（那沃納廣場）

⋮ 步行20分或搭乘計程車15分

6 路德維佳·阿爾貝托尼
（河畔聖方濟各教堂）

⋮ 步行30分至MB線CIRCO MASSIMO站

---

1 聖德瑞莎的幻覺
L'Estasi di Santa Teresa

**描繪天使之箭射穿
聖德瑞莎胸口的戲劇性一幕**

位於面向主祭壇的左側，貝尼尼48歲時，在威尼斯斯楬樞主教柯納洛命令下建造的聖德瑞莎禮拜堂中所完成的作品。從背後灑落的神秘光芒，將聖女德瑞莎的心被愛神之箭射穿，而露出恍惚神情的瞬間完美呈現出來，是一尊將祭壇注入戲劇性的傑作。

勝利聖母教堂
Chiesa di Santa Maria della Vittoria

MAP 別冊P12A1

在波給塞樞機主教的命令下，於1620年完成的加爾莫羅修道會教會。匯聚巴洛克美學的裝飾相當華麗，此外還有許多可看之處，像是天花板的濕壁畫「戰勝異教的聖母」和繪於圓頂的「聖母蒙召升天」等。

MA線REPUBBLICA站步行5分 ☎(06)42740571 ⏰8時30分～12時、15時30分～18時30分（週日和假日僅15時30分～開放，彌撒時不可參觀） 休無休 免費

←後方圓頂上的濕壁畫也值得矚目

再走
遠一些

巴貝里尼廣場
Piazza Barberini

MAP 別冊P9D2

這座廣場有兩座由貝尼尼設計的噴泉，半人半魚之神川頓吹著法螺的「人魚海神噴泉」在廣場中央，刻有貝貝里尼家徽с蜜蜂圖案的「蜜蜂噴泉」則位在維內多街口。

MA線BARBERINI站步行即到

←靜靜佇立在廣場上的蜜蜂噴泉

→人魚海神噴泉，強健的肉體美是必看重點

↑感受這神聖的空間

地鐵A線
波給塞公園
波給塞美術館（A・B・C）

LEPANTO
OTTAVIANO
FLAMINIO 3 人民聖母教堂 基吉禮拜堂
人民廣場
SPAGNA 破船噴泉 聖瑪麗莎的幻境
勝利聖母教堂 1 共和廣場 特米尼站
BARBERINI 巴貝里尼廣場
CIPRO 梵蒂岡博物館
梵蒂岡城國
聖天使堡
奎里納雷宮
REPUBBLICA 2 TERMINI
4 聖天使橋 天使
聖彼得廣場（D）
那沃納廣場 5 四河噴泉
奎里納雷聖安德烈教堂 橢圓形圓頂
聖彼得大教堂（E・F）
米納瓦神殿上的聖母教堂（H）
威尼斯廣場 CAVOUR
古羅馬廣場
COLOSSEO 圓形競技場
特拉斯特維雷
河畔聖方濟各教堂 6 路德維佳・阿爾貝尼尼
CIRCO MASSIMO 地鐵B線

0 1km

2 橢圓形圓頂

利用有限的空間營造出 引人入勝的巴洛克式空間

在這從兩旁拓寬出去的圓頂下，散布著聖安德烈與天使的雕刻作品。貝尼尼反過來利用教堂腹地縱深不足的缺點，將教堂設計成可說是巴洛克樣式代名詞的橢圓形。從入口到祭壇的距離也因此縮短，一走進教堂，便有光芒從天而降，營造出彷彿以極近距離與上帝相見的戲劇性空間。

➡耶穌會的小
小教堂

奎里納雷聖安德烈教堂
Chiesa di S. Andrea al Quirinale

MAP 別冊P9D3

貝尼尼視如己出、於1658～78年建造的教堂。一踏進縱深極短的教堂，眼前便是繪有聖安德烈殉教的畫作，而上方則有一尊表現出寵主寵召瞬間的聖人像。
🚇Ⓜ A線BARBERINI站步行8分
📞(06)4744872 🕐8時30分～12時、15時30分～19時30分 冬季為8時30分～12時、14時30分～18時 🈺無休 💰免費

MAP 別冊P15D2

父親彼得傳承下來的
破船噴泉

西班牙廣場中央的『破船噴泉』是貝尼尼之父彼得的作品。「Barcaccia」是破船的意思，據說採用破船造型，是因為水壓太弱，只能以埋入地下的形式來打造噴泉。

➡觀光客帶來喧鬧氣息

還有其他的
貝尼尼作品

A 『阿波羅和達芙妮』
B 『掠奪波塞賓娜』
C 『大衛』
（ABC位於波給塞美術館➡P67）
D 聖彼得廣場➡P40
E 『聖彼得寶座』
F 『青銅華蓋』
（EF位於聖彼得大教堂➡P41）
G 『摩爾人噴泉』（那沃納廣場➡P29、52）
H 『象馱方尖碑』（米納瓦神殿上的聖母教堂➡P66）

3 基吉禮拜堂
Cappella Chigi

教堂內瀰漫著莊嚴氣氛

成為知名小說背景 繼承拉斐爾之手完成的禮拜堂

面對主祭壇的左手邊，就是基吉禮拜堂。在擔綱設計的拉斐爾死後一百年，轉由貝尼尼接手完工。有著左右對稱凹壁的對面，右手邊的雕刻『哈巴谷與天使』是出自貝尼尼之手。自從電影『天使與惡魔』將此做為外景拍攝地後，便吸引了不少人前來造訪。

人民聖母教堂
Chiesa di Santa Maria del Popolo

MAP 別冊P13C3

聳立於人民門旁的教堂，由貝尼尼所設計，由於這座教堂是向人民（Popolo）募款而來的資金搭建，而得此名。除了有貝尼尼、拉斐爾所打造的禮拜堂外，還有收藏卡拉瓦喬畫作的切拉西禮拜堂。🚇Ⓜ A線FLAMINIO站步行5分 📞(06)3610836 🕐7～12時、16～19時（週日和假日為8時～13時30分、16時30分～19時30分，彌撒時不可參觀） 🈺無休 💰免費

←中央的玫瑰窗是特徵

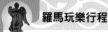

4 天使
Angelo

裝飾著聖天使橋的
10尊瑰麗天使像

一路綿延至聖天使橋的聖天使橋欄杆上，點綴著10尊天使像。貝尼尼設計完畢後，指名8名弟子完成，而自己則擔綱「拿著棘冠的天使」、「拿著銘文的天使」2尊雕像的製作，目前橋上的這2尊是複製品。

↑連結堡壘的聖天使橋

聖天使橋 Ponte S. Angelo　MAP 別冊P7D3

原本是哈德良皇帝時代所搭建的橋，在17世紀時，由教宗克萊蒙九世下令貝尼尼修建。這座橋被視為前往聖天使堡的參拜路，而坐鎮兩側的天使像，就像是在引導巡禮者走向上帝的世界一般。

🚇MA線LEPANTO站步行15分

本尊在這邊喔！

貝尼尼親手打造的2尊天使像真跡，在佛拉特聖安德烈教堂（→P64）看得到。據說是因為當時的教宗看到這兩座雕像大為感動，不忍雕像遭受風吹雨打，而移至教堂中收藏。

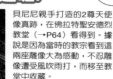

←拿著棘冠的天使
→拿著銘文的天使

5 四河噴泉
Fontana dei Quattro Fiumi

充滿動感的
貝尼尼代表作

在貝尼尼眾多作品中堪稱代表作的四河噴泉，就是這座位於那沃納廣場中央的噴泉。這是貝尼尼在1648～51年打造的作品，將世界四大河尼羅河、恆河、多瑙河和拉普拉塔河擬人化，其栩栩如生的動作扣人心弦。

那沃納廣場
Piazza Navona
MAP 別冊P16A2

由於在17世紀，必須將此處改成慶典用的會場，而委託貝尼尼設計噴泉。在3座噴泉之中，位於中央的四河噴泉和位於南側的摩爾人噴泉是出自貝尼尼之手。

🚇MA線SPAGNA站步行20分

↑因光照的角度而給人不同的印象

→位於特拉斯特維雷區的小教堂之中
↓以雕刻和濕壁畫裝飾的美麗教堂

6 路德維佳・阿爾貝托尼
Ludovica Albertoni

以大理石表現出絲綢紋理
貝尼尼晚年的最後傑作

貝尼尼於1671～74年製作，生涯晚年的傑出作品。路德維佳・阿爾貝托尼是實際活躍於15世紀的真實人物，她為了救助貧困不吝奉獻，而被封為真福者。貝尼尼將路德維佳蒙主恩召的欣喜之情、走上最後道路的幸福神情，以戲劇性的手法呈現出來。

河岸聖方濟各教堂
Chiesa di San Francesco a Ripa
MAP 別冊P10A3

前身為10世紀建立的本篤會修道院，1210年，阿西西的聖者方濟各曾在此留宿並留下紀錄。現在的建築物是1701年重建後的樣貌，由貝尼尼的弟子擔綱設計。貝尼尼的雕刻位於面向主祭壇左手邊的禮拜堂中。

🚇特拉斯特維雷聖母教堂步行15分
📞(06)5819020　🕐8～13時、14時～19時30分
🈳無休　免費

歌劇院

How To 觀劇指南

發祥於翡冷翠的義大利歌劇，多以悲戀、外遇和復仇為主題，將人類的喜怒哀樂以熱情的旋律表現出來的歌曲，以及充滿臨場感的交響樂，擄獲了許多觀眾的心。劇院本身的華美建築也是鑑賞重點。

義大利歌劇的特徵

據說16世紀末在翡冷翠上演的希臘神話題材音樂劇，就是後來演變成歌劇的起源。進入17世紀後，優秀的音樂家輩出，將歌劇推廣至羅馬和威尼斯。重視滑音和發聲的歌唱法「美聲唱法」（Bel Canto）是義大利特有的演繹。

歌劇的季節和禮節

10～6月為表演季。雖然歌劇院給人一種紳士淑女社交場合的強烈印象，但近年來在服裝上已逐漸簡約化，除了公演首日外，穿著西裝、連身裙等即可入場。歌劇院多半於20時左右開演，觀劇中請勿私語。

購票方式

由於知名戲碼多半不易購買，若有想看的戲碼，建議先在國內做好準備。可以在劇院的官方網站訂票，也可以抵達當地後直接前往劇院窗口購票，但有些戲碼的位子可能會所剩不多。若是當日購票，就有可能買到Galleria（頂層座）的位子。

劇院看這裡 總席數約1600的歌劇院

羅馬歌劇院
Teatro dell'Opera di Roma　　MAP 別冊P12A3

1880年開幕，歷史悠久的劇院。普契尼的名作『托斯卡』也是在此首演。第二次世界大戰時，這座歌劇院也未曾歇業，蔚為美談。除了歌劇外，這裡也會上演芭蕾舞表演。羅馬歌劇院的表演季為9～6月。※有些劇碼會在7、8月於卡拉卡拉浴場上演。

DATA

交 M A・B線TERMINI站步行5分　住 Piazza Beniamino Gigli 7
※售票處　時 9～17時（週日為～13時30分）
休 週一　預約(06)48160255

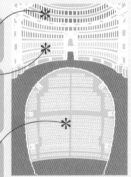

Galleria
頂層座。雖然空間狹窄，但票價低廉，多由年輕人、常客購買。價位方面，歌劇€17～、芭蕾舞€12～

Palco
包廂。每間包廂可容約4～6人，也可以單人入席。越是後面的包廂，就越難欣賞舞台。價位方面，2樓包廂的歌劇€48～、芭蕾舞€25～，3樓包廂的歌劇€32～、芭蕾舞€17～

Platea
1樓正面座席。無論從哪個座位都能欣賞到舞台表演，可以感受雍容華貴的氛圍。價位方面，歌劇€115～、芭蕾舞€60～

※價位為2014年的約略值

經典戲碼　義大利歌劇的戲碼中，有許多是任誰都曾耳聞過的曲目。在此介紹初學者也耳熟能詳的戲碼。

『塞維利亞的理髮師』
Il Barbiere di Siviglia
喬奇諾・羅西尼作曲
…1816年…

以法國劇作家卡隆・德・博馬舍創作的戲曲為基底，由羅西尼作曲，可以說是莫札特『費加洛婚禮』的前傳。阿瑪維瓦伯爵借助理髮師費加洛的智慧，得以和心愛的女性結婚，是讓羅西尼聲名大噪的傑作。至今仍是相當受歡迎的歌劇，時常上演。

『茶花女』
La Traviata
朱塞貝・威爾第作曲
…1853年…

義大利歌劇的巨匠——威爾第的代表性人氣作品。原作是法國作家小仲馬創作的小說。義大利語的戲名意思為「迷途女子」，於威尼斯舉辦首演。以19世紀的巴黎為背景，描述交際花薇奧蕾塔與青年阿弗列德的戀曲。代表曲目為「心中的人兒」。

『阿依達』
Aida
朱塞貝・威爾第作曲
…1871年…

以古埃及為背景，於開羅首演，這也是威爾第的作品。描述埃及將軍拉達梅斯，和敵國衣索比亞國王阿莫納羅之女・阿依達的悲劇戀情。豪華的服裝、浩大的排場佈景非常受到觀眾歡迎。最為著名的樂曲是高亢明亮、氣勢雄壯的小號進行曲，也被日本足球國家代表隊用來做為加油曲。

『蝴蝶夫人』
Madama Butterfly
賈科莫・普契尼作曲
…1904年…

在米蘭史卡拉歌劇院首演，是賈科莫・普契尼的傑作之一。以明治時代的長崎為背景，描述美國海軍士官平克頓和沒落武士之女蝴蝶的悲劇戀情。一共由3幕構成，蝴蝶夫人在第2幕所演唱的詠嘆調『在那美好的一天』最為經典，此外，『櫻花』、『君之代』等日本歌謠也穿插在歌劇中。

羅馬市內交通

遊逛重點

坐擁9座山丘的羅馬

羅馬市內除了有建國當時發展出聚落的帕拉提諾山丘、康比托利歐山丘、奎里納雷山丘、維米納雷山丘、埃斯奎利諾山丘、切里歐山丘和阿文提諾山丘等7座山丘，再加上賈尼科洛山丘、蘋丘山丘，共有9座山丘廣佈於羅馬。市區的規模雖然不大，但有許多蜿蜒綿延的小路，也有不少高低起伏較大的坡道。

到處都有介紹建築物和周邊區域的看板

街景還留有古羅馬時代的氣氛

留意街名和門牌號碼

在羅馬市內，只要知道街名和門牌號碼，便能找到想去的目的地。街名和廣場名大多標示於交叉路口上的建築物2樓一帶；門牌號碼則標示於門上或大門旁，在街道名的旁邊標有奇數號碼，對向則是偶數，依照順序排列下去，非常簡單易懂。

需留意汽車和機車

羅馬總是處於慢性塞車的狀態。這裡的駕駛禮儀也稱不上良好，不時會看到誇張的開車方式。此外，即使羅馬擁有許多狹窄的道路，汽機車仍會以高速呼嘯而過。在觀光途中行經巷弄之際，一定要小心來車。

交通速見表

怎麼搭最方便 看了就知道！

	到西班牙廣場	到那沃納廣場
西班牙廣場出發 (→ P26、69)	西班牙廣場的最近車站 地鐵A線SPAGNA站	步行約20分。
那沃納廣場出發 (→P29、52)	步行約20分。	那沃納廣場的最近巴士站 40號 Corso V. Emanuele站
圓形競技場出發 (→ P8、33)	地鐵B線COLOSSEO站至TERMINI站5分，轉乘A線至SPAGNA站8分。	搭乘計程車相當方便，約10分。
梵蒂岡博物館出發 (→P36)	地鐵A線OTTAVIANO站至SPAGNA站約7分。	步行約20分。
特米尼站出發 MAP 別冊P12B3	地鐵A線TERMINI站至SPAGNA站約8分。	搭乘64號巴士從Staz. Termini站至Largo di Torre Argentina站約20分。
威尼斯廣場出發 (→P30)	搭乘計程車相當方便，約10分。	搭乘64號巴士從Piazza Venezia站至Largo di Torre Argentina站約5分。
特拉斯特維雷區出發 MAP 別冊P10A3	搭乘計程車相當方便，約15分。	搭乘路面電車8號從Viale Trastevere站至Largo di Torre Argentina站約5分，下車步行約6分抵達那沃納廣場。

主要的交通方式

挑選和目的相符的
交通工具吧

交通方式	費用	行駛時間	最好避開的時段
地鐵	100分鐘內皆可使用的1次券一律€1.50，1日券€6，3日券€16.50，7日券€24。	A、B線都是5:30～23:30（週五、六則是～翌日1:30）。	早晚的上下班時間總是擠滿人，也盡量不要在乘客稀少的夜間搭乘。
巴士	100分鐘內皆可使用的1次券一律€1.50。和地鐵、路面電車的票券通用。	5:30～24:00。主要幹線會有夜間巴士。	早晚的上下班時間總是擠滿人，也盡量不要在乘客稀少的清晨及夜間搭乘。
計程車	起跳價是平日6:00～22:00為€3，會依行駛距離和時間跳表，每1公里加收€1.10～	24小時行駛。	盡量不要在早晚的上下班時段搭乘，容易塞車。
路面電車	100分鐘內皆可使用的1次券一律€1.50。和地鐵、巴士的票券通用。	5:30～24:00左右。	雖然旅客較少搭乘，但還是盡可能避免夜間搭乘。

到圓形競技場	到梵蒂岡博物館	到特米尼站	到威尼斯廣場	到特拉斯特維雷區
地鐵A線SPAGNA站至TERMINI站8分，轉乘B線COLOSSEO站5分。	地鐵A線SPAGNA站至OTTAVIANO站7分。	地鐵A線SPAGNA站至TERMINI站8分。	搭乘計程車相當方便，約10分。	搭乘計程車相當方便，約15分。
搭乘計程車相當方便，約10分。	步行約20分。	搭乘64號巴士從Largo di Torre Argentina站至Staz. Termini站約20分。	搭乘64號巴士從Largo di Torre Argentina站至Piazza Venezia站約5分。	那沃納廣場步行約6分，搭乘路面電車8號從Largo di Torre Argentina站至Viale di Trastevere站約5分。
圓形競技場的最近車站 **地鐵B線 COLOSSEO站**	搭乘計程車相當方便，約20分。	地鐵B線COLOSSEO站至TERMINI站約5分。	步行約15分。	搭乘計程車相當方便，約15分。
搭乘計程車相當便利，約20分。	梵蒂岡博物館的最近車站 **地鐵A線 OTTAVIANO站**	地鐵A線OTTAVIANO站至TERMINI站15分。	搭乘81號巴士從Piazza Risorgimento站至Piazza Venezia站約20分。	搭乘23號巴士從Risorgimento站至Pincherle/Parravano站約10分。
地鐵B線TERMINI站至COLOSSEO站約5分。	地鐵A線TERMINI站至OTTAVIANO站約15分。	特米尼站的最近車站 **地鐵A‧B線 TERMINI站**	搭乘40、64號巴士從Staz. Termini站至Piazza Venezia站約10分。	搭乘H號巴士從Staz. Termini站至Belli站約20分。
步行約15分。	搭乘81號巴士從Piazza Venezia站至Piazza Risorgimento站約20分。	搭乘40、64號巴士從Piazza Venezia站至Staz. Termini站約10分。	威尼斯廣場的最近巴士站 **64號 Piazza Venezia站**	搭乘780號巴士從Piazza Venezia站至Belli站約5分。
搭乘計程車相當方便，約15分。	搭乘23號巴士從Pincherle/Parravano站至Risorgimento站約10分。	搭乘H號巴士從Belli至Staz. Termini站約20分。	搭乘780號巴士從Belli站至Piazza Venezia站約5分。	特拉斯特維雷區的最近路面電車站、巴士站 **路面電車8號 Belli站H號 Belli站**

※上述所需時間僅供參考，不包含轉乘時的移動時間。會因路上的交通狀況、轉乘的等待時間等而有所變動。

羅馬市內交通

地鐵 Metro

以特米尼站為中心，目前一共有A線和B線兩條路線，穿梭在羅馬市內的北、東、南部之間。由於車次多，又網羅了市內的主要景點，對旅客來說是相當便捷的交通工具。A線以橘色標示，B線則為藍色，若要轉乘另一條路線，就只能在兩條路線交錯的特米尼站（TERMINI）換車。旺季時，一整天都會有相當多的人潮，請小心扒手等狀況。

● 路線種類

A 線	連結梵蒂岡和羅馬市區的東南部一帶。行經西班牙廣場、波給塞公園、特米尼站、維內多街、共和廣場等主要景點，無論是觀光或購物都相當方便。
B 線	連結羅馬市區東北部和南部的EUR區。行經圓形競技場、古羅馬廣場、卡拉卡拉浴場、馬西摩大競技場，若想遊歷古羅馬時代的遺址，就適合搭乘此線。

● 自動售票機的購票方法

❶選擇語言
點選顯示於「LINGUA」下方的語言。語言不含中文，有義大利語、英語、法語、德語和西班牙語可選擇。若不點選語言鍵的話，就會自動以義大利語顯示。

❸投入金額
投入螢幕所顯示的金額。硬幣可以投入上方的投幣孔，機器接受的硬幣有€2、1、0.50、0.20和0.10。紙鈔則是放入下方的插入口，機器僅接受€5、10、20、50這四種紙鈔。由於經常會有零錢不足的狀況，最好多攜帶些硬幣為佳。

途中若想中斷操作只要按下取消鍵ANNULLA（Annullanmento）即可

— 紙鈔插入口

❷選擇票券的種類
在「BIGLIETTO」下方分為1次券B.I.T.、1日券B.I.G.和7日券C.I.S.三種可供選擇。按下按鈕後，螢幕便會顯示金額。

❹取出車票
支付金額後，車票和找零會從下方掉出，在此一併取出。

推薦的便利MAP

網羅了地鐵、巴士和路面電車路線圖的羅馬地圖€4，在特米尼站前的計程車招呼站旁的商店有販售。除了地圖之外，上頭還記載著熱門景點的解說，以及離景點最近的地鐵站和巴士路線號碼。特別是巴士還會依照路線號碼，標記出巴士站牌的位置，簡單易懂。有了地圖就能與地鐵做搭配，打造出能更有效率遊逛的旅遊計畫。

●來搭一次地鐵吧

1 尋找車站

地鐵站的指標是一個「M」字的標誌，佇立在通往閘門的地下階梯附近。在走下樓梯前，務必先確認標示於正面的車站名和路線名。

2 確認路線

> 特米尼站也包含了火車站，小心別看錯了！

除了兩線交錯的特米尼站之外，在其他車站便不需要特別確認路線。不過特米尼站的占地廣大，A線和B線的月台有一大段距離，一旦走錯便會浪費許多時間，最好一邊確認站內的標示一邊前進。

3 購買車票

車票可以在自動售票機、車站附近的Tabacchi或是站內窗口Biglietteria購買。若要使用自動售票機，要注意機器只接受€2、1、0.50、0.20和0.10的硬幣和€5、10、20、50的紙鈔，建議多準備些零錢。

在Tabacchi購買車票也十分方便

除了在地鐵的自動售票機和窗口購票之外，還可以去車站附近的售菸亭（Tabacchi）購買車票。若要要1張車票的時候，只要說「Un biglietto，per favore.」即可。不需等待時間，也可以免去操作自動售票機的手續。

配合旅遊日數購買最適合的票種
車票的種類

> 車票的背面。記載著車票的種類和有效期限。

●1次券

通常的1次券B.I.T.（Biglietto Integrato a Tempo）為€1.50，只能使用一次。在打印後的100分鐘內皆可使用，若還在有效時間內，也可以用來轉乘巴士和路面電車。

●1日券、3日券

1日券B.I.G.（Biglietato Giornaliero）為€6，3日券B.T.I.（Biglietto Turistico Integrato）為€16.50。若在有效期限內，也可以用來搭巴士和路面電車。

●7日券

7日券C.I.S.（Carta Integrata Settimanale）為€24，若在有效期限內，也可以用來搭乘巴士和路面電車。推薦給需要大量使用交通工具的人。

4 通過閘門

將車票插入票口後，機器會暫時吞入車票，在票上打印後吐回，並自動打開閘門，便可走進閘門。若被站務員發現車票尚未打印，會被處以罰款，因此請不要忘記打印。若用的是1日券、3日券或7日券，只要在初次打印後，往後只要出示車票給窗口的站務員看即可，也可以利用打印機。

> 只要顯示綠色箭頭就可以通過閘門

> 將車票插入黃色的收票口

5 前往月台

跟隨ai treni（往乘車處）的指示前往月台。依照行駛方向的不同，搭乘的月台也常常不在同一處，因此，最好在樓梯附近的看板確認停靠站的路線圖，做好確認後再走下月台。由於月台相當狹窄，只要人一多就會變得相當危險，最好站在後方候車。

> 月台的看板會標示車站附近的知名景點

6 搭車

月台並不會播放列車到站的站內廣播。車門會自動開啟，而在發車前車門會用力關上，請小心不要讓車門夾到包包或是身體，避免受傷。

> 只有在兩線交會的特米尼站才有轉乘的機會。遵照LINE A（A線）、LINE B（B線）的標示前進

搭車時的注意事項

●當心扒手和竊賊
地鐵的車廂內和月台處，常有許多專挑觀光客下手的扒手和竊賊。特別是A線的TERMINI站～SPAGNA站和B線的TERMINI站～COLOSSEO站之間常有人受害。攜帶行李盡可能輕便簡單，並且隨時提高警覺。

●搭地鐵的禮儀
雖然車廂內沒有設置博愛座，但若看到年長者、孕婦或是行動不便者，還是主動讓座吧。此外，所有的大眾交通工具都是禁菸，地鐵的月台和車廂當然也是禁止吸菸。務必遵守秩序，才能享受愉快的地鐵旅行。

地鐵C線施工中！

羅馬地鐵目前只有兩條路線，正朝著與第三條C線相通為目標施工。目前已完成一部分路線，預計未來能連結PIAZZALE CLODIO與COLOSSEO方向，並在OTTAVIANO站與A線、在COLOSSEO站與B線交會。車站則預定設置PIAZZA VENEZIA站及LARGO ARGENTINA站等，是一條方便觀光那沃納廣場周邊、威尼斯廣場周邊的路線。預定2020年9月能與羅馬接通。

若即將抵達下一站，車內就會廣播停靠站名和車門開啟方向。由於廣播只有義大利語，若是接近目的地車站，就趕快確認標示於月台上的站名吧。下車與上車時相同，要按門上的按鈕開門。

7 下車

按下門上的綠色按鈕就能開門

8 通過閘門

走上月台後，就遵循USCITA（出口）的指標移動，推動閘門的橫桿穿過閘門。雖然出口附近有站務員，但不需要向他們出示車票。

站內燈光昏暗，最好不要在人少時搭乘地鐵

9 走上地面

出閘門後，可看見標示出最近的街名、主要觀光景點的指標，選擇離目的地最近的出口即可。

善加利用特米尼站

位於A、B兩線的交會點，同時也是火車站的特米尼站（TERMINI），是幾乎所有觀光客都會造訪的巨大車站。在這廣大的站內，有許多對旅客來說相當方便的服務。

❶等車時間不無聊
站內為地下1樓、1樓和2樓夾樓的三層樓建築，1樓除了做為售票處、服務中心外，還設有餐廳和酒吧。地下1樓則是購物中心，除了超市之外，還有書店、服飾店等，共有超過100間專賣店雲集於此。由於站內也有銀行，需兌換外幣時也相當方便。特米尼站不僅是車站，也是十分推薦的購物景點。

❷利用地下1樓的超市
這裡的超級市場出乎意料地方便，位於站內地下道，販售簡易的食材和輕食，營業時間相當長，為6～24時，忘記買伴手禮時也可來此光顧。搭乘火車移動時，也可在此購買輕食等，十分方便。

欣賞特米尼站的建築之美
特米尼站建於1867年，當時是一棟木造建築，後於墨索里尼的法西斯時代，以都市更新計劃的一環加以改建。當時所建造的是包含月台的部分，從外觀可清楚看出是以連綿的拱頂為造型。而車站正面的大廳部分，則曾因第二次世界大戰而一度工程停擺，後於1950年完工。也不妨從側面好好欣賞這棟現代主義建築的車站吧。

計程車 Taxi

車體為白色、上頭標示著「TAXI」的才是正規計程車。在攜帶大量行李、夜間移動，或是想前往周邊沒有地鐵通過的那沃納廣場或特拉斯特維雷區時，搭乘計程車就是個很好的選擇。不過，由於羅馬市內沒有隨招隨停的計程車，通常是在特米尼站、觀光景點附近的計程車招呼站搭乘居多。

特米尼站的計程車招呼站

●來搭一次計程車吧

或是請飯店、用餐餐廳幫忙叫車也是一種方法

1 尋找計程車

由於這裡的計程車無法隨招隨停，需在有著「TAXI」看板的招呼站搭乘。招呼站除了特米尼站之外，在各大觀光景點附近都可看見。雖然有時會看到司機在招呼站等待乘客上門，但在上下班時段及下雨時，往往要等上好一段時間。若在路上看到空車，也可以試著舉手攔車，有時會遇到願意載客的司機。

義大利的計程車和台灣相同，需自行以手動開門。由於在告知目的地時，經常會遇到英語不通的狀況，建議將寫好目的地地址的紙條交給司機，較不會出錯。車子發動後，也需確認是否開始跳表。

2 搭車

空車的時候車頂的「TAXI」會亮紅燈

收據是手寫式。需要的時候請說「Ricevuta，per favore.」

3 付錢

抵達目的地後，依照表上的金額付款。雖然不需要給小費，但若金額相當接近整數的話，可以告知司機不必找零。比方說，若金額是€6.80的時候，就直接付司機€7。如需找零要在當下表明。

若看到成排的計程車在等待客人，就搭乘隊伍最前面的車輛吧

4 下車

許多司機的開車方式相當粗暴，若有貴重物品，建議不要放在後車廂，放手邊較保險

確認東西都拿好安後，再從計程車下車，關門時別忘了說句「Grazie（謝謝）」。

關於車資的算法

基本費用為€3，之後會根據行駛距離和時間增加金額，每1公里加收€1.10～。22時～翌日6時，不限週日、假日的夜間搭乘起跳價皆為€6.50，週日、假日6～22時的起跳價則為€4.50。此外，若有大於35×25×50公分的大型行李，每件需加收€1。

搭乘時的注意事項

正規計程車的車體基本上為白色，偶爾會有黃色計程車，車頂會有白底的TAXI標誌，除此之外都是違法計程車。有些假冒的違法白色計程車會在特米尼站內挑遊客下手，索取非法費用、搶劫乘客等突發狀況層出不窮，需特別留意。

用走的比較快？羅馬的塞車

羅馬市內不止是尖峰時段特別容易塞車，就連平時都常常塞成一團。不時有為了搶時間而搭乘計程車，卻反而因為塞車而拖累行程的例子。看是預留些時間搭乘計程車，或是審量距離，若是步行能夠到達的地方，不妨也將步行列入考量。

巴士 Autobus

巴士行遍羅馬市內各地，雖然路線有些複雜，但只要摸熟了，就會成為便利的交通手段。各路線都會標示巴士的號碼和目的地，並顯示在巴士的車頭上方。車體基本上以白色為底，再於車身上部及下部塗上紅色、綠色等色彩，視路線而異。由於巴士的車票與地鐵通用，如果能盡快熟悉運用，便能更有效率地遊覽羅馬。巴士總站位於特米尼站前、威尼斯廣場、聖西爾維斯特廣場等處。

搭乘乘客較多的路線要小心扒手

●來搭一次巴士吧

1 尋找巴士站

顯示等待時間的電子告示板。紅線框起來的就是目前所在的巴士站名

巴士站以白色的告示板為特徵。會顯示經過本站的巴士號碼及停靠的站名，請在搭車前事先確認目的地和巴士號碼。在主要幹線上，也有些巴士站會架設電子告示板，顯示到站的巴士和等待的時間。

2 搭車

當要搭乘的巴士靠近時，就舉手攔車。從前門或後門上車都可以。車資方面，100分鐘內可以自由搭乘的1次券全線一律€1.50。上車之後，就將車票插進車身大約位在巴士中央的黃色打印機，打印上車的時間。若忘記打印會被課以罰錢，務必注意。除了車內設置自動售票機的巴士之外，車票大多無法在巴士上購買，可以在搭乘前先到KIOSK（書報亭）、TABACCHI（售菸亭）購買。

巴士到站時，先確認車頭上的路線號碼和目的地

3 按鈴下車

按下扶桿上的按鈕

由於車內沒有提醒旅客下一個停靠站名的廣播，只能透過觀察窗外的街名等路標，來確認該下車的地方。要下車的時候，只要按下窗邊的紅色按鈕即可。若是看不懂路線的話，也可以向司機告知目的地，請對方在最近的巴士站提醒你下車。

4 下車

人多的時候，連按個按鈕也是一件苦差事

基本上是從中間的車門下車。若是在人多的時候，或是目的地剛好是終點站時，從哪道門下車都可以。

電動巴士和夜間巴士

連小巷弄都鑽得進去的小型電動巴士是Bus Elettrico公司營運的巴士，分為116、116T、117、119四條路線，繞行於西班牙廣場和圓形競技場一帶。此外，巴士號碼後面加上「N」則代表夜間巴士。夜間巴士的行駛時間為24時以後至翌日5時30分。

便於觀光的路線

●64號 特米尼站～聖彼得站
行經共和國廣場、威尼斯廣場、維多利歐・艾曼紐二世大道等地。要從特米尼站方向前往那沃納廣場一帶時相當方便。

●40號（快車） 特米尼站～聖天使堡
和64號相同，行經共和國廣場、威尼斯廣場、維多利歐・艾曼紐二世大道，適合前往那沃納廣場一帶及聖天使堡觀光時搭乘。

●H號 特米尼站～卡帕索街
行經威尼斯廣場、馬切羅劇院、特拉斯特雷街等地。適合前往特拉斯特維雷區參觀時搭乘。

路面電車 Tram

羅馬的Tram（路面電車）呈現圍繞市中心的形狀，主要以通往郊區的路區居多。車票和地鐵、巴士共通，100分鐘內可以隨意搭乘的1次券價格一律為€1.50。上下車的方式與站牌的告示和巴士相同。雖然沒有行駛進西班牙廣場等中心地帶，但和巴士相比乘客較少，若想去波給塞公園、特拉斯特維雷區，或是前往羅馬奧林匹克體育場觀賞足球賽事，不妨搭乘路面電車吧。

↑開往特拉斯特維雷區的新型電車
←離特米尼站不遠，位於卡富爾街後巷的路面電車站

市內交通　🎵 基本對話

●地鐵篇

能給我地鐵的路線圖嗎？
Avete una cartina delle line e della metropolitana?

地鐵車票要在哪裡購買呢？
Dove si comprano I biglietti della metropolitana?

要搭哪條線才能到西班牙廣場呢？
Che linea devo prendere per andare a Piazza di Spagna?

我想去梵蒂岡城國，要在哪站下車呢？
A quale stazione devo scendere per andare a Citta del Vaticano?

●計程車篇

請載我到這個地址
Mi porti a questo indirizzo, per favore.

請幫我叫計程車
Può chiamarmi un tassì?

請到○○飯店
Al ○○ Hotel, per favore.

請給我收據
Mi da la ricevuta, per favore?

逛街時的便利單字

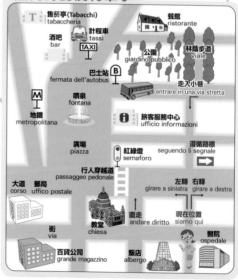

售菸亭(Tabacchi)
tabaccheria

餐館
ristorante

酒吧
bar

計程車
tassì

公園
giardino pubblico

林蔭步道
viale

巴士站
fermata dell'autobus

走入小巷
entrare in una via stretta

噴泉
fontana

旅客服務中心
ufficio informazioni

地鐵
metropolitana

廣場
piazza

紅綠燈
semaforo

遵循路標
seguendo li segnale

行人穿越道
passaggeo pedonale

左轉
girare a sinistra

右轉
girare a destra

大道
corso

郵局
uffico postale

直走
andare diritto

現在位置
siamo qui

街
via

教堂
chiesa

醫院
ospedale

百貨公司
grande magazzino

飯店
albergo

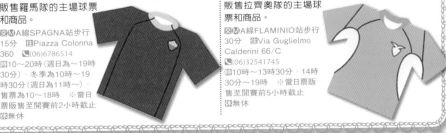

義甲

How To 觀賽指南

在台灣也擁有不少球迷的義大利足球甲級聯賽——義甲。在全球一流球員雲集的舞台上，感受高水準的球技和觀眾的熱情，堪稱世界一流的足球聯賽，來親身感受競爭熾烈的球賽吧！

義甲是什麼？

義大利足球甲級聯賽。分為甲、乙、丙級，而君臨天下的正是義甲聯賽。每年的8月下旬~隔年5月中旬為球季，由20組隊伍進行循環賽，爭奪冠軍。

購票方式

通常都會在比賽當週的週一開始賣票，可以在體育場的售票口（需特別留意售票會依照座位種類而開設不同窗口販賣）或是球隊的官方商店購買，當日券則需在球隊的官方商店購買。購票時，必須出示身分證件。不過，若是遇上決賽、對抗賽等特殊比賽，基本上不太可能買得到當日券。也可以透過球隊的官方網站事先訂票（視球隊而異）。

觀賽時的注意事項

義甲又以狂熱的球迷間常挑起爭執、爆發衝突而聞名。若穿戴客隊的球衣等標誌入場，很容易成為熱情球迷的攻擊目標，所以建議盡可能避免。此外，也盡量不要靠近入場前便酒氣沖天的球迷，也務必留意攜帶物品的保管。

球季時全義都為之瘋狂

在這邊觀戰！

羅馬奧林匹克體育場
Stadio Orimpico　MAP 別冊P4A1

能容納約8萬名觀眾的體育場，也是羅馬隊和拉齊奧隊的主場。

DATA

🚃 特米尼站搭乘910號巴士，或在Ⓜ Ⓐ線FLAMINIO站前的弗拉米尼歐廣場搭乘2號路面電車，兩者都是在終點站PIAZZA MANCINI站下車，步行7分
🏠 Via Foro Italico

	tribuna	
distinti		distinti
curva		curva
distinti	tribuna	distinti

● 觀眾席的種類

Tribuna
主看台分為兩側，雖然門票高達€100左右，但相對來說也較能安全觀賽。

Distini
由於這區多做為客隊（Ospiti）球迷的觀眾席，常被捲入衝突中而較危險。價位約為€25。

Curva
球門後方的座位，雖然氣氛熱鬧，但狂熱球迷也會聚集於此，最好避開為上。價位約為€15。

←入場時會檢查包包和身分證件

前往體育場吧！

在這裡買得到！

✱ AS Roma Store　MAP 別冊P17C1

販售羅馬隊的主場球票和商品。

🚃 Ⓜ Ⓐ線SPAGNA站步行15分　🏠 Piazza Colonna 360　📞(06)6786514
🕙 10~20時（週日為~19時30分）。冬季為10時~19時30分（週日為11時~）
售票為10~18時　※當日票販售至開賽前2小時截止
公休 無休

✱ Lazio Style　MAP 別冊P4B1

販售拉齊奧隊的主場球票和商品。

🚃 Ⓜ Ⓐ線FLAMINIO站步行30分　🏠 Via Guglielmo Calderini 66/C
📞(06)32541745
🕙 10時~13時30分、14時30分~19時　※當日票販售至開賽前5小時截止
公休 無休

西班牙廣場~特米尼站

匯集羅馬觀光人氣景點的區域。

專欄check♪

西班牙廣場周邊　MAP 別冊P15D1

聖三一教堂
Chiesa della Trinità dei Monti

矗立於西班牙階梯之上

16世紀的法國國王下令建造的教堂，現在仍由法國人神父主持禮拜。兩座鐘樓皆採巴洛克樣式，令人印象深刻，還可在此欣賞達尼艾勒・達・伏泰拉的『卸下聖體』等。

DATA ⏱30分
🚇A線SPAGNA站步行4分
📞(06)6794179　🕐7～13時、15～19時　休週一　💰免費

科索街周邊　MAP 別冊P14B1

和平祭壇博物館
Ara Pacis

感受希臘藝術之美

奧古斯都皇帝為了紀念遠征高盧（現在的法國）和西班牙的勝利，於西元前9年建造的和平祭壇。大理石壁上的染雕刻值得一看。

DATA ⏱30分
🚇A線SPAGNA站步行15分
📞(06)0608　🕐9～19時（12月24、31日為～14時）　休週一
💰€8.50（有展覽時會加收費用）

維內多街周邊　MAP 別冊P9D1

骸骨寺
Santa Maria della Concezione

以排滿骸骨的納骨堂而聞名

由出身巴貝里尼家的樞機主教於17世紀重建的教堂，教堂下方有著佈滿修道士骸骨的納骨堂，其骸骨的總數超過4000具。

DATA ⏱30分
🚇A線BARBERINI站步行3分
📞(06)42014995　🕐納骨堂9～19時　休無休
💰€6

維內多街周邊　MAP 別冊P9D2

國立古代藝術美術館（巴貝里尼宮）
Galleria Nazionale d'Arte Antica (Palazzo Barberini)

在壯麗的巴洛克建築鑑賞名作

將名門望族巴貝里尼家的宅邸改造而成的美術館，展示著據說是拉斐爾情婦畫像的『弗娜麗娜』、菲力普・利比的『聖告圖』和卡拉瓦喬的『友弟德斬首赫羅弗尼斯』、提香的『菲利浦二世肖像』等作品。宮殿的建設是由卡洛・馬德爾諾、貝尼尼和博羅米尼聯手，於1633年完成。

↑建築內部的階梯亦值得細部本身也是參觀重點

←展示13～18世紀的繪畫

DATA ⏱30～120分
🚇A線BARBERINI站步行3分
📞4814591/(06)32810（預約專線）　🕐8時30分～19時（入館～18時）　休週一
💰€9（和科西尼宮 MAP 別冊P4A3通用）

西班牙廣場周邊　MAP 別冊P15D3

佛拉特聖安德烈教堂
Chiesa di Sant'Andrea delle Fratte

收藏貝尼尼的兩尊天使像

以貝尼尼的『拿著棘冠的天使』、『拿著銘文的天使』兩座天使像而聞名。原本置於聖天使橋的欄杆上，為了不讓其受到風吹雨打，而在1729年移來此處。

DATA ⏱30分
🚇A線SPAGNA站步行5分
📞(06)6793191　🕐6時30分～12時30分、16～19時（7～9月為16時30分～）彌撒時不可參觀　休無休　💰免費

奎里納雷山丘周邊　MAP 別冊P9C3

奎里納雷宮
Palazzo del Quirinale

衛兵的交接儀式極具人氣

佇立於奎里納雷山丘上的總統官邸，過去曾是歷任教宗和國王的居所。宮殿前廣場會上演約15分鐘的衛兵交接儀式。

DATA ⏱30分
🚇A線BARBERINI站步行10分
📞(06)46991　🕐週日8時～12時（須留意有時不對外開放）　休週一～六、6月底～9月上旬　💰€5（宮殿開放一般展覽時的金額）

奎里納雷山丘周邊　MAP 別冊P9D3

奎里納雷聖安德烈教堂
Chiesa di S. Andrea al Quirinale

貝尼尼所打造的神聖空間

耶穌會的教堂。穿過神殿風格的正門後便可看見教堂，由貝尼尼雕刻出聖安德烈、天使的壯觀圓頂不容錯過。

DATA ⏱30分
🚇A線BARBERINI站步行8分
📞(06)4874565　🕐8時30分～12時、15時30分～19時30分、冬季為8時30分～12時、14時30分～18時　休無休　💰免費

瓦倫蒂尼宮的古羅馬房舍
Le Domus Romane di Palazzo Valentini

威尼斯廣場周邊　MAP 別冊P9C4

一窺羅馬人的生活方式

位於羅馬市政府地下的古代房舍遺址，會以「影像和聲音」的方式進行解說。導覽行程時約90分（一趟約15人、英語）。

DATA
🚇B線COLOSSEO站步行15分
🏠Via IV Novembre 119/A
📞(06)32810　🕐9時30分～18時30分
🚫週二　💰€12（預約費＋€1.50）

科羅納美術館（科羅納宮）
Galleria Colonna (Palazzo Colonna)

威尼斯廣場周邊　MAP 別冊P9C4

豐富的文藝復興時期館藏

展示了科羅納家族在17～20世紀時收集的收藏品。除了威尼斯畫派的作品之外，也能看到文藝復興時代的繪畫和布隆津諾的作品。

DATA
🚇Ⓜ️A線BARBERINI站步行15分
📞(06)6784350　🕐週六的9時～13時15分（入館～13時）　🚫週日～五、8月　💰€12

共和廣場
Piazza della Repubblica

特米尼站周邊　MAP 別冊P12A2

紀念義大利統一的結晶

前身為戴克里先浴場遺址的廣場，1861為紀念義大利統一，而改建成現在的樣貌。有4位精靈佇立的仙女噴泉為一大指標，自古以來又被稱為『半圓廣場』。

DATA
🚇Ⓜ️A線REPUBBLICA站步行即到

馬西摩宮（羅馬國立博物館）
Palazzo Massimo(Museo Nazional Romano)

特米尼站周邊　MAP 別冊P12B3

展示羅馬時代的雕刻

展示在羅馬內外挖掘出來的共和時代和帝政時代的珍貴雕刻。

DATA
🚇Ⓜ️A・B線TERMINI站步行3分
📞(06)39967700　🕐9時～19時45分（入館～19時）　💰€7（特展額外加收€3，與戴克里先浴場遺址、阿爾坦普斯宮、巴爾比地窖博物館通用，3日內可自由參觀）※可使用考古卡

天使聖母教堂
Chiesa di Santa Maria degli Angeli

特米尼站周邊　MAP 別冊P12A2

米開朗基羅晚年打造的教堂

戴克里先皇帝時代曾打造出能一次容納3000人的浴場，將這片廣闊的遺址重新改建成教堂，由當時以步入人生晚期的米開朗基羅所設計。

DATA
🚇Ⓜ️A線REPUBBLICA站步行1分
📞(06)4880812　🕐7時～18時30分（週日、假日～19時30分）　🚫無休　💰免費

戴克里先浴場遺址
Terme di Diocreziano

特米尼站周邊　MAP 別冊P12B2

豐富的古代石碑收藏

在298～306年間建造，羅馬帝國時代規模最大的公共浴場遺址，也展有年代更為久遠的伊特魯里亞文明時期出土古物。

DATA
🚇Ⓜ️A・B線TERMINI站步行3分
📞(06)39967700　🕐9時～19時45分（入館～19時）　🚫週一　💰€7（特展額外加收€3，與馬西摩宮、阿爾坦普斯宮、巴爾比地窖博物館通用，3日內可自由參觀）※可使用考古卡

拉特蘭聖若望大教堂
Basilica di San Giovanni in Laterano

拉特蘭區　MAP 別冊P5C3

教堂內的馬賽克磚為亮點

置有羅馬主教座位、地位崇高的大教堂。始於4世紀初，美基德教宗在君士坦丁大帝餽贈的土地上興建了這座教堂。尤以凹壁、牆面裝飾為參觀重點。

DATA
🚇Ⓜ️A線SAN GIOVANNI站步行3分
📞(06)69886433　🕐7時～18時30分
週廊為9～18時（入館～17時30分）
🚫無休　💰免費　週廊€3

雪地聖母大教堂
Basilica di Santa Maria Maggiore

特米尼站周邊　MAP 別冊P12B4

以高75公尺的鐘樓為地標立於奇蹟之地的教堂

「在仲夏的埃斯奎利諾山丘上，於落雪之處建立教堂吧。」西元356年8月，就如同聖母瑪莉亞的預言所示降下白雪，而搭建於這片奇蹟之地的教堂。在超過1000年的歲月中，這座教堂歷經修復和增建，可以看到各個時代的藝術風格。5世紀製作的馬賽克畫描繪出舊約聖經的36個場景，是天主教時代初期的珍貴遺產。圓頂後殿的金色馬賽克磚也是不容錯過。

🔼鐘樓的高度是羅馬第一

🔼格子狀的天花板將中殿包覆起來，是典型的教堂建築風格

DATA
🚇Ⓜ️A・B線TERMINI站步行10分
📞(06)69886800　🕐7時～18時45分
🚫無休　💰免費

若是以參觀遺址為主要觀光目的，能用一卡遊覽羅馬和郊區共9處遺跡的「考古卡 Archaeologia Card」相當方便。有效期限為7日，價格€23（特展需加收€3），可以遊覽圓形競技場、馬西摩宮、阿爾坦普斯宮、戴克里先浴場遺址等。詳情請向旅客服務中心確認。

羅馬觀光景點

那沃納廣場周邊～古羅馬廣場周邊

往北有那沃納廣場和萬神殿，往南則是以古羅馬廣場、圓形競技場、威尼斯廣場為中心，廣布著許多景點的地區。那沃納廣場周邊仍保有中世紀的風情。若想參觀遺址，就前往古羅馬廣場周邊的圓形競技場一帶繞繞吧。

專欄check♪

威尼斯廣場⋯⋯⋯⋯P30
卡比托利尼美術館⋯P31
卡拉卡拉浴場⋯⋯⋯P9
鮮花廣場⋯⋯⋯⋯⋯P83
圓形競技場⋯⋯⋯P8、33
君士坦丁凱旋門⋯⋯P33
科斯梅丁聖母教堂⋯P34
馬西摩大競技場⋯⋯P34
特萊維噴泉⋯⋯⋯⋯P27
那沃納廣場⋯⋯P29、52
帕拉提諾山丘⋯⋯⋯P32
萬神殿⋯⋯⋯⋯⋯⋯P28
古羅馬廣場⋯⋯P9、32

那沃納廣場周邊 MAP 別冊P17C3

密涅瓦神殿上的聖母教堂
Basilica di Santa Maria Sopra Minerva

收藏藝術作品的教堂

13世紀建造的哥德式教堂。教堂前方支撐著方尖碑的大象，是出自貝尼尼之手。米開朗基羅和徒弟製作的『手持十字架的基督像』是必看作品。

DATA 〜30分
🚶那沃納廣場步行7分
📞(06)69920384
🕐8〜19時
休無休 免免費

那沃納廣場周邊 MAP 別冊P10A1

斯帕達美術館（斯帕達宮）
Galleria Spada(Palazzo Spada)

巴洛克風格的華麗宮殿

16世紀中葉，為卡波‧迪‧斐羅楠機主教所建，後來賣給斯帕達楠機主教，並將宮殿改為美術館使用。必看之處為位於中庭的『借位透視長廊』。

DATA 30〜120分
🚶那沃納廣場步行13分
📞(06)6874893、預約專線(06)6832409
🕐8時30分〜19時30分（入館至〜19時） 休週一 €€5、預約費€1

威尼斯廣場周邊 MAP 別冊P9C4

圖拉真市場
Mercati di Traiano

看見古羅馬人的生活

西元2世紀由圖拉真皇帝建造，供市民使用的穀物配給處，爾後發展成羅馬的市場而繁盛一時。這座遺址將圖拉真皇帝時期的風貌完整保存下來。

DATA 〜30分
🚶威尼斯廣場步行5分
📞(06)6790048
🕐9〜19時（入館至〜18時）
休週一 €€11

那沃納廣場周邊 MAP 別冊P16B2

法國聖路易教堂
Chiesa di San Luigi dei Francesi

卡拉瓦喬的三幅作品

為了紀念指揮十字軍的路易9世，於16世紀建造的教堂。亮點在於代表巴洛克時代的卡拉瓦喬三大作品，分別是『聖馬太和天使』、『聖馬太蒙召喚』、『聖馬太殉教』。

DATA 〜30分
🚶那沃納廣場步行3分
📞(06)688271
🕐10時〜12時30分、15〜19時
休週四下午 免免費

那沃納廣場周邊 MAP 別冊P16B3

山谷聖安德烈教堂
Chiesa di S. Andrea della Valle

高高聳立的圓頂十分吸睛

17世紀初建造的巴洛克風教堂，內部有貝尼尼的『施洗者約翰像』和多明尼基諾的濕壁畫『聖安德烈傳』、『福音史家』等。

DATA 〜30分
🚶那沃納廣場步行5分
🕐7時30分〜12時、16時〜19時30分（彌撒時不可參觀） 休無休
免免費

圓形競技場周邊 MAP 別冊P5C3

聖克里蒙教堂
Basilica di S. Clemente

參觀橫跨三個時代的教堂

12世紀初所建造的巴洛克式教堂底下，埋藏著4世紀的教堂遺址，以及羅馬時代的住居和寺院遺跡。

DATA 30〜120分
🚶Ⓜ B線COLOSSEO站步行8分
📞(06)7740021 🕐9〜12時、15〜18時（週日、假日為10〜18時，地下遺址的入場至閉館前20分截止）
休無休 免免費、地下遺址€5

圓形競技場周邊 MAP 別冊P5C4

卡拉卡拉浴場
Terme di Caracalla

能容納1600人的大型浴場

217年，由卡拉卡拉皇帝建造的娛樂設施所留下的遺址。佔地廣達16萬平方公尺，除了浴場外，還有圖書館和劇場等設施。

DATA 〜30分
🚶Ⓜ B線CIRCO MASSIMO站步行10分
📞(06)39967700 🕐9時〜日落的1小時前（週一為〜14時）※售票處營業至閉館前1小時 休無休
€€6（有特展時須加收費用）

🌐世界遺產 💪必看！ 🏛絕佳景觀 〜30分 所需時間約30分 30〜120分 所需時間約30〜120分 120分以上 所需時間約120分以上

波給塞
公園周邊

位於羅馬北部的綠意盎
然休閒區域。由於公園
腹地廣大，建議選擇離
園內目的地最近的地鐵
站下車。

專欄check♪

人民聖母教堂 ……… P51

波給塞公園周邊　**MAP** 別冊P13D2

波給塞別墅公園
Villa Borghese

綠意環抱的複合式公園
體驗羅馬人的心境愜意散步

保祿五世的姪子·希皮奧內·
波給塞樞機主教在1613年請
來建築家龐澤奧打造，是羅馬
規模最大的公園。如今成為羅
馬市民的休憩場所，可以看見
羅馬人在此度過假日、享受早
晨散步的樣子。廣大的綠地內
除了有美術館、博物館、動物
園、騎馬場外，還有拜倫、羅
西尼等歷史偉人的雕像散布於
園內。

↑也可以在園內划小船
→天然林木恣意生長的園內

DATA　⏲120分以上

交M A線FLAMINIO站步行3分、M SPA
GNA站步行12分※M走出FLAMINIO站
後，穿過人民廣場，沿著Viale G.
D'Annunzio坡道前進，便會抵達蘋丘山
丘。若想前往波給塞美術館，走出M A線
BARBERINI站沿著維內多街前進，自賓齊
亞那門城門入園會比較近

波給塞公園周邊　**MAP** 別冊P5C1

波給塞美術館
Galleria Borghese

不可錯過貝尼尼的傑作

於17世紀初落成，是將波給塞樞
機主教的巴洛克式別墅改建而成
的美術館。必
看作品為貝尼
尼創作的『阿
波羅和達芙
妮』。

DATA　⏲30~120分

交M A線SPAGNA站步行20分
☎(06)8413979/(06)32810（預約專線）
⏰9~19時（售票處為8時30分~18
時30分）※採2小時一個梯次的完全
預約制　休週一　料C11（含預約費）

波給塞公園周邊　**MAP** 別冊P13C1

朱利亞別墅博物館
Museo Nazionale di Villa Giulia

學習伊特魯里亞的歷史

利用教宗尤里烏斯三世的別墅
修建成博物館，展示著西元前8
~6世紀左右的義大利建立都市
文明的原住
民伊特魯里
亞人所留下
的美術工藝
品。

DATA　⏲30~120分

交M A線FLAMINIO站步行25分
☎(06)3201951/(06)3226571　⏰8時
30分~19時30分（售票處為~18時
30分）　休週一　料C8

波給塞公園周邊　**MAP** 別冊P13D1

國立近代美術館
Galleria Nazionale d'Arte Moderna

徜徉現代藝術的世界

展示19世紀以後的繪畫和雕刻
作品的博物館。除了基里軻和
賈科梅蒂等義大利人的作品之
外，也有莫
內、梵谷、
塞尚、尤特
里羅等人的
作品。

DATA　⏲30~120分

交M A線FLAMINIO站步行20分
☎(06)32298221　⏰8時30分~19時
30分（入館至~18時45分）　休週
一　料C12（特展期間須加收€2）

人民廣場周邊　**MAP** 別冊P13C3

人民廣場
Piazza del Popolo

曾立於雙子教堂前
象徵踏入羅馬的城門

位於人民大門的南側，過去曾
做為通往羅馬北部關口的廣
場。人民大門的內側，在1655
年歡迎瑞典女王來訪時，由貝
尼尼加以雕刻裝飾。這座大門
也是米開朗基羅、達文西和拉
斐爾入城時所穿過的城門。廣
場中央醫有始皇帝奧古斯都自
埃及帶回來的方尖碑，高達36
公尺。

↑從蘋丘山丘俯瞰人民廣場
→佇立於科索街兩側的兩座教堂合稱為雙子教堂

DATA　⏲30分
交M A線FLAMINIO站步行3分

人民廣場周邊　**MAP** 別冊P13C3

蘋丘山丘
Monte Pincio

將羅馬街景盡收眼底

位於波給塞公園一角的瞭望高台。
當夕陽自聳立西側的聖彼得大教堂
背後西沉，此時的景色最為浪漫。
在天色暗下來
後，建議從西
班牙階梯的道
路折返。

DATA　⏲30~120分

交M A線FLAMINIO站步行8分
料自由參觀
料免費

給教堂的捐獻雖然是端看心意，但一般以€1為基準。教堂內會設置捐獻箱，捐獻的義大利語為
Contributo或是Offerta。此外，教會是相當莊嚴的地方，請不要大聲喧嘩。

羅馬觀光景點

特拉斯特維雷區

台伯河以西的區域，散發老街風情。觀光方式基本上是採用步行或是搭乘計程車。

專欄check♪

河畔聖方濟各教堂 ⋯⋯⋯ P52
台伯島 ⋯⋯⋯⋯⋯⋯ P35
馬爾他騎士團長別墅 ⋯ P34

特拉斯特維雷區　MAP 別冊P10A2

特拉斯特維雷聖母教堂
Chiesa di S. Maria in Trastevere

妝點內廳的黃金馬賽克畫

據說是嘉禮一世教宗在位時的西元221年建造，其後於12世紀初，在教宗伊諾森二世的命令下改建成現在的樣貌。據傳是羅馬公認的教堂中最為古老的一座。教堂正面上方的馬賽克畫是以『寶座上的聖母和聖嬰』為中心，描繪出10名聖女獻上油燈的12世紀作品。由成列的古代圓柱所支撐的中殿，據說是天主教時代早期的教堂樣式。

➡羅馬式建築的教堂
➡閃耀著黃金色澤的馬賽克畫。地板上的幾何圖紋也非常美麗

DATA⋯⋯⋯⋯⋯ ～30分

TERMINI站搭乘H號巴士30分，在SONNINO/S.GALLICANO站下車，步行5分 (06)5814802 7時30分～19時30分（彌撒時間除外） 無休 免費

特拉斯特維雷區　MAP 別冊P10B3

特拉斯特維雷聖則濟利亞教堂
Chiesa di Santa Cecilia in Trastevere

後殿的馬賽克畫相當壯觀

3世紀，聖女則濟利亞因天主教徒受到迫害而殉教，這座教堂就是以這位聖女命名。教宗帕斯卡一世藉從神託，在公共墓地裡挖出了則濟利亞的遺骸。為了安葬她的遺體，而在9世紀於古羅馬時代的住宅遺址上建造教堂。面對教堂右手邊的鐘樓是11世紀時增建的。由阿諾佛·迪·岡比歐為主祭壇上的華蓋、後殿的圓頂所裝飾的馬賽克畫為重要的觀賞重點。

↑古典樣式的教堂內部
↑教堂前方有著噴水池和美麗的翠綠庭園

DATA⋯⋯⋯⋯⋯ ～30分

特拉斯特維雷聖母教堂步行10分 (06)45492739 9時15分～12時45分、16～18時，濕壁畫為10時～12時30分 週日（濕壁畫） 濕壁畫€2.50、地下聖堂€2.50

特拉斯特維雷區　MAP 別冊P10A2

聖基索恭教堂
Basilica di San Crisogono

遙想帝政羅馬時期的風采

12世紀建於天主教時代初期的聖堂上，地下仍留有帝政羅馬時代的聖堂遺址。祭壇右側還有貝尼尼打造的禮拜堂。

DATA⋯⋯⋯⋯⋯ ～30分

特拉斯特維雷聖母教堂步行5分 (06)5810076 7時～11時30分（週日為8～13時。地下室為7時30分～）、16時～19時30分（地下室為～19時） 無休 免費

特拉斯特維雷區　MAP 別冊P10A4

波特塞門跳蚤市場
Mercato di Porta Portese

羅馬最大的週日市集

以波特塞門為起點，綿延至特拉斯特維雷大街，全長超過一公里的跳蚤市場。四處販售著衣物、鞋子、骨董品、飾品和廚房用品等。

DATA⋯⋯⋯⋯⋯ ～30分

B線PIRAMIDE站步行20分 7～14時左右※視店鋪而異 週一～六

特拉斯特維雷區　MAP 別冊P4A3

賈尼科洛山丘
Colle Gianicolo
眺め

從山丘上俯瞰羅馬

位於特拉斯特維雷區西側的小山丘，是賈尼科倫斯公園的一部分，入口一帶有刻著「羅馬或死亡」的紀念碑，紀念著為了統一義大利而死的士兵。可在山頂上的加里波底廣場欣賞景致。

DATA⋯⋯⋯⋯⋯ 30～120分

特拉斯特維雷聖母教堂步行20分

特拉斯特維雷區　MAP 別冊P4A3

法爾內西納山莊
Villa Farnesina

室內有著壯麗的濕壁畫

為銀行家阿戈斯蒂諾·基吉於1511年建造的別墅。亮點在於裝飾室內的拉斐爾壁畫『嘉拉提亞』等作品。

DATA⋯⋯⋯⋯⋯ ～30分

特拉斯特維雷聖母教堂步行8分 (06)68027268，預約(06)68027397 9～14時（週一、六和每月第二週日為～17時） 每月第二週日以外的週日 €5

~30分 所需時間約30分　30～120分 所需時間約30～120分　120分以上 所需時間約120分以上

經典電影 拍攝景點走透透

許多知名電影都曾在羅馬取景。
其中也不乏不分男女老幼、古今中外影迷
喜愛的電影,在此介紹兩大代表作的外景地。

羅馬假期

1953年上映,是一部以羅馬觀光名勝為背景的經典愛情喜劇。奧黛莉赫本耀眼的風采也是本片的一大魅力。

取景地 1 MAP 別冊P15D1

西班牙廣場 P26
Piazza di Spagna

由奧黛莉·赫本所飾演的公主在西班牙階梯吃冰淇淋時,再次遇見了布萊德利,也讓她決定要展開一趟難忘的旅行。

←葛雷哥萊·畢克飾演的記者布萊德利所住的公寓,就位於馬古達街51號,西班牙廣場的偏北方。

取景地 2

真理之口 P34
Bocca della Verità
MAP 別冊P11C3

騎著機車飛馳的兩人在被警察攔住後,謊稱「要趕赴結婚典禮」。之後,他們來到科斯梅丁聖母教堂,將手伸入真理之口,不過卻……

取景地 3

科羅納宮 P65
Plazzo Colonna
MAP 別冊P9C4

感人的最後一幕就位於科羅納宮的大廳。在這邊召開記者會的公主,收下這段羅馬假期的紀念相片後,與布萊德利握手致意。這美麗又帶點哀傷的場景,也更影顯出宮殿的豪華。

更多外景地!

●圓形競技場➡P33
●威尼斯廣場➡P30
●古羅馬廣場➡P32
●巴貝里尼宮➡P64
●共和國廣場➡P65

生活的甜蜜

1960年上映。由費德里柯·費里尼執導的作品,曾在坎城影展獲得金棕櫚獎等多項大獎。跟著八卦雜誌記者馬切羅(馬切羅·馬斯楚安尼飾)的腳步,描繪出1950年代上流階級所過的頹廢生活。

取景地 1

特萊維噴泉 Fontana di Trevi
MAP 別冊P17D1 P27

一提到『生活的甜蜜』,想必有不少影迷會立刻聯想起特萊維噴泉。馬切羅和希薇亞(安妮塔·艾克伯格飾)在噴泉裡戲水的場景既誘人又美麗。

取景地 2

羅馬 威斯汀精益酒店 P84 MAP 別冊P9D1
The Westin Excelsior, Rome

主角馬切羅在羅馬最頂級的飯店享盡奢華。飯店內的餐廳「Doney」和「Café Doney」也在電影中登場。這座飯店所面對的維內多街,時至今日仍是高級奢華的區域。

羅馬美食

推薦特拉斯特維雷區等地的餐館。

專欄check♪

Da Oio a Casa Mia······P12
Trattoria Armando
al Pantheon······P28
Tritone······P12
La Cabana······P12

泰斯塔西奧　　MAP 別冊P4B4

Checchino dal 1887

堅守正統滋味的羅馬老招牌

創業於1887年的知名羅馬菜餐廳。尤以內臟和當令蔬菜入菜的餐點為招牌。將朝鮮薊以薄荷葉和白酒燉煮的羅馬燉菜薊（Carciofi alla romana，僅限11～4月€7）、牛尾燉煮成的羅馬燉牛尾（Coda alla vaccinara）€22等，提供多種鄉村風味的菜餚。紅酒則有法國產地等約500種選擇，起司也備有25種。晚餐需著正裝入店。

↑品嘗傳統羅馬美食
→晚上一定要先訂位

DATA
図M B線PIRAMIDE站步行15分　囯Via Monte Testaccio 30　☎(06)5743816
圏12時30分～15時、20～24時　休週日、週一、8月、12月25日～1月1日

梵蒂岡城國周邊　　MAP 別冊P4A1

Osteria dell'Angelo

羅馬市民絡繹不絕的休閒餐館！

菜單設計得相當簡單，晚餐一人€25，包含前菜、第一道主食（Primo）、第二道主菜（Second）、配菜（Contorno）、脆餅（Biscotti）、甜點酒（Vino dolce），每項都有數種菜色可供挑選。套餐中尤以羅馬風燉牛肚、口感類似烏龍麵的羅馬名菜黑胡椒起司義大利麵為絕品美食。午餐有義大利麵等輕食€7～。備有英語菜單外。

↑燉煮內臟散發強烈辣味的羅馬燉牛肚（前）
→每晚高朋滿座的熱門餐廳

DATA
図M A線OTTAVIANO站步行5分　囯Via Giovanni Bettolo 24/32　☎(06)3729470
圏13～15時（週二、五12時30分～14時30分）、20～23時（週一、六20時～）　休週日

特拉斯特維雷區　　MAP 別冊P10A2

Paris

想吃新鮮海產就來這裡

由女性主廚領軍，散發沉穩氛圍的餐廳，以油炸料理、依照客人喜好調理的海鮮料理為招牌。

DATA
図特拉斯特維雷聖母教堂步行3分　囯Piazza S. Calisto 7A
☎(06)5815378
圏12時30分～15時、19時45分～23時（8月的週日為19時45分～）　休11～6月的週一、9～11月的週一午餐

台伯島　　MAP 別冊P10B2

Sora Lella

在台伯島享用傳統美食

台伯島上唯一一間餐廳，菜色以羅馬風味的肉類料理為主，也有本店特別加以變化的獨門創意餐點。

DATA
図特拉斯特維雷聖母教堂步行12分
囯Via Ponte Quattro Capi 16
☎(06)6861601
圏12時45分～14時30分、19時30分～22時50分　休無休

泰斯塔西奧　　MAP 別冊P4B4

Da Oio a Casa Mia

在家居般的空間享用流傳已久的羅馬美食

從掌廚到接待都是由家族一手包辦的家族經營餐館，店家的老婆婆和小孩有時還會坐在餐廳深處的餐桌吃飯，可以感受彷彿造訪一般家庭的氣氛。招牌菜為羅馬燉牛肚€14、黑胡椒起司義大利麵€10、羅馬燉牛尾€18等。頗受好評的培根蛋汁義大利麵是不添加奶油的正統風味。

↑羅馬的著名菜餚，黑胡椒起司義大利麵
→除了室內外還有露天座

DATA
図M B線PIRAMIDE站步行12分
囯Via Galvani 43/45　☎(06)5782680
圏12時30分～15時、19時30分～23時30分　休週日、8月公休兩週

　🗣有諳英語的員工　📖有英文版菜單　👔有著裝規定　🔔需要先訂位

威尼斯廣場周邊　MAP 別冊P17D3

La Cabana

羅馬人的私房餐廳

擁有超過40年歷史的家庭式餐廳。培根蛋汁義大利麵€11等美味的經典羅馬美食搏得當地人的好評，也推出香煎淡菜與蛤蜊€12等海鮮料理。

DATA
🚇Ⓜ A線BARBERINI站步行15分
🏠Via del Mancino 7/9
📞(06)6791190
🕐12～15時、19～23時

那沃納廣場周邊　MAP 別冊P14A3

La Campana

吃得到羅馬傳統風味的純樸豆類菜餚
羅馬最悠久的老店

早在1518年就被記載在地圖上，據說是在1450年開店的餐廳。菜色有炸櫛瓜、羅馬風味或猶太風味的朝鮮薊、燒烤小羊肋排等羅馬傳統菜。其中又以當地產豆類為主原料，再將火腿、朝鮮薊、萵苣、洋蔥等以不同方式燉煮過的多種食材拌在一起的Vignarola€10，是餐廳員工也引以為傲的一道好菜。

↑後方的是招牌菜Vignarola
⇒晚餐建議事先訂位

DATA
🚇那沃納廣場步行8分　🏠Vicolo della Campana 18　📞(06)6875273　🕐12時30分～15時、19時30分～23時　🚫週一、8月

那沃納廣場周邊　MAP 別冊P10B1

Al Pompiere

紮根於猶太風味的傳統
盡情感受豐富滋味

鄰近台伯河畔的猶太教會的餐廳。根據主廚所述，相較於重口味的羅馬菜，"猶太風"的特徵之一就是較為清淡的調味。淋在鱈魚乾上的羅馬風番茄醬也是採用少油調理，清爽不傷胃。推薦菜色有猶太風味的朝鮮薊€6、檸檬細寬麵（Tagliolini al limone）€12，以及羅馬風奶油煎肉（Saltimbocca）€16等。

↑創業於1928年，也供應傳統羅馬菜
⇒Pompiere（消防員）是上一代老闆的暱稱

DATA
🚇那沃納廣場步行15分
🏠Via S. Maria dei Calderari 38
📞(06)6868377　🕐12時30分～15時、19時30分～23時　🚫週日、8月

奎里納雷山丘周邊　MAP 別冊P9C2

Tritone

在古代遺址中享用晚餐

過去曾是葡萄酒館，於1875年由現在的老闆家族改建成餐廳重新開幕，是一間具有歷史的老店。店舖的地下曾挖掘出古羅馬時代的建築遺址，可以在風情萬種的空間享用美食。除了有羅馬風味朝鮮薊€9（2份）、辣味培根番茄麵（Bucatini all'amatriciana）€13等各式羅馬菜外，每天從港口進貨的新鮮海產也是店家自豪的賣點之一。

⇒酒館（Bottiglieria）時期的招牌依然健在

泰斯塔西奧　MAP 別冊P4B4

Da Bucatino

在羅馬腔的吆喝中
大啖吸管麵

鄰近泰斯塔西奧市場，是備受旅客歡迎的人氣餐館，店名取自知名的吸管麵（Bucatini），最為推薦的餐點也理所當然是辣味培根番茄吸管麵€10。在醃漬牛肉生火腿上鋪滿大量芝麻菜和帕瑪森起司的義式風乾牛肉€11是極受歡迎的前菜，無論搭配紅酒或白酒都相當對味。由於店內總是座無虛席，建議提早前往，或是提前訂位較保險。

↑烤小羊排佐馬鈴薯（Abbacchio con patate）
⇒建議早點前往用餐

DATA
🚇Ⓜ B線PIRAMIDE站步行12分
🏠Via Luca della Robbia 84/86
📞(06)5746886
🕐12時15分～24時　🚫週一

↑燒烤小羊肋排€21

DATA
🚇Ⓜ A線BARBERINI站步行5分
🏠Via dei Maroniti 1-3-5
📞(06)6798181　🕐12～24時
🚫無休

買單大都是在桌邊進行。1.請負責自己桌位的侍者拿帳單過來→2.確認帳單無誤後，將付款放在桌上→3.侍者會前往櫃檯結帳，並將找零帶回→4.若要給小費的話就放在桌上。

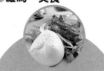

義式美食

除了發揮主廚巧思，將羅馬傳統美食注入創意改造的菜餚之外，羅馬隨處可見能品嘗義大利各地風味的餐廳。而備受追隨流行的羅馬人所支持的新型態餐廳和咖啡廳也在不斷增加當中。

專欄check♪

Ivo ································ P35
Galleria Sciarra ······ P12
Cicca Boomba ········ P48
Buccone ···················· P42

奎里納雷山丘周邊 **MAP** 別冊P9D3

Antonello Colonna

在高雅的氣氛中用餐

併設於美術館內，有著寬敞空間的餐廳。由羅馬出身的科羅納主廚所打造的菜色，每一道都是色香味俱全的嶄新創意料理。雖然2樓只在晚餐時間營業，不過1樓則是能夠品嘗午餐和餐前酒的「Open Colonna」。主菜和甜點成套的午餐€16。週六、日的早午餐€30也十分推薦。

DATA
☒ⓂA線REPUBBLICA站步行10分 🏠Scalinata di Via Milano 9a（羅馬展覽宮內） ☎(06)47822641 🕐1樓為12時30分～15時30分、2樓為20～23時（週日僅1樓營業） 🈹週一、8月

那沃納廣場周邊 **MAP** 別冊P14A4

Il Convivio

備受饕客矚目的嶄新美食世界

由主廚安傑羅與兩位哥哥三兄弟共同經營，是行家才知道的餐館。他們以傳統義大利菜為基底，加入許多新穎的食材，製作出獨門餐點，連美食指南也是讚不絕口。使用大量當令食材的調理手法讓菜單不斷更新，無論何時都能吃得到當季的美味。除了單點菜之外，也有全餐可供選擇。建議穿著較正式的服裝前往。

↑享受洋溢著玩心的美味
➡為了讓顧客吃得開心，店內有著許多貼心的設計

DATA
☒那沃納廣場步行5分 🏠Vicolo dei Soldati 31 ☎(06)6869432 🕐20～23時 🈹週日、8月公休數日

特米尼站周邊 **MAP** 別冊P12A4

Broccoletti

樸實的隱密義大利餐館

以新鮮海產製作的各地美食為主打，也有用儲備食材製作的每日餐點。中午的第一道主食約€13～，第二道主菜約€16～

DATA
☒ⓂB線CAVOUR站步行3分 🏠Via Urbana 104 ☎(06)4742772 🕐12時30分～15時、19時30分～23時30分（週日為19時30分～） 🈹週一、冬季的週六、日午餐

那沃納廣場周邊 **MAP** 別冊P16B1

La Rosetta

品嘗嚴選海產

老闆兼主廚是西西里島人，他不但親自挑選新鮮食材，也堅守顧客點餐後才開始調理的原則。襯托出食材原味的調味方式是魅力所在。

DATA
☒那沃納廣場步行5分 🏠Via della Rosetta 8 ☎(06)6861002 🕐12時15分～14時45分、19時30分～22時45分 🈹8月公休二週

那沃納廣場周邊 **MAP** 別冊P16B1

Al Duello

以自製生義大利麵自豪

使用羅馬為主的義大利食材，能品嘗到講究料理的餐館。以生義大利麵製作的招牌口味Al Duello€12。店內以卡拉瓦喬的複製畫裝飾，氣氛絕佳。

DATA
☒那沃納廣場步行2分 🏠Vicolo della Vaccarella 11 ☎(06)6873348 🕐19時30分～23時30分 🈹週日

特米尼站周邊 **MAP** 別冊P12B4

Agata e Romeo

以獨門菜色深獲好評

女性主廚展現細膩廚藝，由家族共同經營的餐館，地點近特米尼站。推薦套餐為招牌的Agata e Romeo€60～。

DATA
☒ⓂA線VITTORIO EMANUELE站步行8分 🏠Via Carlo Alberto 45 ☎(06)4466115 🕐12時30分～14時30分、19時30分～22時30分（週一、六為19時30分～） 🈹週日、8月

🗣有講英語的員工　📋有英文版菜單　👔有著裝規定　🔌需要先訂位

特萊維噴泉周邊 MAP 別冊P17D2

Galleria Sciarra
多元餐點為一大魅力

可以放鬆心情用餐，是當地人相當喜歡的餐廳。以羅馬風奶油煎肉€6等傳統羅馬料理為中心，提供多種肉類、魚類料理，也吃得到窯烤羅馬風味披薩。

DATA
MA線BARBERINI站步行10分
Piazza dell'Oratorio
(06)6790766
11～23時
無休

康多提街周邊 MAP 別冊P15C1

Ristorante '34 '
當地客人掛保證的美味

雖然位於觀光區，但擁有許多當地熟客。供應龍蝦細扁麵€15等，都是量多又平價的餐點，是一處能品嘗羅馬傳統美食的休閒餐廳。

DATA
MA線SPAGNA站步行6分
Via Mario de' Fiori 34
(06)6795091 12時30分～23時
（週日為17時30分～） 週一、8月公休三週

梵蒂岡周邊 MAP 別冊P7C3

La Veranda
在美麗的空間享受道地晚餐

將過去曾是樞機主教宅邸的悠久建築物加以改建，是位於飯店內的高級餐廳。豪華店內的天花板上的濕壁畫讓人讚嘆不已。價位大約為套餐€85～

DATA
MA線彼得得廣場步行5分
Via della Conciliazione 33
(06)6872973 12時30分～15時
15分、19時30分～23時 無休

特拉斯特維雷區 MAP 別冊P4A3

Antico Arco
以高品質的風味和服務為傲

位於能將羅馬市容盡收眼底的賈尼科洛山丘上，入口有候位酒吧，可在此品嘗紅酒或餐前酒。菜色以羅馬傳統菜為主。

DATA
特拉斯特維雷聖母教堂步行15分
Piazzale Aurelio 7
(06)5815274 12～15時、19時
～23時30分 無休

那沃納廣場周邊 MAP 別冊P10A1

Roscioli
羅馬首屈一指的培根蛋汁義大利麵

以網羅自全世界的嚴選食材入菜，附設食材店的餐館。一定要嘗嘗被義大利美食雜誌評為羅馬第一的培根蛋汁義大利麵（La Carbonara）€15！

DATA
那沃納廣場步行10分
Via dei Giubbonari 21
(06)6875287 12時30分～16
時、19時30分～24時 週日

聖羅倫佐區 MAP 別冊P5D2

Tram Tram
以輕鬆氣氛和美味一躍成名

由擁有一身好廚藝的羅珊娜女士和兩位女兒白手起家的餐廳，拿手菜是位於南義普利亞地區的鄉村料理。菜色有將旗魚捲起後燉煮的旗魚捲（Involtini di pesce spada）€18、將鯷魚與菊苣層層疊起製成的鹹派€16等，提供豐富的魚類料理，紅酒和義式白蘭地的選擇也十分多樣。誠如其名，路面電車（Tram）會駛過餐廳門前。

聖羅倫佐區 MAP 別冊P5C3

Da Franco
引以為傲的海鮮美食

可以品嘗到地中海新鮮海產的餐廳。除了有饕客最愛的海鮮燉飯€8.50和蛤蜊義大利麵€8.50之外，也有價格划算的套餐€20～

DATA
MA・B線TERMINI站步行15分
Via dei Falisci 1a/2
(06)4957675
13～15時、20時～23時30分 週一

特拉斯特維雷區 MAP 別冊P10B2

Comparone
以鮮度卓越的海產滿足味蕾

在美食聚集的特拉斯特維雷區人氣數一數二的祕訣，就是食材的鮮度。為了帶出食材的本身的美味而採簡單調味。海鮮料理特別受歡迎。

DATA
特拉斯特維雷聖母教堂步行10分
Piazza in Piscinula 47/50
(06)5816249 12～15時、18時
30分～24時 無休

↑旗魚捲
→店門前便能看見路面電車

DATA
MA・B線TERMINI站車程10分
Via dei Reti 44-46 (06)490416
12時30分～15時、19時30分～23時30分 9～6月的週一，7～8月的週日、8月中旬公休一週

點菜時不一定要照著全餐點，可以前菜→第二道主菜、咖啡，或是前菜→第一道主食→甜點，咖啡等，依照自己想吃的菜色、分量點菜即可。此外，有些餐廳也可以麻煩店家更改出菜順序，但也有些高級餐廳不接受這樣的作法，最好在點餐時先行詢問。

  MAP 別冊P12B1

Trimani il Wine Bar

輕啜一杯葡萄酒

除了吧台座以外，也有一般桌席。店內列有每月更換的單杯葡萄酒單，可以輕鬆嘗試義大利各地的葡萄酒。

DATA
A線CASTRO PRETORIO站步行5分　Via Cernaia 37B
(06)4469630　11時30分～15時、17時30分～翌日0時30分　週日、8月公休兩週

MAP 別冊P15C3

Palatium

品味拉齊奧大區出產的葡萄酒

為推廣拉齊奧大區生產的葡萄酒而開設的時尚葡萄酒吧。除了葡萄酒，也推薦拉齊奧大區釀造的啤酒。葡萄酒單杯€3.50～相當合理。

DATA
A線SPAGNA站步行10分　Via Frattina 94　(06)69202132
11時～23時（用餐為12時30分～15時、19時30分～23時）　週日、8月

MAP 別冊P7D2

Enoteca Costantini

酒櫃收藏近5000瓶葡萄酒

鄰近聖天使堡，收藏世界各地的葡萄酒。附設的葡萄酒吧可品嚐葡萄酒，每杯€5～。

DATA
A線LEPANTO站步行10分　Piazza Cavour 16
(06)3203575　商店9～13時、16時30分～20時／餐廳和酒吧12時30分～15時、18～23時　商店為週日、週一上午，餐廳為週日

MAP 別冊P5D3

Arco degli Aurunci

將嚴選葡萄酒注入玻璃杯

裝潢時髦的葡萄酒吧。店內的空間細長，最前方為吧台區，店後方則是可悠閒用餐的桌席。備有16種風味的葡萄酒單杯€4～。

DATA
A・B線TERMINI站車程10分　Via degli Aurunci 42/48
(06)4454425　7時～翌日2時（週日為18時～）　無休

MAP 別冊P14B4

Obika Mozzarella Bar

嚴選義大利的各地食材

該餐廳只選用獲得DOP（受保護原產地名）認證的坎帕尼亞水牛莫札瑞拉起司，餐點有從工作室直送的頂級莫札瑞拉起司和生火腿等等。

DATA
那沃納廣場步行9分　Piazza di Firenze　(06)6832630
酒吧9～24時（餐廳12～23時）　無休

MAP 別冊

Nana

享受道地的拿坡里美食

鄰近特萊維噴泉的拿坡里菜餐廳。以每日進貨的新鮮海產製作的傳統燉肉醬（ragù）料理深受好評。也有種類眾多的南義葡萄酒。

DATA
A線BARBERINI站步行8分　Via della Panetteria 37
(06)69190750
12時30分～15時、19～23時　週一

MAP 別冊P7C1

L'isola della Pizza

以披薩和炭烤為賣點

梵蒂岡一帶頗受好評的披薩店兼餐館，散發出平易近人的氛圍，入夜後當地客人的喧鬧聲更是熱鬧。窯烤披薩的種類多達40種以上。

DATA
A線OTTAVIANO站步行2分　Via degli Scipioni 41/51
(06)39733483　12時30分～15時、19時30分～24時　週三、8月

MAP 別冊P4B4

Pizzeria Remo

豪邁的羅馬風味披薩

披薩師傅活力洋溢的熱門餐廳。採羅馬風味的餅皮較薄，手捏餅皮的適量空氣卻又能營造出蓬軟口感。最為推薦的是當家招牌Pizza Remo €7.50。

DATA
B線PIRAMIDE站步行18分　Via Santa Maria Liberatrice 44
(06)5746270
19時～翌日1時　週日

MAP 別冊P13C4

Pizza Rè

嘗嘗蓬軟的拿坡里風披薩

約有40種口味的披薩€8，特色為蓬鬆的餅皮和入口即化的餡料。最受歡迎的是番茄和水牛莫札瑞拉起司的Piezza Rè。

DATA
A線FLAMINIO站步行5分　Via di Ripetta 14　(06)3211468
12時15分～15時30分、19時～23時30分（週五、六為～24時）、週日為12時15分～23時30分　8月中旬的中午

日式美食 &各國美食

雖然店舖不多，但還是有一些亞洲餐廳集中在特米尼站一帶。雖然這些餐廳也廣受羅馬人歡迎，但和供應羅馬菜的義式餐館相比，價位還是稍微高了一些。

康多street周邊 MAP 別冊P15D3
濱清
Hamasei

使用義大利食材的和風料理

淺草的餐廳「濱清」的羅馬分店。選用義大利新鮮食材，就連當地客人都讚不絕口，也有許多套餐可選擇。

DATA
交M A線BARBERINI站步行8分
住Via della Mercede 35
電(06)6792134 時12時～14時30分、19時15分～22時45分
休週一、8月公休兩週

威尼斯廣場周邊 MAP 別冊P9D4
支倉
Hasekura

從壽司到蓋飯應有盡有

曾登上當地美食雜誌的知名日式料理店。壽司和生魚片等生鮮餐點深獲好評。建議先行預約。

DATA
交M B線CAVOUR站步行7分
住Via dei Serpenti 27
電(06)483648 時12時30分～14時30分、19時～22時30分（週一為19時～）
休週一、8月、聖誕節和復活節期間約公休4日

特米尼站周邊 MAP 別冊P9D3
どうぞ
Doozo

在現代藝術空間中大啖壽司

以每日進貨的新鮮海產製作壽司和生魚片，可以品嘗到正統的和風料理。推薦壽司拼盤€30～，許多藝人和政治家也是這間店的常客。

DATA
交M A線REPUBBLICA站步行8分
住Via Palermo 51/53
電(06)4815655 時12時30分～15時、19時30分～23時30分（週日為19時30分～）
休週一

巴貝里尼廣場周邊 MAP 別冊P9D3
Mr.Chow

深受喜愛的高級中式餐館

清爽的調味相當合亞洲人的胃口。旅居羅馬的亞洲生意人經常造訪，是一間裝潢典雅的餐館。主廚推薦菜單會因當天的進貨食材而異。

DATA
交M A線BARBERINI站步行5分
住Via Genova 29
電(06)4884412
時12～15時、19～23時
休無休

聖天使堡周邊 MAP 別冊P6B1
您好餐飯
Ni Hao

兼具營養和飽足感

位在梵蒂岡博物館附近的中式餐館，平易的價格、使用大量蔬菜的營養餐點是廣受支持的祕訣。不妨多帶一些人進來，嘗試五花八門的菜餚吧。

DATA
交M A線OTTAVIANO站步行5分
住Via Vespasiano 15
電(06)39723790 時11時～15時30分、18～24時 休無休

特米尼站周邊 MAP 別冊P12B3
Arirang

鄰近特米尼站的韓式餐館

除了提供烤五花肉€18、韓式拌飯€15、湯飯、海鮮煎餅和冷麵等經典韓國菜以外，也有壽喜燒、煎餃等亞洲風餐點。

DATA
交M A・B線TERMINI站步行3分
住Via Massimo D'Azeglio 3F
電(06)4740020
時12～15時、18～22時
休週日、8月公休一週

蒙提區 MAP 別冊P11D1
SITAR

能選擇辣度的印度餐館

這家空間精巧的餐廳，就位在距離古羅馬廣場不遠的蒙提區。除了傳統印度菜之外，也有素食、印度風味烤肉串等等，不僅選擇豐富，價格也相當實惠。

DATA
交M B線CAVOUR站步行1分
住Via Cavour 256/a
電(06)89026710 時12時30分～14時30分、19時30分～23時30分
休無休

特米尼站周邊 MAP 別冊P12B4
Hana

在家常氛圍中品嘗道地美味

可以輕鬆造訪的餐廳，無論是泡菜、烤肉醬，皆由店家自製。提供韓式燒肉€18.50、烤五花肉€19.50、韓式拌飯€16（皆為套餐）等等。

DATA
交M A・B線TERMINI站步行5分
住Piazza Manfredo Fanti 15
電(06)4461094
時12～15時、17時30分～22時30分（週二為17時30分～）休無休

雖然在餐廳點菜時通常會一起點葡萄酒和水，但不喝酒的人也不需要勉強。若要喝啤酒的話，通常都是在餐前喝上一杯。最適合做為義大利菜的佐餐酒是葡萄酒。

咖啡廳&酒吧 &冰淇淋店

羅馬市內隨處都有當地人經常光顧的咖啡廳及酒吧,也有不少咖啡廳以美味的餐點自傲。冰淇淋店則是以觀光景地為中心,設有許多講究風味的店家。

專欄check♪

圓形競技場周邊　MAP 別冊P5C3

Café Café

在圓形競技場旁享用午餐

可以從店門口的露天席欣賞圓形競技場,是一間私房咖啡廳。菜色以三明治、單盤餐為主,附上滿滿蔬菜這點也相當窩心。推薦餐點為咖哩口味的肉丸子€8.90和三明治€7.20等。

DATA

🚇B線COLOSSEO站步行8分
🏠Via de SS. Quattro 44
📞(06)7008743　🕐10時～翌日1時30分　🈚無休

那沃納廣場周邊　MAP 別冊P16A1

Caffè Bernini

那沃納廣場的咖啡廳

以羅馬風味菜為主打,甜點也深獲好評的咖啡廳。起司蛋糕和提拉米蘇等甜點€7.50～,不僅適合作為散步時的休息處,也適合在此用午餐或晚餐。

DATA

🚶那沃納廣場步行即到
🏠Piazza Navona 44
📞(06)68192998
🕐8～24時　🈚無休

鮮花廣場周邊　MAP 別冊P16B4

Corona

蔬菜口味也很受歡迎

不含人工色素,堅持使用天然食材的冰淇淋店。有芹菜冰淇淋、覆盆子與薑的冰淇淋等獨樹一格的口味。

DATA

🚶鮮花廣場步行5分
🏠Largo Arenula 27
📞(06)68808054
🕐12～23時
🈚無休

西班牙廣場周邊　MAP 別冊P14B3

Vitti

自製冰淇淋的名店

由1898年創業的老舖冰淇淋店所開設的咖啡廳。冰淇淋等甜點都是店家親自製作,西西里起司捲€4、沙赫蛋糕€5相當受歡迎。3球冰淇淋€8。

DATA

🚇A線SPAGNA站步行10分
🏠Piazza S. Lorenzo in Lucina 33
📞(06)6876304
🕐7～23時　🈚無休

人民廣場周邊　MAP 別冊P13C4

Babette

位於馬古達街內

能從肉丸、烤牛肉等約12種菜色中挑選的「Unico」形式,將主菜等放在同一個盤子內€14～22。

DATA

🚇A線FLAMINIO站步行7分
🏠Via Margutta 1　📞(06)3211559
🕐酒吧9～23時(週日為11～15時),餐廳為13～15時、19～23時(週一和週日晚上公休)
🈚8月

那沃納廣場周邊　MAP 別冊P16B2

Sant'Eustachio il Caffè

號稱羅馬最好吃的咖啡廳

1938年創業,從觀光客到VIP都搶著擠進這間狹窄的酒吧。販賣以黑巧克力裹住咖啡豆的零食、咖啡利口酒等,以及多種咖啡相關商品。

DATA

🚶那沃納廣場步行3分　🏠Piazza S. Eustachio 82　📞(06)68802048
🕐8時～翌日1時(週五～翌日1時30分、週六～翌日2時)　🈚無休

奎里納雷山丘周邊　MAP 別冊P15D4

San Crispino

選用有機食材的冰淇淋店

在羅馬開設許多分店的老字號冰淇淋店。使用當令新鮮水果及食材的冰淇淋中,還有加入蛋白糖霜增添口感的口味等。有五種大小,價格€2.70～

DATA
🚇A線BARBERINI站步行5分
🏠Via della Panetteria 42
📞(06)6793924　🕐11時～翌日0時30分(週五、六～翌日1時30分)

 有諳英語的員工　有英文版菜單　📷有著裝規定　📞需要先訂位

速食午餐

時間不夠也可以一嘗美食

想在羅馬的知名景點一帶找尋快速、便宜又好吃的店家,其實出乎意料地困難。因此,我們將為忙碌奔波的旅客介紹能安心享用、兼具「快、省、讚」的推薦店家。

西班牙廣場步行3分

Ginger MAP 別冊P15C2

選用新鮮食材的帕尼尼

店家位在康多提街一帶名牌區的一隅,以五花八門的帕尼尼三明治、新鮮果汁為招牌商品,明亮的店內陳列著火腿和蔬菜等食材。若想外帶的話先在櫃檯結帳,再拿著收據前往吧台。

→有著面對石板路的露天座

DATA.......
交 M A線SPAGNA站步行5分 住Via Borgognona 43-44 電(06)96036390
時10時~23時30分 休無休
→也有帕尼尼以外的餐點。義大利麵€10~、第二道主菜€13~

Total €14

口味有夾了生火腿、無花果和芝麻菜的Lungaretta等,合計約有20種的帕尼尼三明治價位為€6.50~(外帶€5.50~)。不妨來一杯百香果、草莓和蘋果的冰沙Alessio€6.50(€5)吧

梵蒂岡城國步行5分

Calabascio MAP 別冊P7C2

海鮮口味的義大利麵非常美味

能以合理的價格吃到用每日進貨的新鮮海產,是當地頗受歡迎的店家。除了義大利細麵外,幾乎所有麵條都是店家自製的手工麵,獨特的Q彈口感與海鮮醬汁堪稱絕配。南部卡拉布里亞大區的美食和披薩也很有名。

↑親切的老闆在此招呼客人

←有時間的話就嘗嘗店家推薦的提拉米蘇€6

DATA.......
交 M A線OTTAVIANO站步行10分
住Via Properzio 20-24 電(06)68308471
時12時~15時30分、18時30分~23時
(6~10月為12時~23時)
休無休

Total €19

海鮮口味義麵的經典口味蛤蜊義大利麵€12和招牌酒單杯€6,麵包和開桌費€2已包含在內。蛤蜊的鮮甜滲入醬汁,可用麵包沾食,盡情享用美食到最後一口

真理之口步行3分

Santeo MAP 別冊P11C3

小尺寸的美食&甜點

以小巧可愛的甜點打開知名度的店家。有貝果和帕尼尼三明治、多種迷你沙拉可供選擇,而且只需用手指點餐即可,不用花上太多等待時間。雖然沒有椅子,但供有內用吧台可在店內品嘗。

→效仿當地人的精神輕鬆用餐

↑時髦又乾淨的店內,也備有廁所,讓人安心

DATA.......
交 M B線COLOSSEO站步行15分
住Via di San Teodoro 88
電(06)69920945
時7時30分~20時30分
休無休

Total €12

雞肉咖哩與番茄的貝果三明治€3.80,草莓和柳橙的鮮果汁€4.50,也可加點迷你尺寸的沙拉。用完餐後不妨再來塊小蛋糕€0.80吧

名牌店

羅馬的國際名品店集中在康多提街，也就是從西班牙廣場延伸出去的街區一帶。

專欄check♪

Bvlgari ……………… **P45**
Bottega Veneta … **P44**
Marni ……………… **P44**

康多提街周邊　**MAP** 別冊P14B2

Fendi

高級皮草店的代名詞
世界最大的羅馬總店

1925年創業，以「雙F」的組合圖案享譽全球的時尚品牌，起源於愛德華多・芬迪與艾黛兒・芬迪夫妻將販賣皮草與包飾的店鋪開設在羅馬的公民投票街（Via del Plebiscito）。由師傅精湛的做工所製成的商品，剛好在當時搭上了好萊塢女星配戴狐毛披肩的風潮，而獲得廣大支持。1、2樓為商店，其他的樓層則是工作室和辦公室。

↑嵌在外牆上的展示櫥窗

↑紀念開業80週年，於2005年開幕的新總店

DATA ………………　🄴
🚇M線SPAGNA站步行10分　🏠Largo Goldoni 419　📞(06)334501　🕐10時~19時30分（週日10~14時、15~19時）　公無休

康多提街周邊　**MAP** 別冊P15D2

Gucci

紳士淑女的大小配件齊聚一堂。Via Borgognona 7D的店家則是販售時尚小配件。　🚇M線SPAGNA站步行5分　🏠Via Condotti 8　📞(06)6790405　🕐10時~19時30分（週日為~19時）　公無休

康多提街周邊　**MAP** 別冊P15D2

Prada

設計貫徹簡約風格的人氣品牌，除了包包以外，也有許多女性服飾。　🚇M線SPAGNA站步行5分　🏠Via Condotti 92/95　📞(06)6790897　🕐10時~19時30分（週日為~19時）　公無休

康多提街周邊　**MAP** 別冊P15C2

Salvatore Ferragamo

販售女鞋和女性服飾，位於同一條街上66號的店鋪則是男性用品專賣店。　🚇M線SPAGNA站步行6分　🏠Via Condotti 73/74　📞(06)6791565　🕐10時30分~19時30分（週日為~19時）　公無休

康多提街周邊　**MAP** 別冊P15C2

Giorgio Armani

1樓販售飾品和配件，2樓為男士專區，3樓為女士專區，是羅馬唯一的分店。　🚇M線SPAGNA站步行6分　🏠Via Condotti 77　📞(06)6991460　🕐10~19時（週日為10~14時、15~19時）　公8月的週日

康多提街周邊　**MAP** 別冊P15D2

Christian Dior

販售女士的服飾、包包、鞋子、腰帶、飾品等最新系列產品。　🚇M線SPAGNA站步行5分　🏠Via Condotti 1-4　📞(06)69924489　🕐10~19時　公無休

康多提街周邊　**MAP** 別冊P15C2

Max Mara

從高雅的禮服到剪裁有型的上班用服飾，款飾多元豐富，也提供多種鞋子和包款。　🚇M線SPAGNA站步行6分　🏠Via Condotti 17-19　📞(06)69922104　🕐10~20時　公無休

康多提街周邊　**MAP** 別冊P15D1

Gianni Versace

主打商品為在簡約設計中加入獨到巧思的女性服飾。　🚇M線SPAGNA站步行2分　🏠Piazza Spayna 12　📞(06)6780521　🕐10時~19時30分　公8月的週日

康多提街周邊　**MAP** 別冊P15C1

Etro

空間細長的店內擺滿了各式各樣的圍巾、服飾和配件，是羅馬唯一的分店。　🚇M線SPAGNA站步行6分　🏠Via del Babuino 102　📞(06)6788257　🕐10時~19時30分（週日為10時30分~）　公無休

康多提街周邊　**MAP** 別冊P15D1

Missoni

販售許多配色美麗的針織服飾，不論男女服飾都有多樣的選擇。　🚇M線SPAGNA站步行4分　🏠Piazza di Spagna 78　📞(06)6792555　🕐10時~19時30分（週日為10~14時、15~19時）　公8月的週日

西班牙廣場周邊　**MAP** 別冊P15C2

Tod's

手工皮鞋相當有名。　🚇SPAGNA站步行7分　🏠Via Condotti 53/A　📞(06)6991089　🕐10時~19時30分（週日為11~14時、15時~19時30分）　公8月的週日

康多提街周邊　**MAP** 別冊P15C2

Dolce&Gabbana

在單層店面販售著男裝、女裝和童裝。色彩繽紛的服飾是魅力所在。　🚇M線SPAGNA站步行5分　🏠Via Condotti 51/52　📞(06)69924999　🕐10時30分~19時30分　公無休

康多提街周邊　**MAP** 別冊P15C2

Max & Co.

Max Mara的年輕副牌。設計主要走氣質沉穩的風格，也有流行色彩較強烈的設計款。　🚇M線SPAGNA站步行9分　🏠Via Condotti 46　📞(06)6787946　🕐10~20時　公無休

流行服飾 & 配件

對於追求流行的年輕人來說，舊執政官街（→P48）和位於地鐵CAVOUR站西側的蒙提區十分好逛（**MAP**別冊P9D4）。

康多提街周邊 **MAP**別冊P15D2

Il Bisonte
想找高品質皮件就來這裡

總店位於翡冷翠的皮製品品牌羅馬分店。由於設計精美，在台灣也有許多支持者。從包到配件都有多種款式可供選擇，也是該品牌的一大魅力。

DATA
交 M A線SPAGNA站步行4分
住 Via Borgognona 13
電(06)68808097
時10～19時（週日為11時～18時30分）休無休

康多提街周邊 **MAP**別冊P15C1

Aspesi
簡單高雅的時尚服飾

誕生於1967年，從批發給專賣店為中心發展而成的高級襯衫品牌，2006年於羅馬展店，是提倡簡單、清爽的時尚品牌。

DATA
交 M A線SPAGNA站步行8分
住 Via del Babuino 145a
電(06)3230376
時10～19時（週一為15時～）休週日

康多提街周邊 **MAP**別冊P15D2

Sermoneta Gloves
手工製作的優質皮手套

以高品質和平實價格為傲的知名手套店。有鹿皮、小羊皮、山豬皮等，在皮料和顏色上都有豐富的選擇。

DATA
交 M A線SPAGNA站步行5分
住 Piazza di Spagna 61
電(06)6791960 時9時30分～20時（週日為10時30分～19時）休無休

那沃納廣場周邊 **MAP**別冊P10A1

104 Pandemonium
網羅知名義大利品牌

當地年輕人相當喜愛的複合式精品店，販售著DONDUP和Golden Goose等近年竄紅的義大利品牌商品。1樓為女性專區，2樓則是男士專區和鞋區。

DATA
交 那沃納廣場步行10分
住 Via del Giubbonari 104
電(06)6868061
時10～20時 休8月的週日

圓形競技場周邊 **MAP**別冊P9D4

Contesta Rock Hair
見識老闆的獨到品味

位於圓形競技場北側的蒙提區，是匯集了羅馬最新流行的矚目地帶。老闆會依照當天的心情調整商品的選擇及陳列。

DATA
交 M B線CAVOUR站步行5分
住 Via degli Zingari 10
電(06)48906975
時10～20時 休週日、一

那沃納廣場周邊 **MAP**別冊P17C2

Pellicanò
手工領帶專賣店

每一條皆以細膩手工打造出的領帶€60～，在義大利擁有許多支持者。花紋的樣式繁多，若能等上約10天的話也可訂製領帶€80～。

DATA
交 那沃納廣場步行6分
住 Via del Seminario 93
電(06)69942199 時10～19時
休週日・8月後半公休一週

人民廣場周邊 **MAP**別冊P13C3

Borsalino
優雅的帽子極為迷人

1857年創業的老牌帽店。有販賣男用的貝雷帽、巴拿馬帽和鴨舌帽等，種類相當豐富。而女用的帽子方面，冬天以羊毛氈帽為主，夏天則是主打草帽。

DATA
交 M A線FLAMINIO站步行5分
住 Piazza del Popolo 20 電(06)32650838 時10～20時（週日為10時30分～19時30分）休無休

走進高級名牌店及專賣店時，別忘了基本的招呼示意。此外，若想仔細看看商品，拿取前務必告知工作人員，請勿擅自觸碰商品。

鞋子&飾品 &藥妝店

許多鞋子和飾品的設計款式都頗具個性。

專欄check♪

Alexandra	P19
Sperga 30	P47
Pura López	P44
Lanelleria	P43

康多提街周邊 **MAP** 別冊P15D2

Rene Caovilla

奢華精緻的鞋款

深獲全球女性喜愛、發跡於義大利的高級女鞋品牌。在沙龍風格的店內，可以看到精心設計的包鞋和涼鞋如同擺飾品般陳列。也可以訂做鞋款。

DATA

🚇A線SPAGNA站步行6分
🏠Via Borgognona 9/10
📞(06)6783879
🕙10～19時
🚫週日

那沃納廣場周邊 **MAP** 別冊P16A4

Loco

瞄準年輕客層
販售多種個性鞋款

店家精選的鞋款，從當地師傅的手工鞋到個性派品牌應有盡有。設計前衛的鞋款，獲得流行敏銳度高的年輕人喜愛。價位約從€95～。

DATA

🚇那沃納廣場步行6分 🏠Via dei Baullari 22 📞(06)68808216 🕙10時30分～19時30分（週一為15時30分～、週日為12時～） 🚫夏季的週日、8月中旬～下旬公休兩週

康多提街周邊 **MAP** 別冊P15C1

Enigma by Gianni Bvlgari

詹尼・寶格麗的殿堂

由詹尼・寶格麗親自設計全店的精品店，在彷彿踏進藝廊大廳般的空間內，陳列著如藝術品般精美的手錶和珠寶。

DATA

🚇A線SPAGNA站步行7分
🏠Via Margutta 61a
📞(06)3218358
🕙10～19時 🚫週日、一

康多提街周邊 **MAP** 別冊P15C1

Alcozer & J

骨董風格的裝飾品

設計成骨董風味的原創飾品店。以散發渾厚風情的黃金和半寶石製成的飾品作工精細，帶有高雅的氛圍。

DATA

🚇A線SPAGNA站步行5分
🏠Via delle Carrozze 48
📞(06)6791388
🕙11時～19時
🚫無休

羅馬市郊 **MAP** 別冊P6A2

Bvlgari Outlet

沉浸在令人嚮往的
寶格麗世界

寶格麗直營的暢貨中心。有多種鐘錶、包包、皮夾、飾品等各式商品。需事前預約。

DATA

🚇自梵蒂岡城圍走奧略利亞古道（Via Aurelia）往Civitavecchia方向，車程約20～30分，搭乘計程車費用（往返）約€60 🏠Via Auleria 1052 📞(06)696261 🕙10時～19時30分（週日為11～19時） 🚫8月

特拉斯特維雷區 **MAP** 別冊P10A2

Roma Store

脫俗的香水專賣店

引進各國香水和天然化妝品的精品店。男用和女用香水的種類合計超過100種，琳瑯滿目。在義大利熱賣的商品為男女通用的古龍水。

DATA

🚇特拉斯特維雷聖母教堂步行4分
🏠Via della Lungaretta 63
📞(06)5818789
🕙10～20時
🚫無休

那沃納廣場周邊 **MAP** 別冊P7D4

Sotto L'arco

匠心獨具的銀飾

販賣造型獨特的飾品，由身兼珠寶設計師的老闆安娜・瑪莉亞女士設計出多款風格強烈的銀製飾品。

DATA

🚇那沃納廣場步行10分
🏠Via del Pellegrino 131
📞(06)68804908
🕙10時30分～19時30分
🚫週日、8月

那沃納廣場周邊 **MAP** 別冊P16B1

Ai Monasteri

網羅有益身體的商品

以修道院的傳統製法為根基，販售自然風格的原創商品。有香皂€5～，護膚商品€9～，義式白蘭地和葡萄酒€9～等等。絕大多數的商品都是手工製作。

DATA

🚇自那沃納廣場步行3分
🏠Corso del Rinascimento 72
📞(06)68802783 🕙10～13時、16時30分～19時30分 🚫週日、週四下午

080

雜貨&廚房用品

從俐落的設計到傳統工藝大放異彩的珍品，羅馬有著豐富的雜貨選擇。不妨依照自己的喜好、送禮的對象來挑選店家吧。

專欄check♪

科索街周邊　MAP 別冊P14A2

Kitchen
價格實在的廚房雜貨

位在卡富爾橋頭、戰神河岸大道上的小巧廚具雜貨店。將店面環繞一圈的展示櫥窗內，擺滿了色彩繽紛又活潑的設計雜貨。其中也有Lekue和silikoMart等日本知名的矽膠製廚具，款式齊全。模仿食品造型的磁鐵等小雜貨也很適合做為伴手禮。

DATA
- Ⓜ A線SPAGNA站步行10分
- Piazza del Porto di Ripetta 1
- (06)68802244
- 10時～19時30分（週六為10～13時、15時～19時30分）
- 週日

共和國廣場周邊　MAP 別冊P12A2

Muzio Roma
販賣時髦的高級廚具

由刃器專賣店所開設的廚房用品店，從小菜刀到刀長40公分的屠牛刀皆有，除了主打的菜刀以外，也有銅鍋、法國燉鍋、開酒器和高腳杯等等。

DATA
- Ⓜ A線REPUBBLICA站步行3分
- Via V. E. Orlando 75/77
- (06)4883529/(06)48919875
- 9時30分～20時
- 週日

威尼斯廣場周邊　MAP 別冊P17C4

DOM
五花八門的雜貨大集合！

鄰近威尼斯廣場的設計型雜貨店。色彩鮮豔的廚具、新潮的設計型雜貨、布料、家居用品和家具，全都陳列在有如迷宮般複雜的店內。

DATA
- Ⓜ 威尼斯廣場步行2分
- Via Aracoeli 6
- (06)6797878
- 10時30分～19時30分（週日為11時～）
- 無休

那沃納廣場周邊　MAP 別冊P16A2

Natolli
販售道地的義大利精品

鄰近那沃納廣場的威尼斯玻璃專賣店。主要羅藝術家的設計系列€160左右～，還有玻璃€90～和項鍊都是僅此一件的精品。

DATA
- Ⓜ 那沃納廣場步行2分
- Corso del Rinascimento53-55
- (06)68301170
- 10～13時、15時30分～19時30分
- 週日

特拉斯特維雷區　MAP 別冊P10A2

Polvere di Tempo
蒐集以時間為主題的手工藝品

販售沙漏、日晷等不使用機械和電池的鐘錶店。店內深處是工作室，販售特約藝術家的獨創商品。

DATA
- Ⓜ 特拉斯特雷聖母教堂步行5分
- Via del Moro 59　(06)5880704
- 10～20時（週日為16時～）
- 8月中旬公休10日

科索街周邊　MAP 別冊P14B3

Campo Marzio
設計高雅的文具

早先以鋼筆製造商發跡，現在連手帳和包包等皮製品和文具都一同包辦的品牌。以優質麂皮製作的手帳，是讓人想長久使用的文具精品。

DATA
- Ⓜ A線SPAGNA站步行12分
- Via Campo Marzio 41
- (06)68807877
- 10時30分～19時30分
- 無休

康多提街周邊　MAP 別冊P15C3

Stilvetro
奇特又可愛的餐具

除了販售Alessi和Ginori等一流品牌的餐具外，也提供多種能運用於日常生活的用品。也有許多造型獨特的陶器，相當值得一看。

DATA
- Ⓜ A線SPAGNA站步行10分
- Via Frattina 56　(06)6790258
- 10～14時、14時30分～19時30分（週一為15時～）
- 週日

 義大利不但名牌店和百貨公司無法殺價，連個人經營的專賣店基本上也不大接受議價。但若是購買大量商品時，或許可以試著交涉看看，或者是要一些小贈品。

其他

在此介紹回國前方便採購伴手禮的食材店及葡萄酒店等專賣店,可以在此發現義大利特有的商品,千萬別錯過。

專欄check♪

- Altoro Quando… P29
- Eataly P14
- Castroni P14
- MADE Creative Bakery P46
- Liberty P47
- Lorenzale Antichitá… P47

特米尼站周邊　別冊P12A2

Esedra Calcio Italia

販賣多種官方足球商品的知名運動用品店

販售著義甲、各國國家隊官方商品的運動用品店。繡有選手名字的球衣€70~當然是熱賣商品,圍巾€16.90~等五花八門的加油商品也一應俱全。在這些商品之中,又以當地的羅馬隊和拉齊奧隊的加油商品賣得最好。除了足球商品之外,也有販售法拉利的商品。

DATA
🚇MA線REPUBBLICA站步行即到
🏠Via Nazionale 251b
📞(06)483463
🕙10時~19時45分　🈲週日

科索街周邊　別冊P15C4

La Rinascente

週日照常營業的方便百貨公司

商品以服裝為主,也販賣飾品、包飾、化妝品等,由於平時和週日都有營業,在想買點小東西或是找伴手禮時相當方便。也有廁所和外幣兌換處。

DATA
🚇A線BARBERINI站步行12分
🏠Galleria Alberto Sordi Largo Chigi 17　📞(06)6784209
🕙10~21時　🈲無休

特拉斯特維雷區　別冊P10A3

Dolce Idea

天然巧克力的人氣店家

以Cioccoliamoci(一起巧克力吧)的宣傳標語打出名氣的巧克力舖。總店位於拿坡里。

DATA
🚇特拉斯特維雷聖母教堂步行5分
🏠Via di San Francesco a Ripa 27
📞(06)58334043
🕙10時30分~20時
🈲週日、7月中旬~9月第1週
※有時也會從6月下旬開始夏季公休

康多提街周邊　別冊P14B2

Ferrari Store

法拉利商品琳琅滿目

在法拉利的本國義大利深獲支持的法拉利商品專門店。店內播放著賽車飛馳而過的聲音,在營造氣氛方面也是一絕。人氣商品是繪有「紅色跳馬」商標的T恤等等。

DATA
🚇MA線SPAGNA站步行10分
🏠Via Tomacelli 147-152
📞(06)6892979　🕙10~20時(週日為11時~)　🈲無休

特米尼站周邊　別冊P12B3

Picca e Picca

在這邊購買義大利葡萄酒

以合理的價格販售義大利各地的多種葡萄酒,同時也有販賣點心和食用油等食材。包裝可愛的義大利麵適合用來送禮。

DATA
🚇MA‧B線TERMINI站步行5分
🏠Via Principe Amedeo 7 f/g
📞(06)4880401
🕙10~22時　🈲8月

特米尼站周邊　別冊P12B1

Trimani

老字號的葡萄酒舖

鄰近特米尼站的葡萄酒專賣店。創業於1821年,依照各國產地陳列著葡萄酒。在店面隔壁,有著同一位老闆開設的時髦葡萄酒吧。

DATA
🚇MA‧B線TERMINI站步行10分
🏠Via Goito 20
📞(06)4469661
🕙9時~20時30分
🈲週日

那沃納廣場周邊　別冊P16A2

Archeo Roma

真實重現古代出土物

以忠於歷史的製法、素材,重現古伊特魯里亞時代到羅馬時代裝飾品和古壺的廠商直營店。青銅製品和錢幣等是經過特殊加工的精品。

DATA
🚇那沃納廣場步行2分
🏠Piazza Madama 1
📞(06)68192514
🕙10~13時‧14時~19時30分
🈲無休

市場

邂逅城市最真實的一面♪

新鮮的蔬菜、水果，以及奇特的日常用品，在羅馬開設的Mercato（市場）可以看見熱情的義大利人，也是能最能貼近這座城市真實一面的所在。走入當地的人群中，享受探索市場的樂趣吧。

＊鮮花市場
Piazza Campo de' Fiori

餵飽羅馬人胃口的露天市場 MAP 別冊P16A4

散發庶民氣息的鮮花廣場除了週日之外，每天早上都會開市。雖以販賣蔬果為主，也有許多販賣加工品、廚具和伴手禮的攤販，總是擠滿了當地客人與觀光客而熱鬧非凡。由於也販售不少適合用來送禮的義大利麵和橄欖油等商品，不妨多繞幾圈逛逛攤子。每件商品都有標價，省去殺價時間的明快交易方式也讓人心情舒暢。

DATA
🚶那沃納廣場步行5分
🕐7～14時左右 🈺週日

→販賣肉醬的攤販旁設有試吃區

將這些伴手禮GET!

→橄欖油€6分為原味、辣椒和檸檬口味

→乾燥義式培根（Pancetta）€5可搭配義大利麵

→種類豐富的義大利麵最適合用來送禮

→繪有義大利圖案的罐裝橄欖油€6

→鯷魚醬€6可抹在麵包上食用，也可以為料理添味

↑加入松露而富含香氣的乾燥義大利麵€5

→常在餐館看到的陶製起司粉容器€6

→摩卡壺和咖啡豆成套販售€13

→用偉士牌機車做造型、塗上義大利國旗色的馬克杯€8

＊波特塞門跳蚤市場
Mercato di Porta Portese

MAP 別冊P10A4

能挖出骨董珍寶的跳蚤市場

以波特塞門為起點，全長超過一公里，於每週日開市的羅馬第一大跳蚤市場。雖然骨董攤和二手貨不少，但也有服飾、鞋子、廚具雜貨等形形色色的商品。由於會有很多雙手提滿東西的人熙來攘往，光要轉身都很困難。這裡扒手不少，要小心隨身財物。

↓展示著各種款式的鞋子

→適合邊吃邊逛的帕尼尼三明治

DATA→P68

083

頂級飯店

從西班牙廣場到維內多街一帶，聚集了許多優雅高貴的老字號高級飯店。雖然價格不斐，但擁有最頂級的設施和服務，所見一切都是最高水準，能放鬆享受住宿時光也是魅力之一。

西班牙廣場周邊　 MAP 別冊P15D1

Hotel Hassler

眺望西班牙廣場的好望角

佇立於西班牙階梯上頭，擁有絕佳地理位置的高級飯店。客房擺設選用骨董家具，優雅的裝潢令人醉心。飯店內的地中海料理餐廳也深具好評。

DATA
🚇Ⓜ️A線SPAGNA站步行5分
🏨Trinità dei Monti 6
📞(06)699340　🛏️Ⓢ€319〜Ⓣ€350〜　95室　★★★★★L

維內多街周邊　 MAP 別冊P9C1

伊甸園酒店

Hotel Eden

能俯瞰羅馬極致美景的飯店

坐落在波給塞公園鄰近丘陵上的飯店。於1994年重新裝潢，成為羅馬市內數一數二的豪華飯店。可以從頂樓的地中海式餐廳眺望美景。

DATA
🚇Ⓜ️A線SPAGNA站步行5分
🏨Via Ludovisi 49　📞(06)478121
🛏️Ⓢ〜€494Ⓣ〜€824　121室
★★★★★L

維內多街周邊　MAP 別冊P9D1

羅馬威斯汀精益酒店

The Westin Excelsior, Rome

維內多街的知名地標

即使位在高級飯店林立的維內多街內，這間飯店依然散發出過人的高雅氛圍。自1904年開業後，就一直是各國名流指定投宿之處。內有鋼琴酒吧和餐廳「Doney」。

DATA
🚇Ⓜ️A線BARBERINI站步行8分
🏨Via Vittorio Veneto 125
📞(06)47081　🛏️Ⓢ€565〜Ⓣ€920〜
316室　★★★★★L

西班牙廣場周邊　MAP 別冊P15C2

Potrait Suites

徜徉在時尚空間悠閒享受

位於康多提街一隅的豪華飯店。以高級住宅為設計主題，優質的室內設計與最新設備，打造出極為舒適的住宿環境，離購物區也相當近。

DATA
🚇Ⓜ️A線SPAGNA站步行5分
🏨Via Bocca di Leone 23　📞(06)69380742　🛏️Ⓢ€429〜Ⓣ€440〜
14室　★★★★★

維內多街周邊　MAP 別冊P9D1

巴廖尼女王飯店

Regina Hotel Baglioni

許多文人曾在此留宿

1902年創業，將瑪格麗特公主過去居住的宅邸改裝而成的飯店。這裡以深受文人喜愛而聞名，其中有作家鄧南遮曾將房間改為沙龍使用等軼事。

DATA
🚇Ⓜ️A線BARBERINI站步行7分
🏨Via Vittorio Veneto 72
📞(06)421111　🛏️Ⓢ€578〜Ⓣ€667〜　127室　★★★★★

共和廣場周邊 MAP 別冊P12A2 **羅馬瑞吉大酒店** St. Regis Grand ★★★★★L	古典樣式的豪華飯店。提供24小時管家的服務。🚇Ⓜ️A線REPUBBLICA站步行3分　🏨Via Vittorio E. Orlando 3　📞(06)47091　🛏️Ⓢ〜€830Ⓣ〜€995　161室	
共和廣場周邊 MAP 別冊P12A2 **Exedra** ★★★★★	面對共和廣場。以能眺望羅馬街景的露天餐廳自豪。🚇Ⓜ️A線REPUBBLICA站步行1分　🏨Piazza della Repubblica 47　📞(06)489381　🛏️Ⓢ€370〜Ⓣ€370〜　238室	
那沃納廣場周邊 MAP 別冊P17C3 **德拉密涅瓦大酒店** Grand Hotel de la Minerve ★★★★★	散發沉穩氣息的客房洋溢著高級感。可在餐廳享用精心調製的義大利菜。🚇那沃納廣場步行7分　🏨Piazza della Minerva 69　📞(06)695201　🛏️Ⓢ€420〜Ⓣ€470〜　135室	
西班牙廣場周邊 MAP 別冊P15D2 **Intercontinental de la Ville** ★★★★★	從頂樓的中庭風露台眺望的日落非常美麗。寬敞的客房能讓人靜下心來。🚇Ⓜ️A線SPAGNA站步行5分　🏨Via Sistina 67/69　📞(06)67331　🛏️Ⓢ〜€600Ⓣ〜€650　192室	
維內多街周邊 MAP 別冊P9D2 **Hotel Bernini Bristol** ★★★★★	以骨董家具點綴的室內設計營造出高級氣氛，附有露台的套房也相當優雅。🚇Ⓜ️A線BARBERINI站步行7分　🏨Piazza Barberini 23　📞(06)488931　🛏️Ⓢ€350〜Ⓣ€560〜　127室	
羅馬西北部 MAP 別冊P4A1 **羅馬卡瓦利華爾道夫度假酒店** Rome Cavalieri ★★★★★L	坐落在馬力歐山丘的翠綠公園內，備有護膚＆健身中心等多元設施。🚇聖彼得廣場車程15分　🏨Via Alberto Cadlolo 101　📞(06)35091　🛏️需洽詢　370室	

有諳英語的員工　有餐廳　🏊有泳池　🏋️有健身房

高級飯店

這個層級則擁有各式各樣的飯店，例如以家庭式服務為賣點的飯店、將深富歷史情懷的宅邸裝修而成的小型飯店等，基本設備一應俱全，能在此度過舒適的假期。就來配合旅行目的挑選住宿地點吧。

康多提街周邊　**MAP** 別冊P15C2

Hotel d'Inghilterra

有如入住貴族宅邸的5星級飯店

鄰近康多提街的高級飯店，以長達160年的歷史自豪。自正面的玄關往內一路，馬上就會被豪華的裝潢給吸引，讓人目不轉睛。客房以骨董家具佈置，彷彿住進貴族宅邸般的典雅情趣，絕對能徹底感受奢華的氣氛，以壁畫裝式的餐廳也散發出高貴氛圍。飯店的地理位置相當方便，距離西班牙廣場僅有數百公尺。

↑散發沉穩氣息的正門，細節的裝潢也十分美麗
→大廳也相當氣派講究

DATA
交M A線SPAGNA站步行8分
住Via Bocca di Leone 14　電(06)699811
金⑤€320～　①€430～　89室　★★★★★

聖天使堡周邊　**MAP** 別冊P4B1

凱薩吉利奧酒店
Hotel Giulio Cesare

位於恬靜的住宅區

位於自地鐵站步行3分即到的住宅區內，施以高級裝潢的客房，能讓房客放鬆心情。歐陸早餐的菜色十分豐富，還有附設露天座的酒吧。

DATA
交M A線LEPANTO站步行3分
住Via degli Scipioni 287
電(06)3210751　金⑤～€290①～
€410　74室　★★★★

萬神殿周邊　**MAP** 別冊P17C2

Albergo del Sole al Pantheon

萬神殿前的小型飯店

1467年創業的歲月悠久飯店，在白壁上以陶瓦妝點的室內裝潢，給人清新脫俗的印象。位於Annex（別館）的套房中，還有可以自正面眺望萬神殿的房間。

DATA
交那沃納廣場步行6分
住Piazza della Rotonda 63
電(06)6780441　金⑤€140～
①€150～　25室　★★★★

共和廣場周邊　**MAP** 別冊P12A2

Hotel Quirinale

鄰近歌劇院的優雅旅館

位於直通歌劇院的路上，也有許多音樂家入住。以金色妝點的裝潢散發出奢華氣息。餐廳提供許多種類的葡萄酒，夏季也會開放中庭座席。

DATA
交M A線REPUBBLICA站步行2分
住Via Nazionale 7
電(06)4707
金⑤～€295①～€325　209室
★★★★

特米尼站周邊　**MAP** 別冊P12B3

地中海酒店
Hotel Mediterraneo

裝飾藝術樣式的典雅空間

客房設計採用散發優雅氛圍的古典風格。所有房間都有附設浴缸和空調。頂樓的空中花園餐廳是眺望羅馬的絕佳場所。

DATA
交M A・B線TERMINI站步行2分
住Via Cavour 15　電(06)4884051
金⑤～€327①～€408　267室
★★★★

那沃納廣場周邊　**MAP** 別冊P16A1

Hotel Raphaël

時髦的隱密飯店
宛如私下出遊般的享受

飯店前的石板路和爬滿藤蔓的正面頗具詩意，也有許多人被這隱密的氛圍所吸引，從此成為常客。每間各具風情的客房內，配有骨董家具擺飾，帶給人舒適放鬆的好心情，所有房間的設備也相當齊全，還可以從做為餐廳使用的露臺眺望羅馬街景。此外，飯店就位在那沃納廣場的不遠處，對於在羅馬觀光來說也是十分方便。

↑讓人放鬆心情的裝潢
→爬滿藤蔓的建築物醞釀出低調的獨特氛圍

DATA
交那沃納廣場步行2分
住Largo Febo 2　電(06)682831　金⑤€270
～①€320～　51室　★★★★★L

住宿於羅馬市內時，最多會被徵收10晚的城市稅。稅金收取方式依據飯店等級而異，從一星級1晚1人€3，到五星級L為1晚€7，10歲以下孩童則免稅。

羅馬・飯店

特米尼站周邊 MAP 別冊P12B3
Massimo d' Azeglio Hotel
歷史悠久的住宿空間與洞窟風格餐廳深具魅力

創業於1875年的悠久飯店。不只是位置方便，距離特米尼站僅步行3分程度，只要一踏入大廳，就能感受到與外頭喧囂有天壤之別的寧靜氛圍，可以享受沉穩的住宿時光。由穩重家具佈置的客房佐以典雅色調，打造出愜意空間。基本設施相當完備，同時兼顧舒適性與便利性。能讓人體會漫長歲月的洞窟風格餐廳也是氣氛絕佳。

↑以超過100年的歷史自豪 ←也常被用來做為活動會場的熱門洞窟餐廳

DATA
MA・B線TERMINI站步行3分
Via Cavour 18 (06)4870270
S～€301T～€376 185室 ★★★★

阿維提諾山丘 MAP 別冊P10B4
Hotel S. Anselmo
有如別墅般的寬敞空間

位於阿維提諾山丘上的飯店。客房附有浴缸（部分為淋浴室），是名符其實的4星級豪華旅館。可以從最高樓層的客房眺望特拉斯特維雷區。

DATA
MB線CIRCO MASSIMO站步行15分 Piazza S. Anselmo 2
(06)570057 S€160～T€180～ 34室 ★★★★

維內多街周邊 MAP 別冊P9D2
Hotel Barocco
優雅的私房飯店

地點極佳，可以俯瞰整座巴貝里尼廣場。裝飾藝術風的裝潢和附有大理石浴缸的客房都散發著優雅的氛圍。極具品味的早餐室也提供相當多樣的菜色。

DATA
MA線BARBERINI站步行1分
Via Purificazione 4
(06)4872001
S T€195～ 41室 ★★★★

梵蒂岡城國周邊 MAP 別冊P7C3
Hotel Columbus
整棟建築宛如一座美術館

建於1478年，如今仍保有建造當時的濃濃風情，館內可見中世紀的家具擺飾與濕壁畫。很受歡迎的義式餐館「La Veranda」也開放給一般客人用餐。

DATA
MA線OTTAVIANO站步行15分
Via della Conciliazione 33
(06)6865435 S€110～T€175～ 90室 ★★★★

人民廣場周邊 MAP 別冊P13C4
Hotel Valadier
為您帶來現代風格的服務

以大理石和黃金妝點的大廳讓人印象深刻，彬彬有禮的工作人員也相當機警。除了餐廳之外，飯店內還有空中庭園、葡萄酒吧&披薩店，應有盡有。

DATA
MA線FLAMINIO站步行7分
Via delle Fontanella 15
(06)3611998
S～€350T～€420 72室 ★★★★

特米尼站周邊 MAP 別冊P12A3 **Starhotels Metropole** ★★★★	寬敞的客房以方便愜意而深受好評。步行5分可達歌劇院。MA・B線TERMINI站步行5分 Via Principe Amedeo 3 (06)4774 S～€390T～€390 236室	
聖天使堡周邊 MAP 別冊P7C2 **Hotel Atlante Star** ★★★★	附按摩浴缸的套房和景觀良好的餐廳等都是魅力所在。MA線OTTAVIANO站步行10分 Via Vitelleschi 34 (06)6873233 S€100～T€150～ 85室	
特米尼站周邊 MAP 別冊P12A3 **Hotel Rex** ★★★★	離歌劇院相當近，前往特米尼站也十分方便。MA・B線TERMINI站步行5分 Via Torino 149 (06)4824828 S€100～T€150～ 48室	
聖天使堡周邊 MAP 別冊P6B3 **Starhotels Michelangelo** ★★★★	也提供商旅用的完善設備，機能佳、空間舒適。聖彼得廣場步行5分 Via della Stazione di S. Pietro 14 (06)398739 S～€350T～€350 179室	
西班牙廣場周邊 MAP 別冊P9D1 **Hotel Savoy** ★★★★	奢華的大廳展現出高雅品味，客房的機能完備，住起來相當愜意。頂樓酒吧也頗受歡迎。MA線BARBERINI站步行7分 Via Ludovisi 15 (06)421551 S～€350T～€410 124室	
特米尼站周邊 MAP 別冊P12A3 **Hotel Universo** ★★★★	距離歌劇院相當近的大型飯店。採現代化設備，能留下舒適愉快的投宿經驗。MA・B線TERMINI站步行5分 Via Principe Amedeo 5B (06)476811 S€195T€290 198室	

086 有諳英語的員工 有餐廳 有泳池 有健身房

其他推薦飯店

在交通樞紐的特米尼站一帶有許多飯店，從大型飯店到家族經營的小旅館，提供各種形式的住宿選擇，價格也相對低廉。若想節省旅費痛快購物的話，不妨考慮考慮。

人民廣場周邊　MAP 別冊P14B1
Hotel Mozart

鄰近西班牙廣場的好位置

位在小巷弄中，坐擁靜謐的環境。所有房間都有MINI BAR、電視、保險箱和燙褲機。2樓的沙龍提供英語報紙和雜誌。

DATA
🚇MA線SPAGNA站步行10分
🏠Via dei Greci 23B
📞(06)36001915
💰⑤€110～・①€130～　56室
★★★★

威尼斯廣場周邊　MAP 別冊P9C4
Hotel Bolivar

頂樓的早餐室相當舒適

位於鄰近威尼斯廣場的高地，地理位置便於參觀古羅馬遺址。雖然飯店不大，但有提供相通房、三人房等房型。

DATA
🚇MB線CAVOUR站步行12分
🏠Via della Cordonata 6
📞(06)6791614
💰⑤€110～・①€120～　30室
★★★★

特米尼站周邊　MAP 別冊P12A4
Hotel Raffaello

方便觀光的地理位置

將19世紀的建築物改建而成的飯店。入口和客房都採古典風格，呈現出讓人放鬆的氣氛。鄰近雪地聖母大教堂和圓形競技場。

DATA
🚇MB線CAVOUR站步行6分
🏠Via Urbana 3/5
📞(06)4884342
💰⑤€70～・①€95～　41室
★★★

那沃納廣場周邊　MAP 別冊P14A4
Hotel Portoghesi

位於觀光中心的好地點

鄰近那沃納廣場，地理位置相當方便。以花紋布料和骨董家具做裝飾的客房散發著明亮活潑的氛圍。飯店內還有高雅的休息室和頂樓露臺。

DATA
🚇那沃納廣場步行6分
🏠Via dei Portoghesi 1
📞(06)6864231　💰⑤€130～
①€200～　27室　★★★

那沃納廣場周邊　MAP 別冊P16A4
Hotel Teatro di Pompeo

西元前的劇場化身飯店

將建於西元前55年的劇場遺址重新改建的小型旅館。雖然外觀較不起眼，但採復古風味的客房深具魅力。飯店就位在山谷聖安德烈教堂附近。

DATA
🚇那沃納廣場步行8分
🏠Largo del Pallaro 8
📞(06)6872812　💰⑤€145～
①€190～　13室　★★★

那沃納廣場周邊　MAP 別冊P16B3
Albergo Santa Chiara

隱身於萬神殿後方的飯店

低調隱密的飯店。擺設著雕像與繪畫的大廳，與外觀形象大相逕庭，表現出優雅沉穩的開闊空間。頂樓的公寓型客房（無廚房）是團體客人的最愛。

DATA
🚇那沃納廣場步行6分　🏠Via Santa Chiara 21　📞(06)6872979
💰⑤€150～・①€225～　96室
★★★

奎里納雷山丘周邊　MAP 別冊P9C3
Fontana Hotel

獨佔特萊維噴泉

位於面向特萊維噴泉的位置。雖然客房略小，卻有著彷彿住進友人家中一般自在的空間。能俯瞰噴泉美景的房間只有10間，預約時務必主動詢問。

DATA
🚇MA線BARBERINI站步行10分
🏠Piazza di Trevi 96
📞(06)6786113
💰⑤€110～・①€200～　24室
★★★

梵蒂岡城國周邊　MAP 別冊P7C2
Hotel S. Anna

以壁畫裝飾的個性派客房

鄰近梵蒂岡城國。附設露台、整面牆繪有濕壁畫的客房，裝潢風格獨具個性。每間房間都附有保險箱和吹風機。

DATA
🚇MA線OTTAVIANO站步行10分
🏠Borgo Pio 134
📞(06)68801602
💰⑤€130～・①€150～　20室
★★★

大部分的飯店即便在辦理退房後，也會幫忙保管行李。寄放時，務必將貴重物品帶在身邊。若寄放的行李中有易碎物品，最好先行告知。

梵蒂岡城國周邊 **MAP** 別冊P6B1

Hotel Alimandi Tunisi

鄰近梵蒂岡博物館

就位在梵蒂岡博物館的入口附近，屋主阿里曼迪一家無微不至的親切服務，是這家飯店最為自豪的一點。客房的設備相當充實，住起來無可挑剔。

DATA
Ⓜ️A線OTTAVIANO站步行5分
🏠Via Tunisi 8　📞(06)39723948
💰Ⓢ€90～Ⓣ€90～　35室
★★★

那沃納廣場周邊 別冊P17C2

Albergo del Senato

獨享萬神殿景觀

將19世紀建築物改建而成的石砌飯店，裝潢也以古典風格的擺設為主，瀰漫著優雅的氛圍。可以從頂樓露台眺望萬神廟和羅通達廣場。

DATA
Ⓜ️那沃納廣場步行6分
🏠Piazza della Rotonda 73
📞(06)6784343　💰Ⓢ€95～Ⓣ€160～　56室　★★★

康多提街周邊 **MAP** 別冊P15C1

Hotel Condotti

古典風格的裝潢

距離西班牙廣場步行只需2分，對於在羅馬觀光或購物來說都相當方便。客房裝潢採用古典又雅緻的設計。別館則有客房裝置上促進放鬆效果的燈光。

DATA
Ⓜ️A線SPAGNA站步行6分
🏠Via Mario de' Fiori 37
📞(06)6794661
💰Ⓢ€117～Ⓣ€130～　26室
★★★

特米尼站周邊 **MAP** 別冊P12B2

Hotel Milani

方便前往其他都市的地理位置

雖然客房有些歲月，但在細心打理下依舊保持清潔。大廳裝設能免費使用的電腦，不過上網需付費。鄰近特米尼站。

DATA
Ⓜ️A・B線TERMINI站步行3分
🏠Via Magenta 12　📞(06)4457051
💰Ⓢ€69～Ⓣ€78～　75室
★★★

特米尼站周邊 **MAP** 別冊P12B2

Hotel Piemonte

工作人員十分窩心
溫馨的小旅館

特米尼站東北方座落著許多價格平實的旅館，這間就是其中之一。雖然客房大多窄小，也只提供最簡單基本的設備，但經過裝修後環境清潔。櫃檯人員的親切態度獲得不少好評，不管是觀光資訊或是前往其他都市的交通手段，都會細心地提供資訊。不過，最好不要在入夜後單獨在飯店一帶逗留。

↑在價格平實的飯店中特別推薦這家
→雖然客房不大，但相當乾淨

DATA
Ⓜ️A・B線TERMINI站步行4分
🏠Via Vicenza 32/c　📞(06)4452240
💰Ⓢ€60～Ⓣ€80～　44室　★★★

共和廣場周邊 **MAP** 別冊P12A2	在四通八達的民族街上，價格平實，是間住起來舒適的小型飯店。Ⓜ️A線REPUBBLICA站步行3分 🏠Via Nazionale 243　📞(06)4884996　💰Ⓢ€85～Ⓣ€95～　15室
Gea di Vulcano ★★★	
維內多街周邊 **MAP** 別冊P9D2	簡樸又乾淨的客房帶給您舒適的住宿體驗。頂樓的露台花園也讓人心曠神怡。Ⓜ️A線BARBERINI站步行3分 🏠Via Sistina 131　📞(06)4880878　💰Ⓢ€90～Ⓣ€120～　72室
Hotel King ★★★	
共和廣場周邊 **MAP** 別冊P12B1	工作人員既友善又親切，室內佈置則是以優雅的碎花紋妝點。Ⓜ️A線REPUBBLICA站步行10分　🏠Via Venti Settembre 58A 📞(06)4741133　💰Ⓢ€70～Ⓣ€90～　14室
Lilium Hotel ★★★	
康多提街周邊 **MAP** 別冊P15C1	方便購物的小型飯店。最上層的2間客房附有專屬按摩浴缸，相當受到歡迎。Ⓜ️A線SPAGNA站步行6分　🏠Via Mario de' Fiori 61　📞(06)6793061　💰Ⓢ€90～Ⓣ€130～　20室
Hotel Piazza di Spagna ★★★	
人民廣場周邊 **MAP** 別冊P13C3	以1920年代的家具統一出復古氣息，可在中庭享用早餐，供應至中午。Ⓜ️A線FLAMINIO站步行7分　🏠Via della Penna 22 📞(06)3610841　💰Ⓢ€150～Ⓣ€250～　66室
Hotel Locarno ★★★★	
康多提街周邊 **MAP** 別冊P15D2	雖然位在高級精品街上，但價格平實。大多數房間的浴廁採無浴缸的淋浴間設計，訂房時請多留意。Ⓜ️A線SPAGNA站步行8分　🏠Via della Vite 71-72　📞(06)6792976　💰Ⓢ€110～Ⓣ€180～　53室
Hotel Homs ★★★★	

♪Firenze♫♫

翡冷翠

聖十字教堂（→P112）
的獅子與天使像。獅子
是這座城市的象徵

Firenze 區域 *Navi*

重點一把抓！

① *Santa Maria Novella* MAP 別冊P20A2
新聖母瑪莉亞區

以建於14世紀的新聖母瑪莉亞教堂為中心的區域。教堂的後方為中央車站，是塊總是熱鬧無比的地區，還有許多歷史悠久的藥局和備受當地人推崇的餐館。

CHECK!
●新聖母瑪莉亞
（→ P113）

② *Via de' Tornabuoni* MAP 別冊P20B4
托納波尼街周邊

在托納波尼街一帶，除了總店位於翡冷翠的Salvatore Ferragamo之外，其他的知名品牌店也林立於此，是可以在此享受購物樂趣的區域。走進巷弄內，則可以看見許多平價的餐廳。

CHECK!
●名牌購物（→ P100）
●薩爾瓦托勒·菲拉格慕博物館（→ P100）

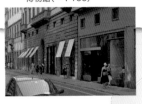

③ *Palazzo Pitti* MAP P18B3~4
碧提宮周邊

以梅第奇家族最大的宮殿——碧提宮和綠意盎然的波波利庭園為中心的區域。周邊的聖靈區有著許多工匠師傅的工作室，以及當地的熱門餐廳。

CHECK!
●碧提宮（→ P113）
●波波利庭園（→ P113）
●工匠精品（→ P102）

Galleria dell'Accademia
學院亞美術館 MAP 別冊P19C1

米開朗基羅的『大衛像』就收藏在這裡。附近有許多小型美術館，可以來一趟愉快的藝術散步。

Piazzale Michelangelo MAP 別冊P19C4
米開朗基羅廣場

地處高地，是能將翡冷翠市容一覽無遺的觀景處。廣場附近有咖啡廳，能度過一段悠閒的時光。

學院美術館

中央市場周邊 ⑤

新聖母瑪莉亞中央車站

梅第奇家族禮拜堂

新聖母瑪莉亞教堂

聖母百花大教堂周邊 ⑥

① 新聖母瑪莉亞區

② 托納波尼街周邊

維奇奧宮

烏菲茲美術館 ④

維奇奧橋 ④

③ 碧提宮周邊

訴說著文藝復興時期風華的城市，翡冷翠，以觀光據點的聖母百花大教堂為中心，整座城市規劃出緊密的街景，只要用雙腳就能充分遊覽主要觀光景點。就來感受古都風情，一面深入翡冷翠吧。

```
                    人潮眾多
聖母百花              ↑
大教堂周邊★     托納波尼街
                  周邊
            ★
觀  聖母百花美術館        美
光  ～維奇奧橋★          食
為                       購
主  聖十字★              物
    教堂     新聖瑪
            莉亞區
碧提宮周邊★
                   ↓     中央市場周邊
                  人潮偏少
```

4　*Galleria degli Uffizi～Ponte Vecchio* MAP 別冊P23C2〜3

烏菲茲美術館～維奇奧橋周邊

烏菲茲美術館展示著文藝復興時代巨匠的作品，可以徹底滿足欣賞藝術品的渴望。架於阿諾河上的維奇奧橋，是翡冷翠市內最古老的一座橋。這一帶遍布著翡冷翠的觀光重點。

CHECK!
●烏菲茲美術館(→ P96)
●領主廣場(→ P94)
●維奇奧橋(→ P95)
●維奇奧宮(→ P112)

5　*Mercato Centrale* MAP 別冊P21C1

中央市場周邊

中央市場是棟兩層樓的巨大建築物，有許多販賣托斯卡納食材的店家，最適合在此挑選伴手禮。市場附近還有不少兜售皮件的小販和平價的餐館。與梅第奇家族息息相關的景點也多散布於這區，人潮絡繹不絕。

CHECK!
●梅第奇・里卡迪宮(→ P111)
●梅第奇家族禮拜堂(→ P111)
●中央市場(→ P111)

6　*Duomo* MAP 別冊P21C〜D3

聖母百花大教堂周邊

該區以暱稱「Duomo（大教堂）」而聞名的聖母百花大教堂為中心，是翡冷翠的觀光重鎮。大教堂廣場有著咖啡廳和伴手禮店，南側一帶則是商店櫛次鱗比的繁華地帶。

CHECK!
●聖母百花大教堂(→ P92)
●喬托鐘樓(→ P93)
●聖若望洗禮堂(→ P93)

7　*Santa Croce* MAP 別冊P19C3

聖十字教堂

CHECK!
●聖十字教堂(→ P112)

以設有米開朗基羅和伽利略墓碑聞名的聖十字教堂為中心的區域。周邊除了有許多皮件、金飾的工作室和店家，也聚集了不少深受當地饕客喜愛的私房餐廳。

（地圖標示）
聖十字區
聖十字教堂
阿諾河 *Fiume Arno*
米開朗基羅廣場

翡冷翠玩樂行程

COURSE♪1

感受文藝復興的氣息
漫步花都的華麗絢爛

華麗絢爛的城市——翡冷翠，不但常在電影及小說中登場，也是列入世界遺產的歷史地區。在此整理出翡冷翠最具代表性的勝地，以及能充分玩樂的行程，既可從聖母百花大教堂和米開朗基羅廣場俯瞰市街，也能在保有中世紀風貌的維奇奧橋上賞玩象徵翡冷翠的傳統工藝。

行程比較表

逛街指數	♪♪♪	有不少階梯，移動起伏大
美食指數	♪♪♪	有視野良好的咖啡廳和傳統美食店
購物指數	♪♪♪	在維奇奧橋上鑑賞金飾珠寶
美麗指數	♪♪♪	欣賞美麗風景淨化心靈
文化指數	♪♪♪	遊歷文藝復興時期的重鎮
推薦時段	從大教堂圓頂開放入場的8:30起	
所需時間	建議預留5小時	
費用預算	門票€26＋餐費約€30＋伴手禮費	

🚉S.M.N.站步行15分

1. 聖母百花大教堂
   ↓ 步行即到
2. 喬托鐘樓
   ↓ 步行即到
3. 聖若望洗禮堂
   ↓ 步行10分
4. 領主廣場
   ↓ 步行5分
5. Buca dell'Orafo
   ↓ 步行1分
6. 維奇奧橋
   ↓ 步行15分＋巴士10分
7. 米開朗基羅廣場
   └🚌搭乘13號巴士約10分抵達

順道逛逛

→也有圓頂的雙層構造模型

大教堂博物館 MAP 別冊P21D3
Museo dell'Opera del Duomo

介紹聖母百花大教堂建築歷史的博物館。展示著鐘塔浮雕（→P93）和「天堂之門」浮雕的真跡。米開朗基羅的未完成的『聖殤像』（又稱佛羅倫斯聖殤）也不容錯過。📞(055)2302885 🕐9時～19時30分（週日為～13時45分，入館時間至閉館前45～50分截止）休無休💶共通票€10

※大教堂博物館現因修復工程而休館中，預計2015年11月重新開放

---

1 大教堂 MAP 別冊P21D3
（聖母百花大教堂）
Duomo (Cattedrale di Santa Maria del Fiore)

有著美麗拱頂的翡冷翠知名地標

俗稱大教堂，正式名稱為聖母百花大教堂。教堂的縱深153公尺，圓頂（Cupola）高約153公尺。雖然在許多建築家的協助下，歷經漫長的歲月打造出來，但圓頂卻遲遲無法動工；最後藉由公開招募，交給布魯內列斯基設計。他為了打造能承受磚瓦重量的圓頂，提出了雙層圓頂構造的建造計畫，而這嶄新的手法讓這巨大屋頂得以保持美麗的拱形。

DATA

🚉S.M.N.站步行15分 📞(055)2302885 🕐10～17時（11～4月的週四為～16時30分，5、10月的週四為～16時，週六為～16時45分，週日、假日為13時30分～16時45分。復活節前後的時間不定）※聖雷帕拉達教堂遺址為10～17時（週四同大教堂，週六為～16時45分，週日公休）休無休 💶免費（聖雷帕拉達教堂遺址的門票為共通票€10）

大教堂圓頂 🕐8時30分～19時（週六為～17時40分，入場時間至閉館前40分截止）休週日 💶共通票€10

1.東側景觀 右手邊的白色建築物是聖十字教堂（→P112）
2.西側景觀 可以眺望前方的喬托鐘樓
3.南側景觀 有著雄偉高塔的建築物是維奇奧宮（→P112）

重點看過來

塔頂尖端上的金色十字架和球體，是達文西等人在維洛及歐魔下學習時的作品。塔頂如今成為觀景台，可以360度欣賞翡冷翠的街景。

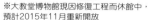

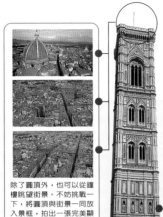

除了圓頂之外，也可以從鐘樓眺望街景。不妨挑戰一下，將圓頂與街景一同放入景框，拍出一張完美顯現翡冷翠風情的照片吧。

2 MAP 別冊P21C3

喬托鐘樓
Campanile di Giotto

以精緻雕刻妝點的大鐘樓

自1334年開工，於1359年完工的大鐘樓。鐘塔的高度約為84公尺。竣工時負責建築的是身兼畫家和建築家的喬托。然而喬托在鐘樓開工後不到3年辭世，只完成了第1層的部分，後來第2層由安德烈・比薩諾接手，第3～5層則由方濟各・塔倫提完成。可以看出各層都以不同手法建設而成。

DATA
🚇S.M.N.站步行15分 📞(055)2302885
🕐8時30分～19時30分（入場為～18時50分） 🚫無休 💶共通票€10

3 聖若望洗禮堂
Battistero di San Giovanni

翡冷翠最古老的建築物之一

MAP 別冊P21C3

為了奉獻給聖若望（施洗者約翰），於11世紀建設的八角形洗禮堂。中世紀時，包含但丁在內，有許多人都是在這裡受洗。14～15世紀時設置了3座青銅大門，南門由安德烈・比薩諾建造，北門和東門則由吉伯第製作。東門上頭有以舊約聖經為主題的浮雕，其傑作之美被米開朗基羅譽為「天堂之門」。

DATA
🚇S.M.N.站步行15分 📞(055)2302885 🕐11時15分～19時（週日、第1週六為8時30分～14時、6～9月的週四至六為～22時30分，入場時間至閉館前30分截止） 🚫無休 💶共通票€10

重點看過來

第1層有六角形的浮雕裝飾。以 1. 觀星 2. 釀酒 3. 放牧為主題，光是浮雕就有56處

Bar Perseo ♪ 在這邊休息一下！

就近眺望宮殿 MAP 別冊P23C1

正對領主廣場，可以從露天座眺望維奇奧宮。店家的自製甜點廣受好評，提供冰淇淋、聖代等。
🚇大教堂步行5分 🏠Plazza dell Signoria 📞(055)2398316 🕐7時30分～24時 🚫1月公休兩週

沿著Via Roma往南走，看見共和廣場後在Via d. Speziali左轉，接著在Via dei Calzaiuoli右轉後直走

↑巧克力和開心果的聖代 €9（右）和水果€10（左）

➡共和廣場。設有旋轉木馬，可以看見孩童開心玩耍的光景

重點看過來

天堂之門由左右合計10片的銅板所構成的浮雕，費時27年才完成。浮雕運用了透視法，可以看出遠近的效果。右側門扇從上面數來第3片的銅板左下，刻有吉伯第本人的形象。

天井畫描繪了聖若望的一生、舊約聖經中『最後的審判』的馬賽克畫。天花板的設計採雙重構造，從1220年開始費時超過1世紀才完成。聖母百花大教堂的設計師布魯內列斯基也參考了此結構。

※聖母百花大教堂的圓頂、聖雷帕拉達教堂遺址、喬托鐘樓、聖若望洗禮堂、大教堂博物館的通用票為€10。

地圖標示：
聖若望洗禮堂
最佳拍攝景點♪
大教堂博物館
聖母百花大教堂
喬托鐘樓
共和廣場 P.za della Repubblica
新市場迴廊 Bar Perseo
山豬像
領主廣場
維奇奧宮
烏菲茲美術館
Buca dell'Orafo
維奇奧橋
瓦薩利迴廊 Corridoio Vasariano
Cantina del Gelato
聖十字教堂
眺望維奇奧橋的好去處。這裡人潮較少，可以悠閒欣賞景緻
格拉奇橋 Ponte alle Grazie
阿諾河 Fiume Arno
波波利庭園
巴爾迪尼庭園
維尼庭園
波吉廣場 P.za Giuseppe Poggi
美景堡
米開朗基羅廣場

4 領主廣場
Piazza della Signoria
雕像林立的景致有如踏進露天美術館

過去曾是政治活動用的場所，現在則作為活動會場和市民休憩的所在。廣場周圍有Caffè Rivoire（→P115）等知名的咖啡廳，非常適合在此歇腳。南側則併排著切里尼製作的『帕修斯』等多座雕像。

DATA
大教堂步行5分

重點看過來
廣場的著名雕刻

廣場中央有姜波隆那的『科西摩一世騎馬像』，維奇奧宮前則有米開朗基羅的『大衛像』複製品，維奇奧宮旁還有『海神噴泉』，每一尊都是巧奪天工的雕刻，讓人大飽眼福。

大衛像（複製品）　海神噴泉　海克力士與卡科斯　掠奪莎賓婦女

➡也販售許多小木偶的商品

再走遠一些
新市場迴廊
Loggia Mercato Nuovo
MAP 別冊P23C1

熱情洋溢的皮製品、工藝品市場

販賣工藝品為主的市場，例如包包、化妝包、皮帶等皮件和服飾，以及大理石紋紙等文具。腹地內露天攤販櫛次鱗比，適合在此挖寶。

大教堂步行5分
9～20時左右（因店而異）
週一

⬅皮手環的價格約€5

➡狹小的空間裡擠滿了攤販

♪沿著Via Calimela走，就可以抵達新市場迴廊

➡色彩鮮艷的包包和化妝包等

➡Via Por S. Maria沿路上都是外幣兌換處和店家

la la check! ♪ MAP 別冊P23C1
希望能再來！
摸著山豬像的鼻頭許願…

新市場迴廊南側設有一尊山豬像，俗稱為『Porcellino』（小豬）。鉅說只要摸摸牠的鼻頭，就能再次造訪翡冷翠，也因此小豬的身邊總是擠滿了觀光客。若想拍張紀念照，需做好排上5分鐘左右的心理準備。

➡市場的人氣焦點，鼻頭被摸得閃閃發亮

---

5 Buca dell'Orafo
MAP 別冊P23C2

品嘗講究食材的托斯卡納美食

➡將地洞倉庫（Buca）做為店鋪

在被譽為美食之都的翡冷翠，最受當地饕客和追求美食的觀光客歡迎的知名餐廳。只使用嚴選在地食材的托斯卡納菜餚，道道美味無比。由於餐廳空間不大，建議事先訂位。

DATA
維奇奧宮步行1分　Via dei Girolami 28r　(055)213619
12時00分～14時30分、19時30分～22時30分　週日、一

➡牛肝蕈菇細寬麵€16

柔嫩的燉牛肉佐四季豆€18

↑店家櫛次鱗比的景色也獨具風情

翡冷翠的傳統工藝
金雕工藝

有「翡冷翠金雕」之稱，以精緻的雕花為特色，設計以花卉圖案居多。價格會因黃金的種類、時價和雕工的精細度而有所差異。

6 維奇奧橋
Ponte Vecchio

MAP 別冊P23C3

留有中世紀風貌的歷史古橋

架於阿諾河上，是翡冷翠最古老的橋。自中世紀前就搭建完畢，一度因洪水泛濫而被沖毀，後於1345年重建。16世紀中葉增建了瓦薩利迴廊，其風貌保存至今。橋的兩側設有成排的金飾店，從橋中央眺望阿諾河也相當有情趣。

DATA

必見

大教堂步行10分

在橋的中央一帶，有著名稱「翡冷翠金雕工藝之父」的本韋努托・切里尼胸像。他生於翡冷翠，15歲時進入金雕工房成為學徒。據說他相當崇拜米開朗基羅。

櫥窗陳列著耀眼迷人的金飾↑→

順道逛逛

Cantina del Gelato

MAP 別冊P23C3

位於阿諾河左岸，推崇自然、不使用人工色素的天然冰淇淋店。據說有著自1300年代傳承下來的秘密配方。推薦的組合是巧克力搭配翡冷翠當地的布翁塔倫蒂口味。

維奇奧橋步行3分
Via de Bardi 31
(055)0501617　12~23時（週一為14~20時）　冬季的週一

←布翁塔倫蒂&巧克力€2

↓沿著阿諾河沿岸，可以在左手邊看到烏菲茲美術館

↑穿過瓦薩利迴廊下方，沿著阿諾河沿岸走。在走過格拉奇橋後，於Lugarno Serristor路的巴士站搭13號巴士，車程10分

←連結維奇奧宮和碧提宮的瓦薩利迴廊

維奇奧宮　大教堂
維奇奧橋　喬托鐘樓

拍照POINT

7 米開朗基羅廣場
Piazzale Michelangelo

MAP 別冊P19C4

能盡覽街景的人氣觀景處

位於市街東南方丘陵的觀景地點。可以看到阿諾河對岸的聖母百花大教堂、維奇奧宮和維奇奧橋等市內景點。廣場周邊也有咖啡廳和小販。

DATA

格拉奇橋搭乘13號巴士約10分，在PIAZZALE MICHELANGELO巴士站下車即到

下巴士後，往左手邊走下階梯，其實就有一處觀景處。這裡的人潮相對較少，可以輕鬆愜意地眺望街景

大衛像前的廣場，是首先必訪的拍照景點。由於這裡總是擠滿了人，若要等到好位置必須花上一點時間與耐性

↑矗立於廣場的大衛像（複製品）

日暮時分的古都也非常美麗

前往米開朗基羅廣場的方法
在格拉奇橋的斜前方，Lugarno Serristor路的巴士站搭13號巴士即可。雖然車票可以上車後再向司機購買，但司機常常沒有剩餘的票券可賣。車票單程€2，若在售菸亭等地可以€1.20的價格買到。

※2014年7月時，維奇奧橋的瓦薩利迴廊關閉中，開放時間未定

COURSE 2

文藝復興美術的殿堂
烏菲茲美術館
Galleria degli Uffizi

在烏菲茲美術館，可以欣賞李奧納多‧達文西、拉斐爾和波提且利等巨匠的作品。美術館展示的藝術品有古代雕刻和13～18世紀的繪畫作品，從科西摩一世的兒子方濟各一世開始，梅第奇家族所蒐集的美術品皆收藏於此。建築物本身的歷史也相當悠久，當初是由梅第奇家族的科西摩一世委託建築師瓦薩利所建造，於1560年竣工。展示廳依照時代和作者分類，只要順著參觀路線，就能看出文藝復興時代繪畫的變遷。

行程比較表

遊街指數	♪♪♪	館內並不算太大，移動距離短
美食指數	♪♪♪	有著可以眺望大教堂的雅緻咖啡廳
購物指數	♪♪♪	有美術館商店
美麗指數	♪♪♪	向文藝復興時代的美女討教
文化指數	♪♪♪	可以看到梅第奇家族的珍藏品
推薦時段		若未預約建議在早上7時後抵達
所需時間		約1～3小時
費用預算		門票€6.50＋茶資約€10＋伴手禮費

烏菲茲美術館
Galleria degli Uffizi

MAP 別冊P23D2

大教堂步行5分
(055)2388651 8時15分～18時50分※最後入場、售票時間至18時5分截止 週一
€6.50 （特展時€10～11）

■預約入場服務 (055)294883(週一～五為8時30分～18時30分、週六為～12時30分) 預約費用€4

烏菲茲美術館
攻略法

1 購票方式

●未預約　入口位於面向阿諾河的左側，由於入口處總是排滿人龍，也因此相當容易辨識。人多的時候會有進場管制，最好一大早就前去排隊。

●有預約　事先利用入場預約服務電話預約參觀日期與時間、索取預約號碼。參觀當天，前往面向阿諾河右側的入場預約專用的3號櫃台，出示預約號碼及護照索取門票。入場時，從面向阿諾河左側的預約專用1號入口進場。

2 徹底活用導覽服務

使用美術館的便利工具——語音導覽，聆聽作品的製作年代、作者生平和宗教畫含意的解說。入口處有租借櫃台，提供英語等多國語言導覽，雖然目前尚未有中文語音，不過館內有販賣中文導覽手冊。語音導覽價格為1人用€6，2人用€10。參觀完畢後，於出口交還語音導覽。

3 將大包包寄放在衣帽間

入口處有安全檢查，太大的包包會被要求寄放在衣帽間。將行李寄放在衣帽間後，會拿到一張號碼牌。參觀完畢後，在出口處出示寄放時拿到的號碼牌，取回自己的行李。

4 拍照須知

雖然可從館內拍攝窗外風景，但須留意展覽室和展示品是禁止拍攝與使用閃光燈。務必遵守規則，才能舒服地鑑賞藝術。

※館內的展覽室和作品會不定時更換。

參觀路線

第7室	1 烏比諾公爵夫婦畫像
第8室	2 聖母子與天使
第10～14室	3 維納斯的誕生
	4 春
第15室	5 聖告圖

＊第一迴廊

第25室	6 聖家族
第28室	7 烏比諾的維納斯
第29室	8 長頸聖母
第66室	9 金翅雀聖母

＊第三迴廊

第一迴廊 3F

第8室

❶ 烏比諾公爵夫婦畫像
Duca e Duchessa di Urbino

皮耶羅・德拉・弗蘭且斯卡（1467～70年左右製作）

從古羅馬硬幣獲得靈感，描繪側臉的作品。背景的風景畫用上了透視法。過去曾以金屬零件將其固定成兩幅畫對望的形式，以掀開書本般的方式供人欣賞。

第10～14室

❸ 維納斯的誕生
Nascita di Venere

桑德羅・波提且利（1484年左右製作）

描繪美神維納斯誕生的作品。左側為風神澤費洛斯，右側為女神霍拉手持繡有雛菊花樣的衣裳，前來迎接維納斯。將稀釋的蛋黃和稀釋的亮光漆混合製成顏料，表現出濕壁畫般的質感。

皮耶羅・德拉・弗蘭且斯卡

1樓往3樓的階梯 | 1 | 喬托 | 電梯 | 入口（1樓） | 9 | 8 | 10 14 | 李奧納多・達文西 | 15 | 17 | 18 | 19 | 20 | 21 | 22 | 23 | 24

第一迴廊

桑德羅・波提且利
菲力普・利比

西蒙尼・馬提尼 第三迴廊

米蘭朗basic・博那羅蒂

第二迴廊

阿爾布雷希特・杜勒 | WC | 45 | 43 | 44 | 出口 | 35 | 樓梯

露台 美術館咖啡廳

第10～14室

❹ 春
La Primavera

桑德羅・波提且利（1482年左右製作）

據說是為了紀念梅第奇的當家羅倫佐的姪子結婚所繪製的作品。描繪著中央的維納斯和她的庭園。在畫面左邊牽著手的3位女子是三美神，被認為象徵著自由。飛在上方的則是被遮住眼睛的愛神邱比特。

第15室

❺ 聖告圖
Annunciazione

李奧納多・達文西（1472～75年製作）

描繪大天使加百列告知瑪莉亞處女懷胎的作品。橫長的構圖表現出2人之間的距離感。後方的背景則有托斯卡納當地特有的絲柏等精心繪製的細節，表現出畫家獨特的空氣透視法。

第8室

❷ 聖母子與天使
Madonna col Bambino e Angeli

菲力普・利比（1465年左右製作）

曾經是修道士的利比所繪出的代表作，柔和的表情和薄紗質感的呈現手法十分驚人，繪於後方的壯闊背景則是受到達文西的啟發。據說聖母子是參考他的妻兒所繪。

翡冷翠玩樂行程

第三迴廊 3F

被烏菲茲美術館包夾的石板地廣場上，矗立著許多偉人的雕像。這裡的每一尊雕像，都是激發出新藝術和新學問，並與翡冷翠有所淵源的偉大人物。

La La check! 別忘了從第二迴廊眺望戶外景緻！

View 廣布在阿諾河對岸的閑靜街廓，就是聖靈區，林立著許多繽紛的建築物。

View 可以遙望大批旅客湧來擁往的烏菲茲廣場對面的維奇奧宮。通往美術館的入口是面向建築物的右手邊。

View 能清楚看見連接碧提宮和烏菲茲美術館的大迴廊——瓦薩利迴廊與維奇奧橋相通的模樣。

烏菲茲美術館館內圖

1.聖像畫室 8.利比父子 9.波雷優羅 10.11.12.13.14.波提且利 15.李奧納多・達文西 17.數學室 18.八角形陳列室 19.1400年代錫納畫派 20.曼帖那、貝里尼 21.1400年代維內多繪畫 22.1400年代艾米利亞－羅馬涅繪畫 23.1400年代倫巴底繪畫 24.細密畫 33.希臘雕刻 34.古代與聖馬可庭園室 35.米開朗基羅和翡冷翠繪畫 42.妮娥碧室 43.梅姆林 44.1500年代維內多 45.1400年代維內多、溫布利亞繪畫

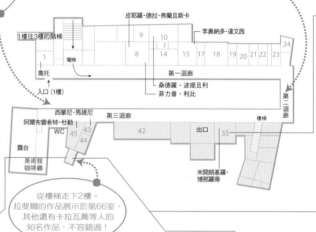

從樓梯走下2樓。拉斐爾的作品展示於第66室，其他還有卡拉瓦喬等人的知名作品，不容錯過！

第66室
9 金翅雀聖母
Madonna del Cardellino

拉斐爾・聖齊奧（1505〜06年左右製作）

描繪聖母、稚幼的耶穌基督和施洗者約翰的作品。約翰手上所握的金翅雀，象徵收受耶穌日後的受難。3名人物在構圖上呈三角形，給人安定的感覺。

也別錯過卡拉瓦喬的作品！

雖然展覽作品的中心為3樓，但也別錯過移往2樓展示室的卡拉瓦喬作品，收藏有『酒神』和『梅杜莎』等，不妨仔細欣賞他那強調寫實、光影對比的優異作品。從3樓往出口方向走便能看見展廳。

第74室
8 長頸聖母
Madonna dal Collo Lungo

帕米賈尼諾（1534〜39年左右製作）

將睡在聖母膝上的耶穌身體刻意拉長，是矯飾主義的代表作。右下角拉開卷軸的聖傑若姆身旁，有著畫到一半的聖人腳踝。

※作品所在的展示室有變更的可能

第35室
⑥ 聖家族
Tordo Doni

米開朗基羅
（1506～08年左右製作）

聖母將幼小的耶穌基督扛上肩膀，是一幅構圖上相當罕見的作品。這幅畫也可說是畫家除了壁畫以外的唯一畫作，強而有力的人物描寫方式很有雕刻家的風采，畫框的外緣還雕刻著耶穌基督、天使和先知。設計畫框的也是米開朗基羅本人。

第83室
⑦ 烏比諾的維納斯
Venere d'Urbino

提香（1538年製作）

描繪出維納斯手持象徵永恆愛情的玫瑰，窗邊有象徵愛情的香桃木盆栽，睡在腳邊的狗則代表忠誠。畫面後方繪有兩名侍者正在尋找維納斯衣物的模樣。

其他的 必看作品

第1室 『Maesta（聖母登極）』
喬托（1310年左右製作）
描繪聖母瑪莉亞與年幼耶穌的宗教畫，細細欣賞他的透視手法。

第43室 『聖告圖』西莫尼・馬提尼（1333年左右製作）
為了錫耶納大教堂的祭壇所畫的作品。

第15室 『耶穌基督受洗』
維洛及歐基奧納多，達文西（1473～78年左右製作）
天使和背景畫是由達文西所作。

第45室 『東方三博士的朝拜』
阿爾布雷希特・杜勒（1504年左右製作）
以鮮豔的色彩細膩描繪出植物和動物。

第60室 『聖母子與諸聖人』
羅索・費歐倫提諾（1518年製作）
頭上鑲有石頭的聖人是後人改畫的。

第49室 『年輕時的自畫像』
林布蘭（1664年左右製作）
在林布蘭畢生所繪製的約80幅自畫像中碩果僅存的一幅。

第90室 『以撒的犧牲』卡拉瓦喬（1603年左右製作）
描繪出天使試圖阻止亞伯拉罕獻祭兒子以撒的作品。

鑑賞藝術後的紀念…
美術館商品
美術館商店分別位在入口處和出口處兩地，店內除了販賣圖錄外，以館藏作品為設計的商品也很受歡迎。還有T恤和飾品等商品。

←桌曆
方便帶回、不佔空間的主題別桌曆，有天使和大衛像等圖案的大型€10、中型€6等尺寸。

↓磁鐵 『維納斯的誕生』磁鐵€5想用在書桌或是廚房

↑拭鏡布 印有『春』的拭鏡布€4.90

→手鏡
『春』裡面的花神芙蘿拉的手鏡€6

↓原子筆 印有『梅杜莎』的原子筆€4.50

←提袋 以『春』為主題的塑膠加工提袋€18.50～，質地堅固，可以廣泛運用

♪ 在這邊你息一下！
美術館咖啡廳

美術館咖啡廳位於第45室前方。細長的店內供應著義式濃縮咖啡和卡布奇諾，也可以品嘗輕食。往店內走則可來到戶外的露天座，能夠遠眺聖母百花大教堂。最適合用來轉換心情。

綠意環繞、空間開闊的露台

餅乾€3
拿鐵咖啡€4.50（內用）
和義式脆

馬其頓糖漬水果€8

翡冷翠玩樂行程

COURSE♪3
在托納波尼街周邊
名牌＆雜貨巡禮

以托納波尼街為中心，在新市場迴廊和斯特羅齊路上，有著讓人滿心嚮往的義大利名牌店，以及販售著個性派雜貨的商店。避開大部分店家公休的週日，上街購物去吧。

行程比較表

遊街指數	♪♪♪	移動範圍不大，走起來並不吃力
美食指數	♪♪♪	有供應托斯卡納菜的餐廳和酒吧
購物指數	♪♪♪♪	從憧憬的義大利名牌到雜貨應有盡有
美麗指數	♪♪♪	提升品味，磨練獨特的時尚美學
文化指數	♪♪♪	品味石造建築和街道的氛圍
推薦時段		名牌店開張的10時前後
所需時間		2小時以上
費用預算		購物費＋餐費約€20

┌─ 大教堂步行10分

1 Salvatore Ferragamo
↓ 就位在同一棟建築內，步行即到

2 薩爾瓦托勒・菲拉格慕博物館
↓ 沿著托納波尼街往北走，路旁兩側有許多名牌店。步行3分

3 Prada
↓ 繼續沿著托納波尼街前進步行1分左右

4 Gucci
↓ 往位於店鋪斜對面的斯特羅齊街走，步行2分

5 Bottega Veneta
↓ 從斯特羅齊街轉往新市場迴廊。靠右前進，步行2分

6 Sermoneta Gloves
↓ 以新市場迴廊的終點為目標移動，步行2分

7 Controluce
└─ 步行15分抵達大教堂

6 Sermoneta Gloves
MAP 別冊P20B4

充滿時尚精神的手工皮手套

總店位於羅馬，2011年於翡冷翠開設分店的知名皮手套店。除了色彩多樣的皮手套之外，也有獨自設計的帽子和披肩等，販售的種類相當多元，可以慢慢挑選。

↑男用鹿皮手套€149，內裡為喀什米爾羊毛

DATA
大教堂步行10分
Via della Vigna Nuova 28r (055)285305
10～19時 週日

➡適合在這邊尋找個性派商品

7 Controluce
MAP 別冊P22A1

邂逅不禁想下手的個性派雜貨

雖然這家店主要販賣燈飾等照明用具，店內還是網羅了廚房用品、文具、居家擺飾品等設計新潮、獨特的商品。

DATA
大教堂步行15分
Via della Vigna Nuova 89r
(055)2398871
9時30分～19時30分（夏季為9時30分～13時30分、14時30分～19時30分，週一為14時30分～） 週日

⑦

↑小小的店內擺滿了各式商品

2 薩爾瓦托勒・菲拉格慕博物館
Museo Salvatore Ferragamo
MAP 別冊P22B1

讓人目不轉睛的精緻鞋款

紀錄下1898年誕生於博尼托村的第一代菲拉格慕的人生軌跡，並讚揚其成就的博物館，展示他過去在設計時所使用的著色木型鞋楦、名人曾實際穿過的鞋子等。

DATA
大教堂步行10分 Pia zza
S. Trinità 5r (055)3562846
10時～19時30分 無休
€6

設計時尚的獨創文具€14～

午餐spot

Osteria Belle Donne

重視當季食材的家庭料理

很受當地人喜愛的家庭式餐館，由曾在翡冷翠頂級餐廳磨練的主廚，為客人端出簡樸但變化豐富的家常菜。該店特別講究季節食材，堅持在第一道主食、第二道主菜使用大量的當令鮮魚和蔬菜。

🚉S.M.N.站步行5分 🏠Via delle Belle Donne 16r 📞(055)2382609 🕐12～15時、19～23時 🈺無休

翡冷翠‧托納波尼街周邊

再走邊一些 **新聖母瑪莉亞藥局**
Officina Profumo Farmaceutica di Santa Maria Novella

有著莊嚴外觀的老字號藥局 🗺別冊P20A2

1221年，由來到翡冷翠的多明尼克教派神職人員所開設，據說是全世界最古老的藥局。週一～五會開放展場，展示修道院時期所使用的藥水壺和磨砵等。

🚉S.M.N站步行5分 🏠Piazza della Scala 16 📞(055)216276 🕐9～20時 🈺8月中旬公休一週

→購買即可幫助古蹟修復的香水€70

→述說著歷史的莊嚴入口

P.za Antinori

以傳統風味的單品聞名的名牌，想找鞋子和包來這裡就對了

V. d. Corsi

Max Mara簡單的剪裁和配色十分受上班族女性歡迎

● Max Mara

Tod's ●

托納波尼大街 *Via de' Tornabuoni*

Osperia Belle Donne

4 Gucci

寬敞的賣場中販賣著鞋子、包包、衣著等等，各種商品一應俱全。
DATA➡P117

⑥

⑤

● Procacci

有許多如FURLA、LA PERLA、LIU JO等休閒風格的名牌店

→與葡萄酒相當搭的松露三明治

♪ **在這邊休息一下！**

Procacci 🗺別冊P20B4

享用頂級的松露三明治與葡萄酒

1885年創業的老字號食材店。店內設有座席，可以品嘗招牌的松露三明治€1.80和鹹派€5～。也務必嘗嘗Antinori的葡萄酒單杯€4和氣泡酒Prosecco€4.50。

🚉大教堂步行5分 🏠Via de' Tornabuoni 64r 📞(055)211656 🕐10～20時 🈺週日、8月 公休3日

穿過拱門後就會抵達共和廣場，面對廣場的右手邊，🅷Pendini飯店的前方有計程車招呼站

新維尼亞街 *Via della Vigna Nuova*

斯特羅齊街 往共和廣場→
Via del Strozzi

④

● 斯特羅齊宮
Palazzo Strozzi

義大利最具代表性的品牌，男女用服飾的選擇五花八門

5 Bottega Veneta 🗺別冊P20B4

在高級皮件老店尋找喜歡的款式

以編織包「Intrecciato」打響名氣，於1966年創業的知名義大利品牌。最近將店面搬至這裡重新翻修，商品數也更為多元。

↓搬家後更擴大店面

DATA
🚉大教堂步行10分 🏠Via del Strozzi 6 📞(055)284735 🕐10～19時（週日為14時～）🈺8月的週日

3 Prada

從衣物到配件品項豐富，也可以參考展示櫥窗。
DATA➡P117

③

● Giorgio Armani

● Celine

● Emilio Pucci

從配件到服飾一網打盡的豐富款式是一大魅力，這也是出產國家才有的特色

聖三一廣場
P.za S. Trinità

聖三一教堂
Santa Trinità

←詳細解說菲拉格慕製鞋的歷史

↓Vara系列的低跟鞋

②①

最新系列也別錯過了

1 Salvatore Ferragamo 🗺別冊P22B1

講究設計感和舒適性的老店

深受奧黛莉‧赫本等名人喜愛而出名的品牌。囊括所有設計線的商品量，是總店的專屬優勢。最為推薦將經典設計翻新的單品。

DATA
🚉大教堂步行10分 🏠Via de'Tornabuoni 14r 📞(055)292123 🕐10時～19時30分（週日為11～19時）🈺8月的週日

N

0 50m

翡冷翠玩樂行程

COURSE♪4

在阿諾河一帶尋覓
工匠精品

來到了保存昔日傳統工藝的翡冷翠，推薦來此尋找工匠（Artigiano）技藝大放異彩的個性洋溢商品。前往將阿諾河給團團圍繞的聖徒村街、帕里奧內街、聖靈街，踏著石板路一面尋覓命中注定的精品吧。

行程比較表

遊街指數	♪♪♪	步道狹窄，石板路多較容易腳痠
美食指數	♪♪♪	聖靈街上有餐廳
購物指數	♪♪♪	買下翡冷翠的傳統工藝品吧
美麗指數	♪♪♪	觀摩工匠的絕活
文化指數	♪♪♪	感受悠久歷史孕育出的工匠手藝
推薦時段	避開13時～15時30分午休時段的上午或下午前往
所需時間	約3小時
費用預算	購物費+餐費約€20

🚶 大教堂步行10分

聖使徒村街
往西前進，路不大，經常會有車輛和觀光馬車通過，小心別走到車道上。步行5分

帕里奧內街
往西前進，和在聖使徒村街相同，要小心車況。步行1分

卡萊亞橋
沿著左側前行。過橋後在第1個路口左轉，步行1分

聖靈街周邊
🚶 步行15分抵達大教堂

用上大理石紋紙製成的手環

把天使繫在一起的銀製手鍊

Borgo Santissimi
聖使徒村街

① La Bottega dell' Olio

🅼🅰🅿 別冊P22B2

**食用油與保養品…
橄欖油產品琳瑯滿目**

販售義大利各地生產的橄欖油，以及橄欖相關製品的店舖。每一項油品都是老闆精挑細選的優質產品。一瓶約500ml€15～20左右，適合做為伴手禮。

↑店內販售著各式各樣的橄欖製品

DATA
🚇大教堂步行10分
🏠Piazza del Limbo 2r
📞(055)2670468
🕐10～13時、14時～18時30分（週一為14時30分～）
🚫週日、1月和8月公休一週

↑散步途中也會看見如此愜意的光景

↑除了橄欖油之外，也有添加橄欖成分的肥皂和護手霜等等，藥妝產品相當豐富

Made in 翡冷翠

大理石紋紙
將染料倒入特殊液體中產生圖紋，再將紙張撈起裱紙，每張的紋路都不同。

金飾
據說是以伊特魯里亞的文化為基礎，在文藝復興時期發展出金雕技術。

皮件
越用越有質感的工藝品。從小收納包到包包，擁有多樣的皮製品。

② Simone Abbarchi

➡也可以
訂作領帶

MAP 別冊P22B2

在手工製造的大本營
訂製屬於自己的襯衫

接單製作的襯衫專賣店。有超過1000種的
布料，可以配合個人喜好選擇顏色和設
計，製作出心目中的獨一無二襯衫。費用
會因資料不同而有所差異，參考價格為
€100～170。

⬅散發出時髦感的設
計深得當地男性喜愛

➡也可以寄到國外（需付費）

DATA
🚶大教堂步行10分 🏠Borgo Santissimi
Apostoli 16 📞(055)210552 🕐10時30分～13
時、15時30分～19時（9～6月的週一為15時
30分～）🚫週日、7月和8月的週六

➡細緻銀雕十
分美麗湯匙，
價格約€32～
68

➡附有翡冷翠
知名意象墜飾
的手環€160～

⬇舞姿迷人的
天使燭台€22～

③ Solo a Firenze

MAP 別冊P22B2

可以買到極為講究的
翡冷翠手工藝品

由老闆艾蕾娜女士親自網羅翡冷翠個性
派商品的商店。店內有銀飾工匠的老闆
父親親手打造的作品，以及當地藝術家
的布製商品和陶藝作品等，擺滿了各式
雜貨。

⬆適合來此
購買翡冷翠
的伴手禮

DATA
🚶大教堂步行10分 🏠Borgo Santissimi
Apostoli 37r 📞(055)216324 🕐10時30分～
13時30分、15～19時 🚫週日

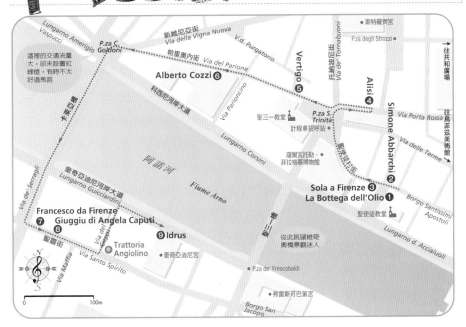

往共
和廣
場 →

Lungarno Amerigo
Vaspucci

新維尼亞街
Via della Vigna Nuova

P.za C
Goldoni

V.d. Purgatorio

斯特羅齊宮

P.za degli Strozzi •

這裡的交通流量
大，卻未設置紅
綠燈，有時不太
好過馬路

帕里奧內街
Via del Parione

Via del Pareione

Vertigo
⑤

托納波尼街
Via de' Tornabuoni

Alisi
④

卡萊亞樓

Alberto Cozzi ⑥

科西尼河岸大道

Via Parioncino

聖三一教堂

P.za S.
Trinita
計程車招呼站

Lungarno Corsini

薩爾瓦托勒・
菲拉格慕博物館

Simone Abbarchi
②

Via Porta Rossa

Via delle Terme

往烏
菲茲
美術
館 →

阿諾河

Fiume Arno

Lungarno Guicciardini
董奇亞迪尼河岸大道

Via de' Serragli

Francesco da Firenze
⑦
Giuggiu di Angela Caputi

聖靈街

⑨ Idrus

Trattoria
Angiolino

Via Santo Spirito

Via Mattia

Solo a Firenze ③
La Bottega dell'Olio ①

Borgo Santissimi
Apostoli

聖使徒教堂

Lungarno d. Acciaiuoli

聖三橋

從此眺望維奇
奧橋景緻迷人

• 董奇亞迪尼宮

• P.za de' Frescobaldi

0   100m

• 弗羅斯可巴諾宮

Borgo San
Jacopo

Via del Parione

帕里奧內街

再走遠一些

Il Bussetto di Giuseppe Fanara

MAP 別冊P18B2

一流名牌也讚不絕口
極致的簡樸風與皮革的溫度

以鐵鎚狀的「Bussetto」工具，打造出獨特光澤的皮作店。能一手掌握的圓型零錢包相當出名，設計簡單又兼具高品質，連Armani等時尚名牌也會向他們下訂單。

🚇 S.M.N.站步行10分
🏠 Via Palazzuolo 136r
📞 (055)290697　🕐 9～13時、15時30分～19時30分（週日僅9～13時）
⛔ 週日

➡零錢包有3種尺寸€35～

享受在阿諾河沿岸漫步的樂趣吧！

④ Alisi

MAP 別冊P22B1

融合新舊風格
研發嶄新設計的珠寶

設計可愛的Piccolo Principe（小王子）相當受到歡迎。有許多以動物或天使為主題的設計。耳環或耳飾的價格為€350～，也接受訂製，亦能寄送到國外。

↓只賣墜飾的話€120～（銀製）

➡將細膩的金雕工藝與現代風格融合的耳飾€1100～

DATA
🚇 大教堂步行10分　🏠 Via Porta Rossa 60/r　📞 (055)218231　🕐 10時～13時30分、15～19時　⛔ 週日、7月和8月的週六下午、週一上午、8月公休兩週

↑不分男女廣受喜愛
➡18K金的小王子吊飾€250～

↑鑲嵌寶石的戒指€3300～

⑥ Alberto Cozzi

MAP 別冊P22A1

將歷經歷史淬鍊的
翡冷翠伴手禮帶回家

製作大理石紋紙和皮革精裝書的專業店舖。自1908年創業以來，如今已是第四任老闆的里卡多先生仍堅守著傳統技法。店裡有老闆遵循古法製作出的文具，以及大理石紋紙的信紙組€8等價格較平實的伴手禮。

➡擁有許多使用大理石紋紙製作的文具

DATA
🚇 大教堂步行10分
🏠 Via del Parione 35r　📞 (055)294968
🕐 9～13時、14時30分～19時（週六為15時～）
⛔ 週日、8月公休一週

⑤ Vertigo

MAP 別冊P22B1

工匠親手打造的
頂級珠寶

無論設計和水準皆深獲讚譽的寶石店，所有商品都是由寶石工匠阿雷西歐與設計師碧翠絲手工打造，可以直接在店內的製作空間購買剛做好的商品。價格方面，墜飾€350～，耳環€600～，手環€1200～

↑以認真的神色製作
←刻上傳統花紋的作品，目前方為€2900
➡鑽石與白金的手鍊€7300～

DATA
🚇 大教堂步行15分
🏠 Via del Parione 22r
📞 (055)289709
🕐 10～13時、15～19時
⛔ 週日、7月和8月之外的週一、7月和8月的週六、8月中旬

➡以大理石紋紙製作的小收納盒€7～

↑皮製的書衣€40，有8色可供挑選

←第四任老闆里卡多先生

Via Santo Spirito
聖靈街周邊

翡冷翠・工匠精品

↑繽紛可愛的胸針€53

右側直書：每天都在店面後方的工作室製鞋

⑦ Francesco da Firenze

MAP 別冊P22A2

使用高品質皮料製作
舒適度絕佳的鞋子

在聖靈區已經傳承了三代的皮
鞋店。所有的鞋子都使用小牛
皮製作，將其製成柔軟合腳的
鞋款。訂做涼鞋的話需1～2
日，皮鞋及靴子則需花上1個月
左右的時間完成。

↓也有販售懶人鞋和綁帶鞋

DATA

🚇大教堂步行15分 🏠Via Santo
Spirito 62r ☎(055)212428 🕐9時
30分～13時、15時30分～19時30
分 🈺週日

←設計簡
單、穿起來舒
適的涼鞋€59
～，有各種顏色
可供選擇

↑以鞋帶畫龍點睛的
靴子€170～，越穿越
有質感

⑧ Giuggiu di Angela Caputi

MAP 別冊P22A2

翡冷翠人也愛不釋手
魅力在於多元設計與百搭性

其商品在日本的複合式精品店也很
受好評的飾品店。以塑膠為材料製
作的誇張設計為一大特色，在時尚
簡約的店內可以買到項鍊、手鍊、
胸針等各種飾品。店內後方設有工
作室，不斷創造出新的設計款式。

↑擺設非常
簡約的店內

DATA

🚇大教堂步行15分
🏠Via Santo Spirito 58r
☎(055)212972
🕐10～13時、15時30分～19時
30分
🈺週日、9～6月的週一、7月和
8月的週六、8月中旬公
休一週

➡項鍊價格為
€150～

⑨ Idrus
MAP 別冊P22A2

用色豐富的時髦手工珠寶

翡冷翠出身的珠寶設計師──亞力山卓・巴雷
里尼的工作室兼精品店。一個個手工製
作的珠寶，揉合了傳統與現代，營造出具有躍
動感的設計。推薦以EXT系列的戒指搭配出自
己的味道。

DATA

🚇大教堂步行15分
🏠Lungarno Guicciardini 19r ☎(055)268148
🕐10時30分～13時、15時30分～19時30分（週
一為15時30分～） 🈺週日
↓全部都是手工製作

↑雕工精細的
MAGIA系列戒
指

↑使用法瑯和
銀製作出鮮豔的
EXT系列。戒指
€120～，耳環
€220

美食 SPOT在這裡
MAP 別冊P22A2

Trattoria Angiolino

道地的翡冷翠人
端出傳統菜色

全世界追尋道地翡
冷翠美食的遊客都
會來到這間店。在
稍細的筆管麵上，

↑採用開放式廚房的店內

灑上了葡萄酒燉煮牛排肉後熬成的特製醬汁，招
牌菜Pennette dell' Angiolino€9是店家最自豪的
第一道主食。第二道主菜則有牛排、燉牛肚等豪
邁菜色。🚇大教堂步行15分 🏠Via Santo Spirito
36r ☎(055)2398976 🕐12時30分～14時30分、
19時30分～22時30分 🈺無休

↓滋味濃醇的肉醬相當美味

COURSE 5
還是想看比薩斜塔！
比薩一日遊

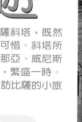

Pisa Firenze
Roma

以伽利略的自由落體實驗而遠近馳名的比薩斜塔，既然都來到了翡冷翠，不去比薩看看似乎有些可惜。斜塔所在的比薩（Pisa）在十世紀時，可是和熱那亞、威尼斯和阿瑪菲齊名的義大利海洋四大王國之一，繁盛一時。從翡冷翠到比薩搭乘火車約1小時，來趟走訪比薩的小旅行吧。

行程比較表

遊街指數	♪♪♪	搭乘巴士的話就不需走太多路
美食指數	♪♪♪	廣場一帶有很多可以放輕鬆的咖啡廳
購物指數	♪♪♪	廣場有許多販賣伴手禮的攤販
美麗指數	♪♪	一定要看看莊嚴的大教堂廣場
文化指數	♪♪♪	觀賞大教堂廣場的壯麗建築
推薦時段	上午	
所需時間	包含自翡冷翠出發的移動時間約5小時	
費用預算	門票€25＋交通費＋餐費＋購物費	

←開往比薩的火車內部
↓前往比薩的單程票€8

1 翡冷翠的
新聖母瑪莉亞中央車站

↓搭乘火車約1小時

2 比薩中央車站

↓穿過站前大道，在NH飯店前的巴士站搭乘LAM巴士，車程約10分

3 大教堂廣場

└ 因搭乘LAM紅線巴士約10分
抵達比薩中央車站

翡冷翠的
1 新聖母瑪莉亞中央車站
Staz. Centrale della S.M.Novella　**MAP** 別冊P20A1

**出發前往比薩！
也別忘了欣賞車窗外的美景**

抵達新聖母瑪莉亞中央車站後，就在站內的自動售票機購買F.S.-PISA CENTRALE的車票。一般來說，開往比薩的電車是在面對月台左後方的月台發車。

↑搭乘地方火車前往比薩。搭車前別忘了打印

2 比薩中央車站
Staz. F.S.-Pisa Centrale　**MAP** P107

**到站了！
要記得確認回程火車的時間**

一抵達比薩中央車站，就先確認回程的火車時刻吧。開往翡冷翠的班車，大約是每一個小時發一班。走出車站後，眼前就是一片有著噴水池和巴士迴轉道的廣場。

巴士的特徵是黃色車身配上紅色線條

想前往大教堂廣場的話…

穿過站前廣場後，會看到NH飯店前的巴士站，在此搭乘LAM紅線巴士。雖然車票可以向司機購買，但司機常常沒有剩餘的票券可賣，建議先在售菸亭等地購買。車票€1.10（車內€1.50）車程約10分。

推薦買這個當伴手禮！

↑在大教堂廣場周邊的攤販發現了這個！分別是大教堂廣場造形的模型€3（左）和裝橢斜塔造形瓶的橄欖油€5（右）

←NH飯店前的巴士站
←有著一道道相連拱門的比薩中央車站

3 大教堂廣場 MAP P107
La Piazza del Duomo

前往迷倒來訪遊客的奇蹟廣場

比薩的大教堂廣場有世界美景之譽，與市區北側的城牆相鄰。境內聳立著大教堂、斜塔、洗禮堂和墓地等四座建築物，建構出這片和諧的景色，也令其被譽為「奇蹟廣場」。由於巴士會停靠在聖母瑪莉亞側門，建議可在壁畫草稿博物館購票後，依照洗禮堂、大教堂、斜塔的順序參觀。

DATA
🚌比薩中央車站搭乘LAM紅線巴士10分
📞(050)3872210 🕐開館時間視建築物和季節而異，例如4~9月的斜塔為9~21時。
※2015年的入場截止時間為閉館前30分 💰斜塔€18、斜塔以外的景點為通用票
※詳細請參照下欄

購票的小建議
廣場上共有5處景點可參觀，售票處則分別位在納骨堂旁、壁畫草稿博物館2地。採用在櫃台選擇想參觀建築的售票方式，斜塔以外的景點門票依照配搭方式而異。參觀1處為€5，2處為€7，3處為€8，4處為€9。

🍴午餐spot

El Salvador MAP P107
參觀大教堂的休息&午餐場所
大教堂廣場附近的酒吧，除了當地人以外，也吸引許多遊客造訪。提供份量飽滿、口味多元的帕尼尼三明治€2.50~，以及義大利麵、沙拉等餐點，最適合做為觀光途中的休息處和輕便用餐處。平實價格也是魅力所在。⏱大教堂廣場步行1分 📍Via Roma 74 📞(050)561937 🕐7~18時（週日為8時~）休夏季以外的週六

↓四層樓的正面，頂端聳立著聖母像

↑從洗禮堂方向看去的大教堂廣場

洗禮堂
Battistero
佇立在大教堂正對面的建築為洗禮堂。以彩繪玻璃裝飾的美麗堂內，以優異的擴音效果而聞名，參觀重點為由尼可拉·比薩諾所打造的講壇。此外，上層有可以從窗戶欣賞大教堂正面的觀景處，可在此拍攝紀念照。

重點看過來
由喬凡尼·比薩諾的父親尼可拉·比薩諾所打造的講壇。柱頭上刻有小小的海克力士像。

↑混合了羅馬式和哥德式風格的建築物

壁畫草稿博物館
Museo Sinopie
收藏並展示約50幅壁畫草稿（Sinopie）的博物館。所謂的壁畫草稿，是在塗上粗灰泥與石灰的牆面上，以紅褐色的特殊顏料描繪的草圖，可以在此欣賞完整的模樣。由於規模並不大，大約20分鐘就可以參觀完畢。

←有高度藝術價值的草圖

重點看過來
喬凡尼·比薩諾所打造的講壇。以新約聖經為題材的雕刻栩栩如生。

（地圖）納骨堂 WC 大教堂 免費寄物處 舊票處 洗禮堂 斜塔 旅客服務中心 劇院美術館 售票處 壁畫草稿博物館 往比薩中央車站 El Salvador

大教堂
Duomo
因地中海貿易而致富後，於1063年開始建設，在13世紀時完成正面，被譽為比薩羅馬式建築的最高傑作。內部有讓伽利略發現鐘擺原理的吊燈，以及喬凡尼·比薩諾打造的講壇等，可看之處相當多。

用上白色大理石的羅馬式建築

斜塔
Torre Perdente
1173年以做為大教堂的中樓而開始建造，於1350年完工，設計由博納諾·比薩諾操刀。這座由八層直徑17公尺的圓柱構成的塔樓，最早在1185年發現傾斜的現象。參觀行程約30分須由警衛伴隨，並在入場券註記時間的10分前至入口處集合。（※註1）

要擺什麼姿勢？
拍出上相的斜塔紀念照吧！
和斜塔拍紀念照，您想擺出哪種姿勢呢？

撐住斜塔　伸手輕觸　推倒

重點看過來
斜塔的地基柱頭上刻有動物圖案的裝飾。還是在開工的數個月後完成的。

註1：前往入口集合前，必須先去售票處旁邊的免費寄物處，必須將相機以外的所有物品放入置物櫃中。

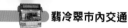

翡冷翠市內交通

翡冷翠觀光基本上以步行為主

遊逛重點

留意街名和門牌號碼

一般來說，街名和廣場名大多標示於交叉路口上的建築物2樓一帶。而門牌號碼則標示於門上或大門旁，在街道名的旁邊標有奇數號碼，對向則是偶數，依照順序排列下去。此外，翡冷翠的門牌標示依照顏色劃分，分為代表一般住宅的黑色（nero）、代表商店等的紅色（rosso）。當同一條街上有住宅與店家時，門牌號碼雖然會變得不規則，實際上還是依照黑色、紅色各自排列順序。

將市區劃分為四大區域

翡冷翠市內分為聖若望區、新聖母瑪莉亞區、聖十字區和聖靈區等四大區域，分別以坐落在中心地帶的教堂命名，由此可見居住於此的人民擁有強烈的地域意識。

小心罷工！

義大利的交通機關罷工活動相當頻繁，而在翡冷翠則是經常發生計程車司機的罷工行動。罷工通常會選在平日，並會持續一整天。

交通速見表

怎麼搭最方便 看了就知道！

	到聖母百花大教堂	到米開朗基羅廣場	到新聖母瑪莉亞中央車站 (S.M.N.)
聖母百花大教堂出發（→P92）	大教堂的最近巴士站 Duomo 站	步行約15分至Lungarno Serristori搭乘13號巴士至Piazzale Michelangelo站約10分。不過搭乘計程車更為方便，車程約10分。	步行約10分。
米開朗基羅廣場出發（→P95）	搭乘12號巴士從Piazzale Michelangelo站至Lungarno d. Grazie站約10分，下車後步行約15分抵達。不過搭乘計程車更為方便，車程約10分。	米開朗基羅廣場的最近巴士站 12、13巴士 Piazzale Michelangelo 站	搭乘12、13號巴士從 Piazzale Michelangelo 站至 Stazione FS SMN 站約15分。
新聖母瑪莉亞中央車站 (S.M.N.) 出發（→P106）	步行約10分。	搭乘12、13號巴士從 Stazione FS SMN 站至 Piazzale Michelangelo 站約15分。	新聖母瑪莉亞中央車站(S.M.N.)的最近巴士站 Stazione FS SMN站前、車站旁便是巴士總站

※上述所需時間僅供參考，因路上的交通狀況、轉乘的等待時間等而有所變動。

主要的交通方式

利用巴士和計程車拓展移動範圍吧

交通方式	費用	行駛時間	最好避開的時段
巴士	90分鐘內皆可使用的1次券€1.20（車上購票為€2）4張90分鐘內可使用的1次券套票為€4.70，10張套票為€10。24小時券為€5，3日券為€12。	雖時間因路線而異，但基本上是6:00～24:00左右。夜間和週末會減少發車班次。	早晚的上下班時間總是擠滿人。由於觀光客眾多，在前往知名景點的路段，也是白天比較容易塞車。
計程車	起跳價為€3.30，之後每110公尺加收€0.10。	24小時行駛。	在早晚路況壅塞的時候，用走的可能還比較快。

巴士 Autobus

當巴士開入狹窄的路面時要小心

經營市內巴士的是ATAF，行遍翡冷翠各地，各路線都會冠上阿拉伯數字及字母。不過，由於路線有些複雜，對於外來的旅客來說不太容易搭乘。由於主要的觀光景點只要步行就可充分遊覽，只需在前往米開朗基羅廣場距離市中心較遠的景點時再搭乘巴士即可。

● 來搭一次巴士吧

1 尋找巴士站

巴士站以白色的告示板為特徵，上頭標示著停靠的巴士編號和簡易的路線圖，最好在搭車前先確認好目的地和巴士號碼。在標示路線圖的看板下方有時刻表。

2 搭車

將車票放入下方的插入口打印。若忘記打印會被課以罰金，務必注意。

巴士的車頭有顯示號碼和目的地，搭車前要做好確認。從前門或後門上車都可以。車資方面，90分鐘內可以自由搭乘的1次券€1.20，若是和司機購買，同樣是90分鐘內可以自由搭乘，但票價為€2。上車之後，就將車票插進大約位在巴士中央的打印機，打印上車的時間。此外，車票可以在貼有ATAF貼紙的酒吧及售菸亭購買。司機大多沒有準備多餘的票券可賣。

3 按鈴下車

由於車內沒有提醒旅客下一個停靠站名的廣播，只能透過觀察窗外的街名等路標，來確認該下車的地方。要下車的時候，只要按下窗邊的藍色按鈕即可。若是看不懂路線的話，也可以向司機告知目的地，請對方在最近的巴士站提醒你下車。

4 下車

基本上是從中間的車門下車。如果目的地剛好是終點站時，從哪道門下車都可以。

車票可在有著「T」字記號的售菸亭購買

划算的翡冷翠卡

若打算在翡冷翠待3天以上，就建議購買翡冷翠卡（Firenze Card）€72，在72小時內，可以在無預約、無等待、免付費的優惠下進入烏菲茲美術館、學院美術館等翡冷翠市內60多處美術館、博物館等機構。此外，若是在有效期限內，也可以自由搭乘巴士和路面電車。可以在市內的 i 旅客服務中心和烏菲茲美術館、碧提宮等地購買。
詳細請洽 URL www.firenzecard.it

當搭乘巴士想確認目的地時，經常會碰到英語不通的狀況，建議將事先以義大利文寫好的目的地紙條（若能註記主要觀光景點會更易懂）拿給司機看。若是不小心搭錯巴士，光要折返就會是一件苦差事，所以務必要仔細確認。

計程車 Taxi

共和廣場的計程車招呼站

車體為白色、上頭標示著「TAXI」的才是正規計程車。在步行便可充分遊逛主要景點和市區的翡冷翠,雖然是較少使用的交通方式,但在攜帶大量行李或是夜間移動時,搭乘計程車就是個很好的選擇。

●來搭一次計程車吧

尋找計程車

由於這裡的計程車無法隨招隨停,需在有著「TAXI」看板的招呼站搭乘。計程車招呼站大多位在各大觀光景點和車站附近,雖然有時會看到司機在招呼站等待乘客上門,但在上下班時段或是下雨時,往往要等上好一段時間。

2 搭車

義大利的計程車和台灣相同,需自行以手動開門。由於在告知目的地時,經常會遇到英語不通的狀況,建議將寫好目的地地址的紙條交給司機,較不會出錯。車子發動後,也必須確認是否有開始跳表。

> 行李每件加收€1,上限為5個行李

付錢

抵達目的地後,依照表上的金額付款。雖然不需要給小費,但若金額相當接近整數的話,可以告知司機不必找零。比方說,若金額是€6.80的時候,就直接付司機€7。若需找零的話要在當下表明。

> 為了避免糾紛,向司機領取收據會比較保險

4 下車

確認東西都拿妥後,再從計程車下車,關門之際別忘了說句「Grazie(謝謝)」。

> 也有廂型的計程車

關於車資的算法

基本費用為€3.30,之後每110公尺加收€0.10。此外,22時~翌日6時的深夜起跳價為€6.60,行李1件加收€1,而在週日、假日,起跳價則會加成至€5.30。

注意非法計程車

須留意在機場、新聖母瑪利亞中央車站專挑遊客下手的違法計程車,索取非法費用等突發狀況層出不窮。正規計程車基本上會停靠在標有「TAXI」招牌的地方,不會隨處招攬乘客。

觀光景點

翡冷翠是文藝復興的發源地，整座古城也被列入世界遺產，其中散布著許多與梅第奇家族深具淵源的景點，隨處都是不可錯過的觀光重點。

專欄check♪

聖若望區　MAP 別冊P21C1

中央市場
Mercato Centrale

在翡冷翠人的廚房
尋找托斯卡納食材

以托斯卡納的食材為主，有超過100間店鋪的市場。1樓的店家販賣葡萄酒、起司、肉品、海產、油品，2樓店家則是販售蔬菜為主。可以在1樓的食材店找伴手禮。

DATA ✕～30分
🚶大教堂步行5分
🕐因店而異　📅7～14時（夏季之外的假日前日、週六為～17時）
🗓週日◇因店而異

聖若望區　MAP 別冊P21D1

梅第奇・里卡迪宮
Palazzo Medici-Riccardi

展現梅第奇家族的繁盛
佈滿牆面的壁畫為亮點

1444年，由科西摩・德・梅第奇聘請米開朗基羅建設的宅邸。這裡從科西摩一世時代的1540年開始，長達1世紀的時間都做為梅第奇家族的居所，後來則轉讓給里卡迪家族。有如堡壘般堅固的外觀，也可一窺當時最為典型的富裕人家建築樣式。建造時將1樓外牆拱廊的一部分填滿，並嵌入窗戶的設計，正是出自米開朗基羅的主意。

⬆石砌的堅固外觀
➡被迴廊包圍的美麗外觀

DATA ✕～30分
🚶大教堂步行5分　📞(055)2760340
🕐9～18時　※購買門票至閉館前1小時截止　🗓週三　💳C7

聖若望區　MAP 別冊P21C2

梅第奇家禮拜堂
Cappelle Medicee 必見

不可錯過妝點聖具室的
米開朗基羅作品

這座禮拜堂是主掌翡冷翠的梅第奇家族家主的長眠處。內部以有色大理石和半寶石，打造出翡冷翠式馬賽克的牆壁和地板，甚至佈滿了祭壇。牆上則安置著諸位托斯卡納大公的棺材。科西摩一世、三世所安眠的禮拜堂後方則是聖具室，這座陵墓的雕刻是由米開朗基羅從1524～33年歷時多年製作，尤以『畫』、『夜』、『晨』、『暮』的4座男女雕像最為著名。

⬆外觀樸素，但內部裝滿豪華
➡從Canto de'Nelli街的入口處進入

DATA ✕30～120分
🚶大教堂步行5分　📞(055)2388602
🕐8時15分～13時50分（視季節而異）
※購買門票至閉館前30分截止
🗓第2・4週日和第1・3・5週一
💳€6（特展期間€9）

聖若望區　MAP 別冊P21C2

聖羅倫佐教堂
Basilica di San Lorenzo 必見

未完成的立面
令人留下深刻印象

原本在4世紀時由米蘭主教安布洛裝所開設的教堂，由於地點近梅第奇家族的宮殿，而被做為他們的教區教堂。後來在科西摩・德・梅第奇的指示下，由布魯列斯基改建，雖然在1461完工，但由米開朗基羅所設計的立面依舊維持著未完成的樣貌。堂內有兩座由多納太羅打造的講壇，其中一個曾被薩沃納羅拉使用過。

⬆未完成的立面，內部圖書館
➡與教堂接攘、有著美麗迴廊的庭院

DATA ✕～30分
🚶大教堂步行3分　📞(055)216634/
(055)290184　🕐10～17時（週日為13時30分～）　※購買門票至閉館前30分截止
🗓11～2月的週日　💳€4.50

以古都翡冷翠來說，中央市場算是相當罕見的現代風格建築物。其實當初負責設計的，正是打造米蘭的拱廊商店街——艾曼紐二世迴廊的朱塞佩・門戈尼。在洋溢古風的街景中，成為一枝獨秀的存在。

聖若望區 MAP 別冊P21D1

學院美術館
Galleria dell'Accademia 必見

高6公尺的正宗『大衛像』
為必看重點

前身為16世紀時由瓦薩利設
立，並由科西摩一世擔任首任
總裁的美術學院。進入18世紀
後，不僅成為網羅以成為藝術
家為志向的年輕人教育機構，
也致力於蒐集藝術品，做為學
生的學習參考。在19世紀做為
美術館開放。必看作品為從領
主廣場搬移至此的米開朗基羅
雕刻『大衛像』，這尊作品以
大理石為素材，費時兩年才完
成。

↑自1502年費時兩年完成
←兩側豎立著4尊奴隸像的走廊

DATA 30～120分
🚶大教堂步行10分 📞(055)294883/(055)2388609 🕐8時15分～18時50分 ※購買門票至閉館前45分截止 休週一 💶€6.50（特展期間€10）

聖若望區 MAP 別冊P19C1

孤兒之家美術館
Galleria dello Spedale degli Innocenti

15世紀建造的孤兒院

1445年完成，是歐洲最古老的孤
兒院。2樓為
繪畫館，展
示著菲力
普・利比等人
的作品。

DATA ～30分
🚶大教堂步行10分 📞(055)2037308 🕐9～17時（週日、假日為～15時30分，週六為11時～）※購買門票至閉館前30分截止 休無休 💶€3 ※部分區域整修中，暫不開放

聖十字區 MAP 別冊P23D2

維奇奧宮
Palazzo Vecchio 必見

高94公尺的鐘樓
讓人印象深刻

14世紀初所建造，過去曾是市政
廳，現在也依
舊做為市政
廳使用。科西
摩一世在16
世紀時以這
裡為居城。

DATA 30～120分
🚶大教堂步行5分 📞(055)2768224/(055)2768325 🕐9～19時（4～9月為～24時，週四全年為～14時）※購買門票至閉館前1小時截止 休無休 💶€10

聖若望區 MAP 別冊P19C1

聖馬可博物館
Museo di San Marco 必見

一定要見識弗拉・安基
利柯的『聖告圖』

於14世紀建設的修道院，15世
紀初成為多明尼克教派的據
點。1437年，在科西摩・德・
梅第奇的命令下，由米開羅佐
展開重建，現在則做為美術館
開放參觀。除了吉爾蘭達的
『最後的晚餐』和弗拉・安基
利柯的『卸下聖體』以外，被
譽為安基利柯畢生傑作的『聖
告圖』也不容錯過。2樓則規劃
為修道士宿舍，可在欣賞壁畫
等。

↑聖安東尼迴廊
→在過去修道士所生活的地方展示著繪畫

DATA 30～120分
🚶大教堂步行15分 📞(055)2388608/(055)294883 🕐8時15分～13時50分（週六、日、假日為～16時50分）※購買門票至閉館前30分截止 休第1・3・5週日、第2・4週一 💶€4

聖十字區 MAP 別冊P19C3

聖十字教堂
Basilica di Santa Croce

翡冷翠偉人
所長眠的教堂

14世紀完成的方濟各會教堂。
立面和鐘樓都是於19世紀增
建，境內有許多名人的陵墓與
紀念碑，右邊的中殿有米開朗
基羅、但丁、馬基維利，左邊
則有伽利略等人的墓碑。祭壇
右側的佩魯齊禮拜堂和巴爾第
禮拜堂中，有由喬托繪製聖方
濟各一生的濕壁畫。

↑6月會在教堂前廣場舉行古式足球賽
→教堂內部有許多藝術作品

DATA ～30分
🚶領主廣場步行10分 📞(055)2466105 🕐9時30分～17時30分（週日、假日為14時～）※購買門票至閉館前30分截止 休無休 💶€6（與附設博物館共用）

聖十字區 MAP 別冊P23D1

巴傑羅博物館
Museo Nazionale del Bargello

展示文藝復興時期的雕刻

將前身為人民宮、16世紀初做為
警政署（當時的首長名為巴傑羅）
的建築改建
而成的博物
館。入口陳列
著米開朗基
羅的作品。

DATA 30～120分
🚶領主廣場步行8分 📞(055)2388606 🕐8時15分～13時20分 ※購買門票至閉館前40分截止 休第2・4週一、第1・3・5週日 💶€4（特展期間€7）

新聖母瑪莉亞地區　MAP 別冊P20A2

新聖母瑪莉亞教堂
Basilica di Santa Maria Novella
立面雕飾細緻迷人
藝術品大放異彩的教堂

14世紀中葉完成的多明尼克教派教堂，立面的上半部，是15世紀阿爾伯蒂為配合下半部的羅馬樣式所打造。可以在此欣賞文藝復興繪畫的先驅馬薩奇奧的『三位一體』、吉爾蘭達的濕壁畫『施洗約翰的一生』、布魯內列斯基的『十字架像』和翡冷翠出身的納爾多『最後的審判』，以及菲力普・利比的濕壁畫等作品。

↑吉爾蘭達沉眠於教堂右邊的墓地
→由烏龜支撐的方尖碑於17世紀建造

DATA ⏳30分
🚶S.M.N.站步行2分　📞(055)219257
🕐9時～17時30分（週五為11時～、週六為～17時、7～9月的週日為12～17時、10～6月的週日為13～17時）　無休　💶€5

聖靈區　MAP 別冊P22B4

帕拉提納美術館
Galleria Palatina
展示文藝復興時期
最具代表性的精選鉅作

位於碧提宮2樓，在裝飾華麗的房間展示16～17世紀的名畫。拉斐爾和提香的作品量尤其豐富。在薩圖爾努斯室裡，展示著拉斐爾的『椅上聖母子』、『大公聖母』，而在阿波羅室裡則有提香的『抹大拉的瑪莉亞』、『灰眼男子』，菲力普・利比的『聖母子』，波提且利的『年輕男子畫像』等傑作。

←菲力普・利比的『聖母子』
↓室內裝飾也是一大看點

DATA ⏳30~120分
🚶領主廣場步行10分　📞(055)2388614
🕐8時15分～18時50分　※購買門票至閉館前45分截止　週一　💶€8.50（特展期間須加收費用）　※和近代美術館通用

聖靈區　MAP 別冊P18B4

波波利庭園
Giardino di Boboli 👁眺め

位於碧提宮南側的義大利文藝復興式的庭園。

DATA ⏳120分以上
🚶領主廣場步行10分
📞(055)2388786　🕐8時15分～18時30分（6～8月為～19時30分、11～2月為～16時30分、3月為～17時30分）　第1、最後一個週一　💶€7（特展期間為€10）　※和瓷器博物館、銀器博物館、服裝博物館與巴爾迪尼庭園通用

聖靈區　MAP 別冊P22B4

碧提宮
Palazzo Pitti
大富翁的巨大宮殿

梅第奇家族的競爭對手——碧提家族依照布魯內列斯基的草圖，於1458年動工。出資者露卡・碧提死後，梅第奇家的科西摩一世為了患病的妻子艾蕾歐諾拉，在1549買下這棟建築加以改裝，並增建了左右的廂房和立面。宮內由帕拉提納美術館、銀器博物館、近代美術館等5座美術館構成。

↑以粗糙石塊砌成的厚實外觀

DATA ⏳120分以上
🚶領主廣場步行10分
📞(055)294883（博物館綜合服務中心）　🕐銀器博物館為8時15分～18時30分（6～8月為～19時30分、11～2月為～17時30分、3月為～18時30分）　※最晚入場時間至閉館前1小時截止　近代美術館為8時15分～18時50分　※最晚入場時間至閉館前30分鐘截止
🚫銀器博物館為第1、最後一個週一　近代美術館為週一　💶銀器博物館€7（特展期間€10）　※和瓷器博物館、波波利庭園　服飾博物館與巴爾迪尼庭園通用　近代美術館€8.50（特展期間€12）　※與帕拉提納美術館通用

點燃文藝復興的梅第奇家族

●第一次黃金期

翡冷翠從12世紀起以以加工業和金融業為重心，經濟蓬勃發展，經營藥商的梅第奇家族也由家主喬凡尼、德・梅第奇將事業版圖擴展至金融業。藉由兩個兒子與財團名門締結婚姻關係，掌握了翡冷翠的大權。1429年，在科西摩擔任當家的時代，他將勢力拓展到歐州各地，並獲得了「祖國之父」的名號。科西摩與兒子皮耶羅，以及孫子「豪華王」羅倫佐等三個世代，被稱為第一次黃金期。這個時期的梅第奇家砸下許多金錢，援助拉斐爾、米開朗基羅等眾多藝術家，成為他們的創作後盾。

●第二次黃金期

在豪華王羅倫佐於1492年逝世後，梅第奇家族就迅速衰落。雖然一度遭到佛羅沃姆羅拉流放，但羅倫佐的二兒子——樞機主教喬凡尼，在1513年成為羅馬教宗利奧10世後，就重新振興了梅第奇家族。到了科西摩一世的時代，梅第奇家的勢力遍及翡冷翠、錫耶納和拿坡里，奠定了大公的地位。然而，隨著文化中心轉移到羅馬，梅第奇家族也逐漸退下舞台。1743年，隨著安娜・瑪麗亞・路易莎死去，梅第奇家就此絕後。由於有她生前簽署的協定，梅第奇家族所收藏的大量美術品才能保存下來。

🎵 背對碧提宮的入口，往右側迴廊的盡頭走去，可以在人工洞窟前看到以酒神為形象的人物雕像。這是依照科西摩一世所打造的雕像，據說本人也相當喜歡。不妨和這圓滾滾又可愛的酒神拍張照吧。

翡冷翠・美食

美食

坐擁托斯卡納美味食材,翡冷翠有著許多能滿足味蕾的美食據點。從當地著名的牛排等豪邁的肉類料理,到葡萄酒、小菜類,令人目不暇給。

專欄check♪

Angiolino	P105
L'Osteria di Giovanni	P13
Osteria Belle Donne	P13、101
Cantina del Gelato	P95
Trattoria Armando	P13
Bar Perseo	P93
Buca dell'Orafo	P94
Procacci	P101

How to

大教堂廣場和領主廣場周邊雖有許多用餐處,相當方便,但價位都偏高。阿諾河對岸的聖靈區,以及新聖母瑪莉亞中央車站附近的餐廳價位相對便宜。此外,也推薦在中央市場內的食堂吃午餐。

聖十字區 **MAP** 別冊P19C2

Enoteca Pinchiorri

全球饕客垂涎三尺!義式餐廳的巔峰指標

在知名美食雜誌獲得好評的知名餐廳。將16世紀的宅邸改建而成,也設有包廂,許多名媛也會來這裡優雅用餐。一開始是身為侍酒師的老闆為了和客人分享葡萄酒而開店,據說酒藏多達12萬支。以傳統的托斯卡納菜為基礎,再以法式烹飪手法加以變化,讓人不禁想搭配托斯卡納美味的當地酒,一同品嘗佳餚。

↑會在春夏兩季開設的戶外席
→一道道呈現翡冷翠風情的奢華料理

DATA
🚶領主廣場步行10分 📍Via Ghibellina 87 📞(055)242757 🕐19時30分～22時 🚫週日、週一、8月

新聖母瑪莉亞區 **MAP** 別冊P18A1

Trattoria Baldini

自然純樸的家常菜為賣點

1900年代創業的食堂。可以品嘗到以肉和豆類為主的傳統托斯卡納美食。以濃醇肉醬為特點的茄汁肉醬筆管麵(Penne Strascicate)€8.50深受歡迎。

DATA
🚶大教堂步行25分 📍Via il Prato 96r 📞(055)287663 🕐12時～14時30分、19時30分～22時 🚫週六、日晚間,6～8月的週六、日

領主廣場周邊 **MAP** 別冊P23C1

Trattoria Gabriello

經典菜色應有盡有

網羅最具代表性的托斯卡納料理,刻意保留原始風味,則是該店的堅持。必點菜色為回鍋雜菜湯(Ribollita)€8等,也可試試每月更換的特價葡萄酒。

DATA
🚶大教堂步行10分 📍Via della Condotta 54r 📞(055)212098 🕐12時～15時30分、19～23時 🚫無休

領主廣場周邊 **MAP** 別冊P23C1

Osteria del Porcellino

以肉類美食自豪氣氛輕鬆的餐廳

在新市場迴廊一帶的寧靜小巷裡,有著這麼一間休閒風格的餐廳。可以享用回鍋雜菜湯和烤牛排等傳統托斯卡納美食,同時搭配著美酒。豪爽的牛排不以公克計價,而是一律€28。除了經典菜色外,義大利香醋風味的菲力牛排€26等獨門菜色也是店家自豪的餐點。餐廳的招牌酒為Chianti,每瓶€18。

↑裝潢也堅持採用托斯卡納風格
→放入滿滿蔬菜的回鍋雜菜湯

DATA
🚶大教堂步行10分 📍Via Val di Lamona 7r 📞(055)264148 🕐12～15時、19～24時(12～3月為12～23時) 🚫無休

領主廣場周邊 **MAP** 別冊P23D1

Vini e Vecchi Sapori

深受當地居民喜愛的小店

店內空間不大,中午人潮多時常需併桌,散發庶民氣息。菜單每日更換,還是能點到自製寬麵搭配鴨肉醬汁的Pappardelle all'anatra€9等。

DATA
🚶大教堂步行10分 📍Via dei Magazzini 3r 📞(055)293045 🕐12時30分～14時30分、19時30分～22時 🚫週日

🗣有諳英語的員工 📖有英文版菜單 👔有著裝規定 💻需要先訂位

托納波尼街周邊　MAP 別冊P20A4

L'Osteria di Giovanni

享受托斯卡納美食和葡萄酒

提供托斯卡納美食。有用炭火烤的牛排€50/1kg、托斯卡納知名著名的粗圓麵（Pici），這些經典美味相當受到歡迎。招牌酒€15。

DATA
🚶大教堂步行10分
🏠Via del Moro 22r
📞(055)284897
🕐19時～22時30分　🏠無休

聖靈區　MAP 別冊P22A4

Caffè Pitti

生松露料理是極品美味

位於碧提宮前的時髦咖啡廳兼餐廳。當店最引以為傲的餐點為松露料理，全年皆供應生松露。餐廳旁的時材店也有販賣松露。

DATA
🚶大教堂步行20分
🏠Piazza Pitti 9
📞(055)2399863　🕐11時～翌日1時（11月中旬～2月為～24時）
🏠11月中旬～2月的週一

托納波尼街周邊　MAP 別冊P22B1

Coco Lezzone

堅守托斯卡納的傳統味道

自1800年創業以來，由家族經營至今的庶民食堂。隨季節更換的菜單，以傳統的托斯卡納美食為主。

DATA
🚶領主廣場步行10分
🏠Via del Parioncino 26r
📞(055)287178　🕐12時～14時15分、19時～22時15分
🏠週日、二晚間、8月、12～1月公休15天

新聖母瑪莉亞區　MAP 別冊P18A2

Trattoria Armando

品嘗媽媽的拿手好菜

1957年創業，由母親做菜，女兒招呼。招牌菜車夫麵（Spaghetti alla Carrettiera）€15，混入大蒜和辣椒製作的嗆辣番茄醬汁相當美味。

DATA
🚶維奇奧橋步行15分　🏠Borgo Ognissanti 140r　📞(055)217263
🕐12時～14時30分、19時～22時30分　🏠週一午間、週日

聖靈區　MAP 別冊P22B4

Pitti Gola e Cantina

和珍藏的美酒相遇

位於碧提宮前的葡萄酒館。店面為14世紀的建築物，店內中央為吧台，周圍設有座席。葡萄酒單杯€7～14，有時候也會供應高級的葡萄酒。

DATA
🚶大教堂步行15分
🏠Piazza Pitti 16
📞(055)212704　🕐12時30分～16時、19時～22時30分　🏠週二

托納波尼街周邊　MAP 別冊P20B3

Cantinetta Antinori

品味名門葡萄酒和美食

由葡萄酒廠開設的葡萄酒館，也能品嘗到托斯卡納美食。1385年創業的Antinori公司，是在1970年代催生出Tignanello酒的名門大廠。葡萄酒單杯€3～

DATA
🚶大教堂步行8分　🏠Piazza degli Antinori 3　📞(055)292234　🕐12時30分～14時30分、19時～22時30分　🏠週六、日，8月

領主廣場周邊　MAP 別冊P23C1

Cantinetta dei Verrazzano

老字號酒廠的直營店

在托斯卡納屈指可數的葡萄酒產地Greve in Chianti設有酒廠的Verrazzano所開設的葡萄酒館。古典奇揚替（Chianti Classico）等單杯€4～。

DATA
🚶領主廣場步行5分
🏠Via dei Tavolini 18/20r
📞(055)268590　🕐8時～21時（夏季為～16時30分）　🏠夏季的週日

領主廣場周邊　MAP 別冊P23C1

Perche no!

體驗組合口味的樂趣

鄰近聖母百花大教堂、備有40種自製口味的冰淇淋店。其他也有西西里島的冰淇淋甜點卡薩達（Ccassata）等多種獨特的冰品。

DATA
🚶大教堂步行5分
🏠Via dei Tavolini 19r
📞(055)2398969　🕐11時～24時（週二為～20時）、冬季為12時～20時
🏠冬季的週二

領主廣場周邊　MAP 別冊P23C1

Caffè Rivoire

1862年創業的老牌咖啡廳

由於該店的前身為巧克力專賣店，特別推薦巧克力飲料、提拉米蘇等等。盒裝綜合巧克力€21～相當適合做為伴手禮，也有許多午餐菜色。

DATA
🚶在領主廣場旁　🏠Piazza della Signoria 5r　📞(055)214412　🕐7時30分～24時（11～2月為7時～22時30分）　🏠週一、1月15～30日

點菜時不一定要照著全餐點，可以依照自己想吃的菜色、分量點菜即可。不過也有些高級餐廳不接受這樣的作法，最好在點餐時先向服務生（Cameriere）詢問。

翡冷翠・購物

購物

從傳統工藝品到名牌商品、食材等，種類琳瑯滿目。

專欄check♪

Alisi ···················· P104
Alberto Cozzi ··· P18,104
L'Antica Cantina del
　Chianti ·············· P15
Idrus ················· P18,105
Il Bisonte ············· P18
Il Bussetto di Giuseppe
　Fanara ·············· P104
Vertigo ················ P104
Enoteca Lombardi ·· P15
Gucci ·················· P101
Controluce ·········· P100
Salvatore Ferragamo · P101
Simone Abbarchi ··· P103
Giuggiu di Angela
　Caputi ·············· P105
Solo a Firenze ··· P103
Sermoneta Gloves ·· P100
Prada ················· P101
Francesco da Firenze · P105
Bottega Veneta·· P101
La Bottega
　dell'Olio ······· P15,102
Lo Scrittoio ········ P18
Loretta Caponi ····· P18
新聖母瑪莉亞
　藥局 ················· P101

How to

名牌店主要聚集在托納波尼街一帶（→P100），傳統工藝品則是位在阿諾河一帶（→P102）。此外，羅馬街（MAP 別冊P21C4）也有各式各樣的商店。

傳統工藝品也可以在此買到讓人開心

大教堂廣場周邊 MAP 別冊P21C4
Braschi

商品種類多到驚人！來挑個特別的雜貨吧

販售許多個性派雜貨的店。以起司刀、杯盤組等廚房雜貨為中心，也有許多店家以獨特品味挑選的居家用品、文具等特色商品。1、2樓的牆上排滿了餐具、不鏽鋼碗、香料瓶等器具。商品的挑選是由家族共同負責，現任老闆為第四代，可以在宛如置身家中的氛圍下挑選雜貨。

↑現在的老闆是第四代

↑時尚又兼具實用性的開瓶器€10是由Brandani公司生產

DATA
交大教堂步行5分　住Via del Corso 67r
☎(055)287743　時10時～13時30分、15時～19時30分　休週日

新聖母瑪莉亞區 MAP 別冊P18B2
Gare24

獨具個性的時尚商品

以義大利名牌的男女服飾為主的複合式精品店。有許多時尚度高人一等的配件，也有販賣店家自製的商品。

DATA
交S.M.N.教堂步行5分
住Borgo Ognissanti 24/26r
☎(055)219226
時10時30分～20時（冬季為10時～）
休無休

維奇奧橋 MAP 別冊P23C2
Ponte Vecchio 14

細膩的工藝讓人不禁讚嘆

販售翡冷翠的傳統工藝品——金飾的店家。位在有許多同業店家的維奇奧橋上，價格會因為當天的金價行情、大小和做工程度而有差異。販賣的商品相當多樣化。

DATA
交大教堂步行10分
住Ponte Vecchio 14r
☎(055)2382019
時9時30分～19時45分　休無休

托納波尼街周邊 MAP 別冊P22A1
Il Bisonte

耐用與設計性是十分吸睛

各國的時尚雜誌都曾刊載的翡冷翠皮件店。商品以身兼店長的設計師瓦尼・迪・菲利浦製作的包款為主，也販售其他小配件。

DATA
交大教堂步行15分
住Via del Parione 31r
☎(055)215722
時9時30分～19時
休週日

托納波尼街周邊 MAP 別冊P20A4
Cellerini

以高品質為傲的手工包飾店

1957年創業的老店。自豪的包包以牛皮和鴕鳥皮等最高級的皮料為材料，並由手藝精湛的師傅細心製作。

DATA
交共和廣場步行10分
住Via del Sole 37r
☎(055)282533
時10～13時、15～19時
休週日、8月、週一上午

有諳英語的員工

116

領主廣場周邊 MAP 別冊P23C2

Spezieria-Erboristeria Palazzo Vecchio
獨自研發的藥妝品

販賣天然風化妝品的藥局。除了獨自研發的護膚產品，也有用藥草製作的香水約€25等，種類相當豐富。也有適用敏感性肌膚的彩妝，包裝也相當時髦。

DATA
🚶領主廣場步行1分　🏠Via Vaccherecchia 9r　📞(055)2396055
🕐9時30分～19時30分（週日、假日為14時30分～）　休無休

聖靈區 MAP 別冊P22A2

L'Ippogrifo
從細膩的做工中誕生的精品

以翡冷翠的風景為題材採用蝕刻法製成銅版畫販賣。老闆強尼先生在翡冷翠重現了盛行於500年前的傳統技法。

DATA
🚶大教堂步行15分
🏠Via Santo Spirito 5r
📞(055)213255
🕐10～19時　休週日

托納波尼街周邊 MAP 別冊P20B4

Gucci
不斷創新的老字號名牌

活用當地的傳統工藝——皮革加工技術，於1923年從製作馬具開始，之後包包和鞋款紛紛大受好評，如今已經成為時裝界的領導品牌。

DATA
🚶共和廣場步行5分
🏠Via de'Tornabuoni 73r
📞(055)264011
🕐10～19時30分（6·7月和週日為～19時）　休無休

領主廣場周邊 MAP 別冊P23D1

-PN\P/A Piedi Nudi Nel Parco
重視品質的精品店

不論品牌，只以女店長的眼光為進貨標準的複合式精品店，販售著許多個性洋溢的單品。在店內的附設酒吧，可以品嘗到招待的餐前酒。

DATA
🚶大教堂步行5分　🏠Via del Proconsolo 1/N（Via Dante Alighieri轉角）　📞(055)218099
🕐10時30分～19時30分　休無休

托納波尼街周邊 MAP 別冊P20B3

Richard Ginori
總店才看得到的齊全款式

義大利最具代表性的瓷器大廠Richard Ginori的總店。除了招牌的義大利水果系列之外，也有Baccarat公司的玻璃製品，也販售Alessi公司的製品。

DATA
🚶大教堂步行3分　🏠Via dei Rondinelli 17r　📞(055)210041
🕐10～19時　休週日

領主廣場周邊 MAP 別冊P23D1

Stilelibero
手工的觸感為一大魅力

使用「Cesello」（打鑿）的技術，將金屬打鑿而成的飾品專賣店。裝飾上則採用天然石頭與玻璃製作。手環價格約€50。

DATA
🚶大教堂步行3分　🏠Via Ghibellina 200r
📞(055)219537
🕐10～13時、15時30分～19時30分　休週日

托納波尼街周邊　MAP 別冊P22B1 Prada	從服飾、包包、鞋子到配件應有盡有的Prada女裝專賣店。1樓販售著最新系列產品。🚶共和廣場步行5分　🏠Via de'Tornabuoni 53r/67r　📞(055)267471　🕐10時～19時30分（週日為～19時）　休無休	
托納波尼街周邊　MAP 別冊P20B4 Max Mara	提供多種設計款式，有優雅的禮服，也有簡單的上班用服飾等。🚶共和廣場步行5分　🏠Via de'Tornabuoni 66/68/70r　📞(055)214133　🕐10時～19時30分（週日為11～19時）　休無休	
托納波尼街周邊　MAP 別冊P20B4 Bvlgari	總店位於羅馬的老字號高級珠寶店。販售手錶、飾品外，還有錢包、包包、香水等。🚶共和廣場步行5分　🏠Via de'Tornabuoni 56r　📞(055)2396786　🕐10～19時　休週日	
托納波尼街周邊　MAP 別冊P20B4 Tod's	商品有名聞遐邇的豆豆鞋等，從經典款到最新系列的鞋子、包款皆可在此買到。🚶共和廣場步行5分　🏠Via de'Tornabuoni 60r　📞(055)219423　🕐10時～19時30分（週日為14～19時）　休無休	
托納波尼街周邊　MAP 別冊P22B1 Emilio Pucci	呈幾何花紋的搶眼圖案又被暱稱為Pucci花紋，十分受歡迎。🚶共和廣場步行5分　🏠Via de'Tornabuoni 20-22r　📞(055)2658082　🕐10～19時（12月的週日為11時～，最後一個日為14時～）　休12月與每月最後一個週日以外的週日	
托納波尼街周邊　MAP 別冊P22B1 Giorgio Armani	以簡約的設計廣為人知。販售男女服飾和小配件。🚶共和廣場步行5分　🏠Via de'Tornabuoni 48r　📞(055)219041　🕐10～19時（夏季的週六為～14時）　休除了第1和最後一個週日以外的夏季週日	

翡冷翠有許多店家都是由個人經營的工作室兼商店，經常能夠在店內觀摩師傅製作的光景。由於師傅是在全神貫注的狀態下製作，若想拍攝照片，要記得先詢問一下。

聖十字區　MAP 別冊P19C2

Tuorlo

買點翡冷翠當地的
皮革小製品

販售翡冷翠起家的品牌
「GABS」皮革包€149與女老
闆親手製作的皮件。飾品€8～
和零錢包
€18也十分
推薦。

DATA
🚇大教堂步行10分　🏠Via Sant'
Egidio 9r　☎(055)2001013　🕐10時
30分～13時30分、14時30分～19
時30分（週一為15時～）　休週日

大教堂廣場周邊　MAP 別冊P21C3

Luisa Via Roma

多種夢寐以求的名牌貨

Marni、Ferragamo、Emilio
Pucci等，從義大利經典品牌到
新銳設計師品牌一網打盡的複
合式精品店。1樓為女性商品，地
下室則是丹
寧布製品和
運動鞋，2樓
販售男性商
品。

DATA
🚇大教堂步行即到　🏠Via Roma 21　☎(055)9064116
🕐10時～19時30分（週日為11～19
時）　休無休

托納波尼街周邊　MAP 別冊P20B4

Aprosio & Co.

買些以大自然為設計的
小飾品當作伴手禮

販售以穆拉諾玻璃珠與波西米
亞玻璃所製作的飾品和包包。
有許多以山或海等大自然為主
題的僅此一
件的款式，
看對眼的話
就買下手
吧！

DATA
🚇大教堂步行10分　🏠Via delle Spada 38r
☎(055)290534
🕐10時30分～19時30分　休週日

托納波尼街周邊　MAP 別冊P20B3

Bojola

傳承四代的皮件老店

1906年創業，由家族代代相
傳，製作皮革飾品的老店。越
用越有質感的牛皮包€300左
右，和帆布
做搭配的商
品€100～也
很受歡迎

DATA
🚇大教堂步行5分
🏠Via del Rondinelli 25r
☎(055)211155
🕐10～19時30分
休週日

聖十字區　MAP P19C2

Salimbeni

藝術相關書籍相當豐富

據說有客人走遍全翡冷翠的書店
後，還是要來
這裡才找得
到書，豐富的
書藏量可見
一斑。

DATA
🚇聖十字教堂步行5分
🏠Via Matteo Palmieri 14-16r
☎(055)2340904
🕐10～13時、16～19時30分
（週一為16時～、7·8月的週六為～
13時）
休週日、8月15日前後約10天

托納波尼街周邊　MAP 別冊P20A4

Pineider 1774

舉世聞名的高級文具店

1774年開業的高級文具店總
店。販售手帳、鋼筆、便條
紙、皮包等優質製品。獨創的
便條紙和卡
片十分有
名，據說連
知名人士也
會下訂。

DATA
🚇大教堂步行8分
🏠Piazza dé Ruccellari4-7/r
☎(055)284655
🕐10～19時
休無休

托納波尼街周邊　MAP P20B4

Procacci

松露製品齊全的食材店

1885年創業的老牌食材店。除了
多樣化的松露製品外，也販售肉
泥、義大利麵、油、葡萄酒、義式
香腸等眾多
產品。參考
價格為€4～
26。

DATA
🚇大教堂步行5分
🏠Via Tornabuoni 64r
☎(055)211656
🕐10～20時
休週日、8月公休兩週

領主廣場周邊　MAP 別冊P23C1

Falsi Gioielli

可愛的手工飾品

販售以棉線和串珠製成的多彩
飾品。店內兩側擺滿了商品，往
內走則是工作室，可以挑選喜
歡的顏色和
素材，製作
專屬的飾
品。

DATA
🚇共和廣場步行2分
🏠Via dei Tavolini 5r
☎(055)293296
🕐10～19時30分（週一為14時30分
～）　休週日、8月公休一週

大教堂廣場周邊　MAP 別冊P21C4

Enoteca Alessi

可以試喝的葡萄酒專賣店

1樓為食材店，地下室為葡萄酒
館。依照國籍分類的葡萄酒，
其總數據說達兩萬之多。以義
大利酒為主要商品，也販售法
國、南美、
南非的葡萄
酒。也有專
門的工作人
員駐店。

DATA
🚇大教堂步行1分　🏠Via dell'Oche
27-29r　☎(055)214966
🕐9～13時、15時30分～19時30分
葡萄酒館為9～19時30分　休週日

Barberino Designer Outlet

暢貨中心

愛好購物的話千萬不能錯過暢貨中心,在這裡可以用平實的價格買到義大利特有的高級品牌,商品多到令人眼花撩亂。也提供翡冷翠出發的遊覽車及接駁車服務,不妨聰明活用。

坐落在義大利風情洋溢、有著清爽街景的暢貨中心。腹地內以Prada等知名義大利高級品牌為重心,約有100家世界品牌在此設店。折扣大約落在3~7折之間,而在夏季和冬季舉辦的兩次大拍賣中,價格又會壓得更低。除了流行服飾外,也販賣廚房用品等雜貨。

DATA
🚌翡冷翠S.M.N.站搭乘SITA巴士總站搭乘接駁車（見下表）,或是搭乘幹線巴士約40分
📍Via Meucci, Barberino di Mugello
📞(055)842161 🕐10~20時（週六、日為~21時） 📅無休

主要推薦的商店

設計師時裝店

PRADA
BRUNO MAGLI
CARACTÈRE
CALVIN KLEIN
D&G
COCCINELLE
DIFFUSIONE TESSILE
MISSONI
PINKO
POLLINI
UNITED COLORS OF BENETTON
等約90間店

設計簡約的
CARACTÈRE外套

印有商標圖案的POLLINI運動鞋

GUCCI的經典款包包的價格也十分合理

更多推薦!
翡冷翠郊區暢貨中心

The Mall

有Armani、Fendi、Gucci等品牌。
🚌翡冷翠S.M.N.站搭乘SITA巴士,或是搭乘接駁車 📍Via Europa 8 Leccio Reggello
📞(055)8657775 🕐10~19時 📅無休 🅴

Dolce & Gabbana Spaccio

有豐富的Dolce & Gabbana產品。🚌翡冷翠市中心搭乘計程車約1小時 📍S.Maria Maddalena, 49-Pian dell'Isola, Incisa in Val d'Arno 📞(055)83311 🕐9~19時（週日為~15時~） 📅無休 🅴

Prada

有五花八門的Prada的男女服飾配件。
🚌翡冷翠S.M.N.站至Montevarchi站約45分,再從車站搭乘計程車15分 📍Localita Levanella 68a, Montevarchi 📞(055)91901 🕐10時30分~19時30分（週六為9時30分~） 📅無休 🅴

Valdhichiana Outlet Village

網羅超過100家中階品牌的平價路線暢貨中心。
🚌翡冷翠S.M.N.站至Arezzo站約1小時,再從車站搭乘巴士50分 📍Via Enzo Ferrari 5, Localita' Le Farniole, Foiano della Chiana (AR) 📞(0575)649926 🕐10~20時（6~8月的週六、日為~21時） 📅無休 🅴

輕鬆前往暢貨中心

●自翡冷翠發車的接駁車
Barberino 集合地點：S.M.N.站前廣場
洽詢專線：📞(055)842161
1日4班 出發10時、12時、14時30分、16時30分
💶€15 不需預約

●自翡冷翠出發的接送遊覽車
Prada 集合地點、洽詢專線如下
1日2班 出發9時30分、13時
💶€40 最低成行人數4人

The Mall 集合地點、洽詢專線如下
1日2班 出發9時30分、14時30分
💶€25 最低成行人數2人

Prada與The Mall或是D&G
集合地點、洽詢專線如下
1日1班 出發9時30分（週六為9時45分出發）
💶€50 最低成行人數4人

集合地點
翡冷翠S.M.N.站內的姿當勞前
請在預約時確認是否有開到翡冷翠市內的飯店接送

洽詢專線
Enjoy Florence
義大利辦公處
📞(055)0515485
（週日、假日為📞(349)7774610）
🕐9~18時 📅無休

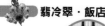

飯店

翡冷翠的飯店特色，在於許多飯店是由中世紀的宮殿或修道院改建而成。若選擇住在市中心外，也有價格稍貴、但講究住宿氛圍的飯店，可以依照自己的喜好做挑選。

波波利庭園周邊 別冊P18B4

Grand Hotel Villa Cora

多國名人曾下榻於此

作曲家柴可夫斯基曾投宿，目前是全世界VIP經常下榻的名門飯店。雖然隨處可以感受得到19世紀建築物的悠久歷史，但客房有提供網路等設備，相當先進。

DATA
🚃大教堂步行25分
🏠Viale Machiavelli 18
📞(055)228790　金T€310～　46室
★★★★L

新聖母瑪莉亞區 別冊P18B2

佛羅倫斯威斯汀精益酒店
The Westin Excelsior, Firenze

傳統與先進的融合

豎着雕像和大理石柱的正門讓人彷彿走進了宮殿，以骨董裝飾的客房十分優雅，但同時也提供高速上網和衛星電視等最新設備。

DATA
🚃新聖母瑪莉亞廣場步行10分
🏠Piazza Ognissanti 3
📞(055)27151　金S€650～T€900～　171室　★★★★★L

聖若望區 別冊P19C1

佛羅倫薩四季酒店
Four Seasons Hotel Firenze

感受歷史的美麗建築物

將文藝復興時期的修道院和宮殿翻修而成的飯店，可以從拱型天花板的餐廳、濕壁畫等處一窺歷史的軌跡。附設托斯卡納風餐廳和SPA，庭園還有戶外泳池。

DATA
🚃大教堂步行15分
🏠Borgo Pinti 99　📞(055)26261
金T€550～　116室
★★★★★

共和廣場周邊 別冊P20B4

Hotel Helvetia & Bristol

享受文藝復興的氣氛

用上嚴選傢俱和擺飾的客房呈現出文藝復興時期的氣氛。可以從套房遠眺聖母百花大教堂的圓頂。戈巴契夫也在此投宿過。

DATA
🚃共和廣場步行5分
🏠Via dei Pescioni 2
📞(055)26651　金S€220～T€290～　67室　★★★★★

新聖母瑪莉亞區 別冊P20A3

Grand Hotel Minerva

游泳池的視野極佳

乾淨俐落的客房相當寬敞，住起來相當惬意。面對新聖母瑪莉亞廣場，可以從屋頂的游泳池眺望聖母百花大教堂。

DATA
🚃S.M.N.站步行5分
🏠Piazza Santa Maria Novella 16
📞(055)27230　金S€129～T€149～　102室　★★★★

新聖母瑪莉亞區  別冊P18B1

Hotel Albani Firenze

在明亮氣氛中優雅度過

位在距離車站步行僅5分鐘的位置，卻擁有閑靜的環境。採用明亮色彩的客房和大廳，帶給人寬敞的氛圍，餐廳也十分推薦。改裝自20世紀初的集合住宅。

DATA
🚃S.M.N.站步行5分
🏠Via Fiume 12　📞(055)26030
金S€360～T€600～
102室　★★★★

領主廣場周邊  別冊P23C2

Continentale

無論是美術鑑賞或觀光都方便惬意

佇立在維奇奧橋頭，離烏菲茲美術館也很近的便利位置。室內裝潢採高雅白色為基調的現代感設計，是間體現義大利風格的飯店。

DATA
🚃大教堂步行10分
🏠Vicolo dell'Oro 6r　📞(055)27262
金S€120～T€180～
43室　★★★★

How to

雖然一整年都有不少旅客來到翡冷翠觀光，不過翡冷翠真正的旺季是4～10月，以及聖誕假期到新年期間；而5月的「翡冷翠音樂節」期間，飯店也是一位難求。此外，由於翡冷翠的主要觀光景點都是步行可以抵達的範圍，較不需要煩惱下榻飯店的地點，但基本上新聖母瑪莉亞中央車站（S.M.M.站）的北側對於觀光來說較不方便，最好避開這一帶的飯店為佳。此外，梅第奇、里卡迪宮所在的卡宮爾街一帶、S.M.N.站東側有較多平價的飯店。

🔵有諳英語的員工　🏠有餐廳　🏊有泳池　🏋有健身房

Gallery Hotel Art
領主廣場周邊　MAP 別冊P23C2
古都第一間藝術旅館

以現代藝術為設計主題，連在室內佈置的細節上也採用上等的皮革，展露出古都特有的品味。以黑白為基調的高雅氛圍亦受好評。

DATA
- 大教堂步行10分
- Vicolo dell'Oro 5　(055)27263
- ⑤€150～　①€150～
- 75室　★★★★

Hotel Lungarno
聖靈區　MAP 別冊P22B3
知名品牌Ferragamo老闆開設的飯店

位於阿諾河河畔的豪華飯店。由菲拉格慕集團親自經營，館內裝飾著菲拉格慕家自豪的收藏品，例如畢卡索和考克多的真跡與珍貴的骨董等，散發出獨樹一格的高級感。讓人連想到豪華郵輪的客房，則以氣質高雅的佈置及配色為一大魅力。這裡還有翡冷翠數一數二的景觀，可以從客房陽台遠眺阿諾河對岸的街景。

↑以藍紫色和白色為基底，配色清爽的客房
→擺盤有如裝飾品一般的招待水果

DATA
- 大教堂步行12分　Borgo Sant' Jacopo 14　(055)27261　⑤€270～
- ⑩€390～　73室　★★★★

Hotel Spadai
大教堂廣場周邊　MAP 別冊P21C2
入住18世紀的宮殿

將18世紀的宮殿建築加以改裝，客房以現代風格打造出寬敞舒適的空間，備有電視、浴缸、吹風機等基本設備。

DATA
- 自大教堂步行3分
- Via dei Martelli 10
- (055)6270800　⑤€70～
- ①€100～　72室　★★★★
- ※2015年5月底重新裝潢開幕，原為Hotel Fenice Palace

Hotel Brunelleschi
大教堂廣場周邊　MAP 別冊P21D4
與歷史同在的建築物

這座飯店有著翡冷翠最古老的塔樓，過去曾做為監獄使用。內部裝潢由石頭、木材和磚瓦所構成，同時具備了古典和新潮的印象。

DATA
- 大教堂步行5分
- Piazza S. Elisabetta 3
- (055)27370　⑤€475～①€ 500～　95室　★★★★★

Hotel Monna Lisa
聖若望區　MAP 別冊P19C2
將貴族宅邸改裝成飯店

將文藝復興時代的建築物改裝，並留下當時韻味的小型飯店。客房有附淋浴間或是浴缸，客房裝潢則各異其趣，衛星電視提供多國頻道的選擇。

DATA
- 大教堂步行10分
- Borgo Pinti 27　(055)2479751
- ⑤€119～①€169～
- 45室　★★★★

領主廣場周邊　MAP 別冊P23C1 **Hotel Pierre**　★★★★	最適合作為觀光的據點。客房帶著溫馨的氣氛，附有大理石打造的浴室。大領主廣場步行5分　Via de Lamberti 5　(055)216218　⑤€120～①€140～　50室
領主廣場周邊　MAP 別冊P23D2 **貝尼尼宮酒店** Hotel Bernini Palace　★★★★	改裝自15世紀的建築物。附有迷你吧，部分客房備有浴缸。大教堂步行8分　Piazza San Firenze 29　(055)288621　⑤€170～⑩€200～　74室
聖若望區　MAP 別冊P19C1 **Hotel Loggiato dei Serviti**　★★★	改裝自16世紀的女子修道院，床鋪附有頂蓬的客房別具趣味。大多數客房附的都是淋浴間。大教堂步行10分　Piazza S. S. Annunziata 3　(055)289592　⑤€110～①€130～　38室
聖靈區　MAP 別冊P22B3 **Pitti Palace**　★★★★	位於維奇奧橋邊，無論是要逛市中心或是阿諾河左岸都相當方便。維奇奧橋步行1分　Borgo S.Jacopo 3　(055)2398711　⑤€100～①€135～　87室
聖若望區　MAP 別冊P19C1 **Le Due Fontane Hotel**　★★★	雖然地點位在廣場旁，但飯店內部給人安心沉穩的氣息。只有一部分客房有浴缸。大教堂步行10分　Piazza S.S. Annunziata14　(055)210185　⑤€60～①€80～　62室
托納波尼街周邊　MAP 別冊P22B1 **Hotel Tornabuoni Beacci**　★★★★	讓人期待早餐時光的屋頂花園頗具好評，客房以骨董傢俱佈置。共和廣場步行4分　Via de'Tornabuoni 3　(055)212645　⑤€110～①€130～　60室

住宿於翡冷翠市內時，最多會被徵收10晚的城市稅。稅金收取方式依據飯店等級而異，從一星級1晚1人€1，到五星級L為1晚€5，10歲以下孩童則免稅。

當地導覽‧行程

對於什麼地方都想去的旅客來說，時間不夠實在是一大煩惱。在此介紹從當地出發的自費跟團行程，不僅可以省下時間和精力，也能遊遍景點。

※為2014年7月時的行程內容、費用。
◆關於時間、費用、出團日，可能會因季節而有所變動，請在報名時多加確認。
◆兒童票原則上適用於3～11歲（Mybus為2～11歲），但也會因為主辦公司和行程而有所不同，請在事前做好確認。

聰明遊覽景點♪

行程名稱	所需時間	出團日出發時間	費用	行程內容	供餐	日語導遊	最低成團人數	出發地	主辦公司
羅馬市內觀光上午半日遊	4小時	羅馬拉松舉辦日外的每日8時出發	成人€55兒童€38	遊覽聖彼得大教堂、圓形競技場、真理之口等充滿魅力的景點	無	○	1人	羅馬	①
梵蒂岡博物館半日遊	3小時30分	梵蒂岡博物館休館日外的週一～六8時出發	成人€60兒童€42	由專業導遊從梵蒂岡龐大的藝術品寶庫中，精選出作品詳加介紹。採團體預約入場，不用排隊即可入場	無	○	1人	羅馬	①
卡布里島一日遊	13小時	12～2月外的每日7時出發（冬季為7時30出發）	成人€170兒童€119	親眼見識以藍洞聞名的卡布里島。可能因天候而改變行程	○	○	1人	羅馬	①
歌劇院詠嘆調與民謠晚餐	3小時	12月31日外的每日19時出發	€70	欣賞義大利歌劇詠嘆調、民謠的歌聲，並享用義大利美食。12歲以下不得參加	○	○	1人	羅馬	①
拿坡里、龐貝一日遊	13小時	5月1日、12月25日、1月1日外的每日7時出發（冬季為7時30分出發）	成人€120兒童€84	美麗的港都拿坡里和古羅馬時代的遺址龐貝。最好穿好走的鞋子並攜帶太陽眼鏡	○	○	1人	羅馬	①
Enjoy Roma散步行程	3小時～3小時30分	請直接洽詢	€35（26歲以下€25）※有部分例外	由民營的觀光服務中心主辦，英語導遊會解說歷史與文化一面導覽。包含遺址遊覽等7種路線	無	無	3人	羅馬	②
110 open巴士	1小時45分（一圈）	特米尼站前出發8時30分～20時30分（冬季為～19時）	24小時€2048小時€25	搭乘公共交通運營商ATAC公司的110號觀光巴士遊市內一圈，可自由上下車。也有不可中途下車的NON STOP€15	無	有中文語音導覽	1人	羅馬	③
翡冷翠市內半日遊	3小時	復活節與其翌日、12月25日、1月1日外、每日9時出發	成人€45兒童€31	以步行參觀聖母百花大教堂、維奇奧宮、領主廣場、維奇奧橋等地	無	○	2人	翡冷翠	①
比薩斜塔半日遊	5小時	週一、三、五、日9時出發，每日14時出發	成人€80兒童€45	原本需要事先預約才能參觀的比薩斜塔內部，可以用團體預約的方式參觀。大教堂和洗禮堂僅參觀外觀	無	○	1人	翡冷翠	①

洽詢單位（主辦公司）

①Mybus Italy MAP 別冊P12A2
☎(06)4825560、義大利市內的免費預約專線
☎(800)366626 📠Via V.E. Orlando73 🌐www.mybus-europe.jp 集合地點為羅馬 MAP 別冊P12A2、翡冷翠 MAP 別冊P18B1

②Enjoy Roma MAP 別冊P5C2
☎(06)4451843 📠Via Margherita 8A
由於日期和集合地點等會因參加人數而有所變更，最好直接在辦公室預約
🌐www.enjoyrome.com/

③Trambus MAP 別冊P12B2
☎(06)6840901、☎(800)281281
從特米尼站前五百人廣場的巴士站出發。車票可以直接在五百人廣場中央的Trambus Open售票亭購買。
🌐www.trambusopen.com/

※MyBus為日本旅遊公司，導覽行程使用日語，Enjoy Roma有英語導遊隨行，Trambus則有中文語音導覽。

旅遊資訊

Travel Information

✓ 出發前CHECK!!

☐ 護照的有效期限（→P125）過了嗎？

☐ 機票、電子機票上的名字和護照相同嗎？

☐ 不能帶上機的物品（→P125）是否放進託運行李了？

☐ 金融信用卡的國外提款（→P130）密碼是否記下了？

✓ 預防「萬一」

☐ 複印一份護照的照片頁

☐ 投保國外旅遊傷害保險

☐ 記好信用卡上的緊急聯絡電話

✓ 為了更加愉快＆安全

☐ 查過當地氣候（→P135）了嗎？

☐ 查過當地的安全資訊（→P139）了嗎？

義大利出入境

從台灣的桃園國際機場飛往羅馬的菲烏米奇諾機場，每週有兩班直飛班機，飛行時間約17小時。不過目前仍未有直飛翡冷翠的航班。（2015年7月時）

從台灣直飛抵達菲烏米奇諾機場

建議在起飛前兩小時抵達。若需辦理手續，也必須將時間考慮進去。

義大利入境的流程

1（抵達） **Arrivo**

下機後依照看板的指示前進，前往入境檢查。

2（入境審查） **Controllo Passaporti**

向海關人員出示證件。大多確認護照上的照片與本人相符後，即會蓋章通過，但偶爾也會詢問旅行目的，幾乎不會做檢疫。

3（行李領取處） **A Ritiro Bagagli**

依照搭乘飛機的班機號碼，前往所屬的行李轉盤，取出行李。若一直等不到自己的行李，或是行李有毀損的狀況，就拿著託運時的存根（Claim Tag）請機場人員協助處理。存根聯一般會貼在機票的後面。

4（海關） **Dogana**

幾乎不會檢查行李的內容。如果攜帶超過一定金額的外幣時，必須事先申告（→P125）。

5（入境大廳） **Piano Arrivo**

有觀光服務處和外幣兌換所。

義大利出境的流程

1（報到） **Check-in**

依照看板指示，前往返國班機的航空公司櫃檯辦理，出示機票或電子機票及護照，辦理報到手續。若要在入關前辦理退稅，需將退稅物品放進託運行李；若選擇入關後再辦理退稅，需將退稅物品隨身手提帶上飛機。

2（海關） **Dogana**

如果攜帶超過一定金額的外幣時，必須事先申告（→P125）。

3（X光檢查） **Controllo di Sicurezza**

拿回機票和託運行李存根後，就前往X光檢查的窗口。要脫下鞋子和外套，手錶和貴金屬等會被偵測出金屬反應的物品記得事先除下，放進托盤中。電腦也須從包包中取出，另外放進托盤。

4（出境審查） **Controllo Passaporti**

向海關人員出示護照，確認是本人後即完成手續。

機位再確認

機位再確認（Reconfirm）是指返國前72小時須再次確認訂位狀況的意思。最近有許多航空公司都免去了這道手續，最好出發前詢問一下。

關於轉機

除了直飛羅馬的航班外，也有途經其他亞洲、歐洲城市的班機，不過轉機時可能會在各機場等上數小時。

義大利出入境時的限制etc.

簽證

在180天的期限內，若是以觀光為目的而滯留不超過90天則不需簽證。若是從申根公約國（※）入境的話，便不需要入境檢查。

※意指歐洲部分國家之間所締結的免審查協約，出入境申根公約國時，基本上不需要經過出入境檢查和海關檢查，僅需要簡單的護照檢驗即可通過。從台灣等非申根會員國入境時，需在第一站抵達的申根會員國進行入境、海關檢查，返國時也需在最後一站的的申根會員國接受出境、海關檢查。加入申根會員的有義大利、希臘、德國、奧地利、比利時、西班牙、法國、瑞士、盧森堡、荷蘭、葡萄牙、丹麥、冰島、挪威、瑞典、芬蘭、愛沙尼亞、拉脫維亞、立陶宛、波蘭、斯洛伐克、匈牙利、斯洛維尼亞、捷克、馬爾他、列支敦斯登等26國。

護照的有效期限

自回國日算起，有效期限必須要有90天以上。

外幣的攜入、攜出

攜帶相當於€1萬（含外幣）出、入境時需要申報。

免稅範圍

●貨幣…如上文 ●酒類…酒精濃度22%以上的酒1L，或22%未滿的酒2L，無氣泡葡萄酒4L，啤酒16L（限17歲以上攜帶） ●菸…香菸200枝或小雪茄（1支／3g以下）100枝或雪茄50枝或菸絲250g（限17歲以上攜帶） ●其他…伴手禮…價值上限€430（限以海路、空路入境時。未滿15歲則為€150）

「需要簽證嗎？」

簽證是指前往目的國的入國認證。簽證的需要與否和條件因國家而異。自2011年1月11日起，台灣護照持有者已不需簽證即可進入歐盟進行短期停留，護照有效期限至少需3個月以上。

「上機攜帶限制」

●化妝品、乳液、髮膠、牙膏、飲料等液體類在搭上飛機時有所限制。每件不得超過100ml，否則會遭到沒收。

返回台灣時的免稅範圍 （每名成人）

	品項	數量或價格	備註
	酒類	1公升	不限瓶數，以年滿20歲的成年旅客為限。
菸	捲菸	200枝（只限於沒有其他菸類時）	以年滿20歲的成年旅客為限。若超過免稅數量，請主動向海關申報並選擇紅線櫃通關。
	雪茄	25枝（同上）	
	菸絲	1磅（同上）	

其他行李物品的免稅範圍及數量以合於本人自用及家用者為限。	①非屬管制進口，並已使用過之行李物品，其單件或一組之完稅價格在新臺幣1萬元以下者。②免稅菸酒及上列以外之行李物品（管制品及菸酒除外），其稅價格總值在新臺幣2萬元以下者。
旅客攜帶貨樣，其完稅價格在新臺幣1萬2,000元以下者免稅。	①旅客攜帶貨樣等物，其價值合於「入境旅客攜帶行李物品報驗稅放辦法」所規定限額者，視同行李物品，免辦輸入許可證，辦理徵、免稅放行。②貨樣之通關，應依據「廣告品及貨樣進口通關辦法」等相關規定辦理。③旅客如對所攜貨樣是否符合上述規定或有疑義時，應經由紅線櫃通關。
攜帶新臺幣出境以10萬元為限；外幣入境不予限制，但超過等值美幣1萬元、人民幣逾2萬元、有價證券總面額逾等值1萬美元者，應於入境時向海關申報；攜帶黃金價值逾美幣2萬元者，請向經濟部國際貿易局申請輸入許可證，並辦理報關驗放手續。

※入境旅客攜帶管制或限制輸入之行李物品，或有上述應申報事項者，應填寫「中華民國海關申報單向海關申報，並經「應申報櫃」（即紅線櫃）通關。參照財政部關務署官網◾web.customs.gov.tw/。

禁止攜入與攜入限制

❶禁止攜入國內物品

毒品危害防制條例所列毒品、槍砲彈藥刀械管制條例所列槍砲、未經行政院農業委員會許可之野生動物活體及保育類野生動植物及其產製品、侵害專利權、商標權及著作權之物品、偽造或變造之貨幣、有價證券及印製偽幣印模、非醫師處方或非醫療性之管制物品及藥物、其他法律規定不得進口或禁止輸入之物品。

❷攜入數量有所限制物品

●農畜水產品及大陸地區物品限量

農畜水產品類6公斤，食米、熟花生、熟蒜頭、乾金針、乾香菇、茶葉各不得超過1公斤。大陸地區之干貝、鮑魚干、燕窩、魚翅各限量1.2公斤，罐頭限量各6罐。

●藥品、隱形眼鏡

旅客或隨交通工具服務人員攜帶自用之藥物，不得供非自用之用途。藥品成分含保育類物種者，應先取得主管機關（農委會）同意始可攜帶入境。

機場到市內的交通

機場到市區中心的交通（羅馬）

交通速見表

交通方式		特色
	鐵路	機場快線Leonardo Express是可從機場直接開往特米尼站（TERMINI）的直達列車。可直接將行李推車推上月台，對於行李多的人來說相當方便。
	計程車	走出入境大廳後，在正前方立有「TAXI」看板的招呼站搭車。搭到市內（奧勒良城牆內）採固定金額，內含夜間乘車費和行李費。若是抵達的時間晚了，也建議搭乘計程車。
	巴士	若當日開往市內的火車已停止行駛，這時就可以搭乘方便的夜間巴士。由於班次不多，若想早點出發的話，建議改搭計程車。

菲烏米奇諾機場（羅馬）
Aeroporto di Fiumicino

正式名稱為李奧納多‧達文西機場Aereporto di Leonard da Vinci。位於市中心的西南35公里處。有1、2、3、5等四座航廈。從台灣直飛的飛機會停在第3航廈。第1航廈是洲際線以外的義大利航空所有義大利班次、荷蘭皇家航空、法國航空、義大利唯一航空的起降站（前往其他歐洲國家的航班則停在第3航廈）。第2航廈則是廉價航空、包機起降站。第5航廈為美國、洲際線航班等使用。1樓為入境大廳，2樓為出境大廳。

觀光服務處

抵達樓層設有旅客服務中心，可在此免費洽詢前往市內的交通方式、索取市內地圖等，也提供飯店資訊及預約等服務。

外幣兌換處

各航廈都有外幣兌換處和ATM。不過，機場的匯率並不好，因此建議先兌換適量的計程車費或是火車車資即可。

IVA（增值稅）櫃台

辦理退稅手續的櫃台位於第1航廈和第3航廈。若希望退回IVA稅，在入海關前後皆有櫃台可辦理退稅，但手續略有不同（→P137）。

暫時寄物處

各航廈都設有暫時寄物處。可以將滯留時不會用到的行李寄放在這，享受一身輕的羅馬旅遊。

酒吧和咖啡廳從大清早就開始營業，推薦早點抵達機場點用早餐

機場內巡迴巴士

機場內有免費的接駁車。依國內線的出發樓層～國際線的出發樓層～國內線的抵達樓層～國際線的抵達樓層～機場辦公室～停車場的路線繞行。每15分鐘發車，為24小時行駛。

要從菲烏米奇諾機場前往羅馬市內有三種方式。最方便的是直達特米尼站的火車，從入境大廳過去也相當順暢。

車資（單程）	發車間隔	所需時間	洽詢專線
€14～	30~60分一班	約30分	Trenitalia 📞892021（需付費） ※義大利語
前往羅馬市內一律 €48		約60分	無線計程車 📞(06)3570、(06)4994、(06)6645
€5（車上購票為€7）	1小時一班	約60分	COTRAL Tiburtina 📞(800)174471 （免費電話）

※所需時間僅供參考，實際情況會因路上的交通狀況而有所變動。

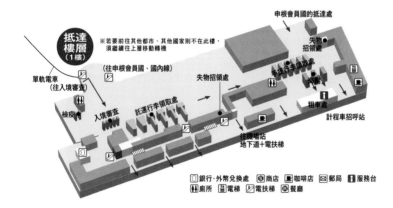

抵達樓層（1樓）

※若要前往其他都市、其他國家則不在此樓，須繼續往上層移動轉機

單軌電車（往入境審查）

（往申根會員國、國內線）

申根會員國的抵達處

失物招領處

手提行李領取處

海關

檢疫

入境審查

託運行李領取處

失物招領處

租車處

計程車招呼站

往機場站地下道＋電扶梯

🏦銀行·外幣兌換處　🛍商店　☕咖啡店　✉郵局　ℹ服務台
🚻廁所　🛗電梯　🔀電扶梯　🍴餐廳

從機場前往市區中心（翡冷翠）

位於翡冷翠郊區的機場有兩處。若抵達的是西北方的佩雷托拉機場Aeroporto di Firenze-Peretola（正式名稱為「亞美利哥·韋斯普奇機場」），可以從機場搭乘VOLA INBUS前往新聖母瑪莉亞中央車站前的巴士總站。車程約25分，單程車資為€6，可以在ATAF的售票處購買車票。若抵達的是比薩市區附近的伽利略機場Aereporto di Galileo Galilei，可以搭機場火車前往同一處車站。車程約1小時20分，車資為單程€9.20～。

停靠著各線機場巴士的新聖母莉亞中央車站

國內交通

在義大利國內移動，最多人使用的交通方式為鐵路。義大利鐵路Ferrivie dello Stato（簡稱FS，俗稱Trenitalia）的路線網羅了國內全土，也可以依照預算選擇列車的種類和座位等。

列車的種類

●飛箭高速列車Le Frecce

來往義大利各大都市，一律採劃位制的高速列車。有分成來往羅馬～翡冷翠的紅箭Frecciarossa（FR）等三種。若搭的是FR，可以選擇標準、高級、商務、豪華四種座位，車費浮動。

●歐洲城市特快車Eurocity（EC）

連結西歐主要都市的國際快速列車。須支付一般車資加特快費用，建議事先訂票較妥當。座位分成一等、二等兩種。夜間列車則為Euronight，顯示為EN。

●城際特快車Intercity（IC）

往來義大利各地的國內長距離特快車。除了一般車資之外，還需支付特快費用。全車採劃位制，別忘了事先訂票。座位一等、二等兩種，也有夜間列車。

●區域列車

有中距離快速火車Regionale Veloce（RV）和各站停車的Regionale（R）。

●法拉利高速列車Italo

民營的高速列車，往來米蘭、羅馬和拿坡里之間。座席為劃位制，從羅馬的堤布堤納（Tiburtina）站到翡冷翠的S.M.N.站的車資為€20～70（便宜車票的席位有限）。

車票的種類

車票除了一般車資外，還分成一、二等和往返、單程，還須加上特快費用和臥鋪費用。預約車票時須支付劃位費用（Le Frecce和IC車資已含劃位費用）。雖然車票大多將車資、特快、預約票統整為1張票，但有時也會因購票的車站和窗口而異。

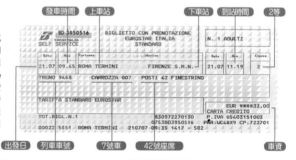

發車時間 / 上車站 / 下車站 / 到站時間 / 2等

出發日 / 列車號 / 7號車 / 42號座席 / 車資

跨都市的車資表

※翡冷翠～比薩之間的列車機乎都沒有1等席

出發地	目的地	車程	車資（1等）	車資（2等）
羅馬	翡冷翠	約1小時35分	€63	€43
翡冷翠	比薩	約1小時30分	無	€8

搭車時的實用 ♪ 單字

往～	per	出發	partenza
抵達	arrivo	車資	tariffa
出口	uscita	入口	entrata
廁所	bagno		
1等車	prima classe		
2等車	seconda classe		
單程票	biglietto di andata		

巴士折價卡 ※價格為2015年7月時

能在義大利派上用場的優惠票券中，歐洲火車通行證Eurail Pass可以搭乘城際特快車（IC）全線、歐洲城市特快車（EC）的義大利國內全線。票券的規則為在2個月的有效期限內選擇想使用的天數，能選擇的日數為3～10天。以下的通行券可以在官網訂購。

●Eurail Italy Pass

只要在使用期限內，就能自由搭乘城際特快車（IC）、歐洲城市特快車（EC）全線。3日券一等席€229、二等席€184。

●Eurail Italy Pass Saver

適合2～5名成人使用的團體優惠票。適用於團體優惠，每人的費用比Eurail Italy Pass還要划算。3日券一等席€196、二等席€158。

●Eurail Italy Pass Youth

只要在通行證開通後，持票人為12歲以上、未滿26歲即可使用。三日券一等席€184、二等席€151。

來搭一次火車吧

目的地 DESTINAZIONE
列車種類
出發的列車

1 (決定要搭乘的列車)

由於列車的種類五花八門，最好先評估旅遊行程和預算再來決定該搭乘哪種列車。此外，列車並非百分之百照表行駛，必須隨時確認最新資訊。

出發時刻 ORARIO
月台號碼 BINARIO

2 (買票)

購票時依照票券的種類而須在不同窗口購買。紅箭（Frecciarossa）和洲際特快（IC）等的售票窗口會各自以FR、IC標示。國內一般列車的窗口則標示為「BIGLIETTI ORDINARI」、國際列車為「BIGLIETTI INTERNAZIONALI」。若是預約車票則前往「PRENOTAZIONI」窗口。

在站內的自動售票機買票十分方便，可以不用在售票窗口等上長長的人龍。

3 (打印)

歐洲大部分的車站都沒有閘門，可以自由進出並直接搭乘列車，但一定要自行在打印機為車票印上乘車的時間。一般來說，打印機都會設置在月台的入口處。將車票插入打印機到底，等發出聲音後再抽起，並檢查有無打印成功。

若要長時間搭車時，最好事先準備好輕食及飲料等。羅馬和翡冷翠站內都設有酒吧和書報雜貨亭。

4 (前往月台)

若搭乘採劃位制的列車，則須確認票上的車廂號碼，搭乘與標示於列車側面的號碼相符的車廂即可。若是不須劃位的列車，則確認一等或二等車，搭乘與車票標記相同的車即可。

任誰都能自由進出的月台

由於車站沒有設置閘口，車站內包含月台任誰都可自由進出，站內也因此經常發生竊盜及扒手等狀況，請務必看管好手邊行李！尤其是在購買輕食和飲料時更須特別留意。

5 (搭車)

乘車時，由於月台與車廂間的落差相當大，最好將行李箱等大型行李調整到能自行提起的重量。長途列車會設置行李放置區，若攜帶行李箱等大型行李可以放置於此。根據車種不同，有時也會碰見必須將行李放置於座位邊的情況。

6 (下車)

雖然紅箭（Frecciarossa）一定會有車內廣播，但其他的車種有些不提供車內廣播，因此當預計到站時刻接近的時候，就要注意停車站的站名。

貨幣與兌換

使用歐盟統一的貨幣歐元。單位為歐元（Euro）和歐分（Cent）。
€1=100￠，￠1≒35.85新台幣（2015年8月匯率）。

紙幣的種類

紙幣分為7種面額，設計為歐洲各國共用，描繪著代表歐洲歷史和建築樣式的虛構建築物，正面為窗與門，背面為橋。

 €500
 €200
 €100

 €50
 €20
 €10
 €5

硬幣的種類

正面的設計雖然是歐盟各國統一，但背面的設計會因各國而有所不同。€2的背面為拉斐爾製作的但丁肖像畫，€1背面為李奧納多‧達文西的『人體比例圖』。50～1￠的設計都不一樣。

 €2
 €1
 50¢
 20¢
 10¢

 10¢
 5¢
 2¢
 1¢

消費的方式

方式	這種時候很方便	特別注意	在羅馬＆翡冷翠時
現金	到哪都能用。	攜帶過多現金可能招致意外。	抵達後需要些許現金，先換好基本花費吧。
信用卡 （服務電話→P140）	不必隨身攜帶太多現金，也可做為一種身分證明。各家信用卡公司在義大利皆設有海外辦事處。也可從ATM提領現金。	要先確認支付金額再簽名。	在百貨公司、精品店、餐廳等大多店家皆可使用。
國際金融卡 （服務電話→P140）	可以透過ATM，從國內帳戶提取現金當地貨幣。	匯率和手續費會因各公司的規定而異。	到處都有ATM，相當方便。

羅馬＆
翡冷翠的
物價參考

€1～
礦泉水
（500㎖）

€0.70～3
咖啡
（酒吧內）

€3～
啤酒
（單杯玻璃杯）

羅馬 & 翡冷翠的外幣兌換

每次兌幣皆會收取手續費，須謹慎運用。

機場、主要車站、市內銀行和飯店等地都能兌換。匯率雖因場所而異，但一般來說銀行的匯率最好。在觀光客聚集的地方也有很多外幣兌換處Cambio。匯率因店而異，匯率會顯示於店面。

街道上的外幣兌換處。匯率雖然不佳，但極需用錢時相當方便

匯率的看法

現金

	BILLET	
	ACHAT/BUYING	VENTE/SELLING
TWD	34.29	35.36

TWD=台幣
EUR=歐元

1萬台幣（現金）兌換成歐元的計算方式：
10000÷34.29≒€291.63

用剩的歐元怎麼辦？

回國後，可以在提供外幣兌換的銀行換回台幣。不過兌換的貨幣僅限紙鈔，硬幣無法兌換，須特別留意。

ATM的用法

羅馬 & 翡冷翠的街頭到處都有ATM。若攜帶印有符合標誌的國際金融卡，即可從自己的國內帳戶提領歐元現金。ATM雖然是24小時皆可利用，但要小心人少的時段和場所。

Cirrus
PLUS

設置在各道路上的ATM，盡量不要在夜間使用

1 將卡片插入，選擇語言

2 輸入密碼，按下確定（CONFERMARE）鈕

3 選擇提領金額

4 選擇金額後便會吐出卡片，立刻將卡片取回（若不立刻取回，ATM會基於安全考量將卡片沒收）

5 領取現金和收據

羅馬 €3 翡冷翠 €3.30

計程車（起跳價）

€1.20～

漢堡（麥當勞）

€20～

CD（專輯）

€7.50～

電影（1張全票）

電話

電話、上網預付卡可在義大利各大城市的車站、觀光景點等地購買。

從羅馬＆翡冷翠打電話回台灣

在此介紹最簡單方便的國際直撥方式，
例如撥打台北(02)1234-5678時，就是00-886-2-1234-5678

00	➡	886	➡	區域號碼	➡	對方的電話號碼
國際冠碼		台灣國碼		省略第一個0		

從台灣打電話到羅馬＆翡冷翠

例如要撥打羅馬(06)1234-5678時，就是002-39-06-12345678

002	➡	39	➡	區域號碼	➡	對方的電話號碼
國際冠碼		義大利國碼		省略第一個0		

■區域號碼要加0，羅馬為06、翡冷翠為055，手機號碼則須省略0。

撥打公用電話

雖然也有投幣式的電話，但目前以電話卡式為主流。
在售菸亭Tabbacchi和酒吧Bar、郵局購買Carta
telefonica（電話卡€5～）可以讓旅途更加方便，使
用前須將截角折斷。在義大利就算是撥打市內電話，也必須在電
話號碼前加入區域號碼（羅馬為06，翡冷翠為055）再撥打。
Carta Telefonica有分為市話用和國際電話用，購買前要先確認
好。

┌─ 國際電話的國碼 ─┐
● 義大利　39
● 台灣　886

便利電話簿、聯絡處

國內

●駐台大使館、外國駐台機構
教廷大使館
　　10667臺北市和平東路2段265巷7-1號1樓
　　☎02-2700-6847

義大利經濟貿易文化推廣辦事處
　　11012 臺北市基隆路1段333號18樓
　　1809室國貿樓
　　☎02-2345-0320

●航空公司
中華航空公司訂位專線（桃園機場－羅馬）
　　☎412-9000（手機撥號 02-412-9000）
網路訂票
　　https://caleb.china－airlines.com/olbn/travel.
aspx

●機場
桃園國際機場
　　第一航廈服務電話
　　☎03-2735081
　　第二航廈服務電話
　　☎03-2735086
　　旅客專用反映信箱
　　customer-service@mail.taoyuan-airport.com
　　緊急應變事件處理處理
　　☎03-2733550

●往機場的交通工具
桃園機場捷運（2015年7月時尚待開通）
　　http://www.tymetro.com.tw/
　　☎03-283-8888

巴士公司
　國光客運📞0800-010-138
　http://www.kingbus.com.tw/
　長榮巴士📞03-383-3801
　http://www.evergreen-eitc.com.tw/
　大有巴士📞0800-088-626
　http://www.airbus.com.tw/
　建明客運📞0800-051-519
　http://www.freego.com.tw/
　統聯客運📞0800-241-560
　http://www.ubus.com.tw/
　桃園客運📞0800-053-808
　http://www.tybus.com.tw/

台灣高鐵📞4066-3000
　（苗栗📞4266-3000　台東、金門📞4666-3000
　馬祖及行動電話📞02-4066-3000）
　http://www.thsrc.com.tw/

台灣鐵路管理局📞0800-765-888（限市話）
　📞02-2191-0096（市話、手機）
　http://www.railway.gov.tw/tw/

●外交部／檢疫／海關等
旅外安全資訊
　http://www.boca.gov.tw/

義大利

●大使館、代表處
中華民國（台灣）駐教廷大使館　📞(39-06)6813-6206
駐義大利代表處　📞(39-06)9826-2800

●緊急事故聯絡
駐義大利臺北代表處
（Ufficio di Rappresentanza di Taipei in Italia）
　地址：Viale Liegi 17, 00198 Roma, Italia
　📞(39-06) 9826-2800
在義大利遭遇急難事件需尋求協助時，可撥打代表處緊急聯絡電話📞36-6806-6434、34-0386-8580；或直接（或由國內親友）與外交部「旅外國人急難救助聯繫中心」聯絡，📞(03)398-2629,(03)393-2628, (03)383-4849, (02)2348-2999及0912-581-001，24小時均有專人接聽服務。

●緊急聯絡處
警察　📞113、112
救護車📞118、112
消防隊📞115、112

●可用英語溝通的醫院
International Medical Center84
（英語可／24小時受理）
　📞06-4882371

●航空公司
中華航空公司義大利服務處
地址：Viale Marco Polo 71, 00154 Roma, Italia
　📞39-06-4745045/4745050，39-06-4985606
　（訂位專線）

●信用卡
VISA全球緊急服務中心
義大利📞00-800-781-769
台灣📞0080-1-444-123
或者透過義大利電話接線生代為轉撥由Visa付費的緊急服務中心電話📞+1-303-967-1090。
全球緊急服務中心全年無休、24小時服務，提供掛失卡片、安排補發緊急替代卡、緊急預借現金服務，協助解決一切有關Visa卡和旅遊的疑問等。

MasterCard萬事達卡緊急支援服務
義大利📞00-800-870-866（免付費）
台灣📞00801-10-3400
持卡人在全世界七十餘國使用當地免付費電話撥至萬事達卡全球服務中心，或是與位在美國聖路易市的萬事達卡全球服務中心聯絡📞1-636-722-7111（英語，如果想以中文溝通，請以英語向服務中心說Mandarin Please，即可得到中文服務）。
萬事達卡全球服務中心可以提供的服務包含發卡銀行聯絡電話查詢服務、掛失卡片或申請緊急替代卡與緊急預借現金、MasterCard/Cirrus 全球自動提款機地點查詢、轉接至本國的發卡銀行服務部門，查詢信用卡餘額等資訊，或是依據其他請求轉接至相關的服務中心等。

JCB卡
JCB PLAZA Call Center（免費服務熱線）
義大利　📞00-800-3865-5486
24小時全年無休免費服務熱線，特別為日本以外國家的JCB持卡人，以中文、韓語、英語提供世界各地的JCB特約商店資訊，代訂飯店、餐廳、租車、票券等豐富旅遊資訊，以及海外旅遊時遭竊、遺失或發生事故、緊急糾紛時的緊急支援服務等。

基本資訊

為了在羅馬＆翡冷翠度過愉快的時光，來把這些基本資訊讀熟吧。

＊飲用水

義大利的自來水不建議生飲，若想喝水時就購買礦泉水Acqua Minerale吧。水有分成含氣泡的Gassata、不含氣泡的Naturale和微氣泡的Efervescente Naturale三種，購買時要記得確認清楚。雖然價格會因店家而異，不過500ml的寶特瓶裝大約是€1。

＊廁所

由於義大利幾乎沒有公共廁所，就算有也算不上乾淨，有需要就借用街上的咖啡廳或是酒吧的廁所吧。禮貌上來說，借完廁所後要在店裡點一杯飲料等，但若趕時間的話也可以簡單買罐裝礦泉水等。有些店家的廁所會上鎖，務必先主動向店員詢問是否能借用。美術館、博物館的廁所則可以自由使用。

＊電壓與插座

義大利的電壓為220V（少數地方為125V），頻率為50Hz。就算攜帶了台灣的電器用品，只要接上變壓器和雙圓頭C型轉接頭就能使用。

C型

＊營業時間

餐廳	…時12～15時、19時30分～23時	休週日、一
酒吧、咖啡廳	…時7時～深夜	休週日
商店	…時10～13時、15時30分～19時30分	休週日
百貨公司	…時9時～22時	休無休
美術館、博物館	…時9～19時	休週一
銀行	…時8時30分～13時、15～16時	休週六、日

＊尺寸對照表

女裝	台灣	7	9	11	13	15
	義大利	38	40	42	44	46
女鞋	台灣	22.5	23	23.5	24	24.5
	義大利	35	36	37	38	39
男裝	台灣	S		M		L
	義大利	44	46	48	50	52　54
男鞋	台灣	24.5	25	25.5	26	26.5
	義大利	39	40	41	42	43

＊本表僅供參考，實際情況會因廠牌而異，請留意

＊節日與活動

1月1日　元旦
1月6日　主顯節
4月5日　復活節※
4月6日　復活節隔日※
4月25日　解放紀念日
5月1日　勞動節
5月上旬~6月中旬　音樂節（翡冷翠）★
6月2日　共和國日（國慶日）
6月中旬　古典足球賽（翡冷翠）★
6月24日　守護聖人日（翡冷翠）
6月29日　守護聖人日（羅馬）
6月中旬　聖拉尼耶里紀念日（比薩）★
8月15日　聖母升天日

9月　義甲開幕戰（有時會在8月底開幕）★
9月下旬　歌劇院季開幕（翡冷翠）★
9月19~20日　歐洲文化遺產日★
10月下旬　歌劇院季開幕（羅馬）★
11月1日　萬聖節
12月8日　聖母受胎日
12月25日　聖誕節
12月26日　聖史蒂芬日

東方三博士慶祝耶穌誕生前來朝拜的主顯節。羅馬的那沃納廣場會有許多攤販。

標示為節日的地域性守護聖人日會因各城市而異，括號內為該城市。
★並非節日。　※會因年度而有所不同。刊載的是2014年11月~2015年10月的日程。

＊氣候與服裝建議

春❸~❺月
羅馬　穩定天氣持續，攜帶薄長袖即可，但早晚溫差大，要準備外套。
翡冷翠　3月雖然有時乍暖還寒，但天氣大致穩定，穿著薄長袖搭配薄外套即可。

夏❻~❽月
羅馬　7、8月的氣溫相當高，帽子和太陽眼鏡為必需品。為了避免夜晚著涼和室內冷氣過冷，最好帶件外套。
翡冷翠　地處內陸，非常悶熱。日照強烈，帽子和墨鏡為必需品。為防冷氣太強，多帶件可套上的服裝吧。

秋❾~⓫月
羅馬　10月開始穿薄毛衣，11月開始就要穿厚毛衣和大衣了。10月降雨日較多，記得帶支折傘。
翡冷翠　10~11月開始氣溫驟降，要穿厚毛衣和大衣。降雨日較多，記得帶支折傘。

冬⓬~❷月
羅馬　1~2月要穿厚毛衣和大衣，寒冷的地區不只是義大利北部，要徹底做好防寒準備。
翡冷翠　和羅馬相同，要穿厚毛衣和大衣，徹底做好防寒準備。

＊平均氣溫和降雨量

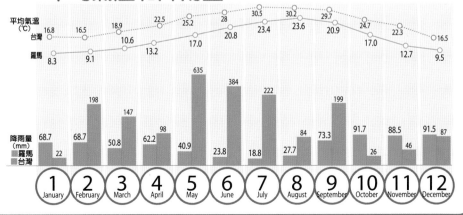

平均氣溫（℃）
台灣：16.8　16.5　18.9　22.5　25.2　28　30.5　30.2　29.7　24.7　22.3　16.5
羅馬：8.3　9.1　10.6　13.2　17.0　20.8　23.4　23.6　20.9　17.0　12.7　9.5

降雨量（mm）
羅馬：68.7　68.7　50.8　62.2　98　384　222　84　199　91.7　88.5　91.5
台灣：22　—　—　—　635　40.9　23.8　18.8　27.7　73.3　26　46　87

1 January　2 February　3 March　4 April　5 May　6 June　7 July　8 August　9 September　10 October　11 November　12 December

各種情境的基本資訊

觀光 Sightseeing

美術館、博物館的參觀要訣

最好在上午開館時到場，這樣就可以免去排隊的時間，悠閒欣賞。若行李太多的話，就先寄放在寄物處吧。

關於參觀教堂

教堂雖然也算是觀光景點，但其原意為做禮拜、舉辦婚喪儀式的嚴肅場所。若穿著背心、短裙、短褲等較為暴露的服裝會禁止入場。此外，也須留意別在週日的早晚、做禮拜時參觀。

優惠通行券

●羅馬
若購買3日內可自由運用的Roma Pass€36，前2個參觀景點可免費入場，第3個以後的景點則是享有優惠。不只可以自由搭乘大眾交通工具，還附有許多折扣優惠。此外，也有販售48小時內有效的通行券€28。可以在旅客服務中心、著名景點等地購買。
🌐 www.romapass.it
●翡冷翠
翡冷翠卡Firenze Card是72小時內有效的卡片，價格為€72。可以在市內的各大美術館、博物館免費入場一次，也可以自由搭乘市內的巴士和路面電車。可以透過網路，或是親自至旅客服務中心及美術館購買。
🌐 www.firenzecard.it

關於拍照

博物館和美術館有許多地方禁止拍照，就算是可以拍照的地點，大多也會禁止使用腳架和閃光燈。當然也不可觸碰藝術品等，必須遵守基本禮儀。

關於抽菸

依照法律，在美術館、博物館、機場、車站、餐飲店等室內、公共場所全面禁菸。若違反法律的話會被科以罰金，務必留意。

觀光稅

在羅馬參觀市立美術館等觀光景點入場時，以及搭乘各種觀光巴士，還有搭乘台伯河觀光船都會被徵收€1的觀光稅。

值得信賴的夥伴！ 旅客服務中心

特米尼站旅客服務中心
🏢 Staz. Termini ☎ (06) 0608（總機）　🕗 8～20時（電話為9～21時）　休無休　MAP 別冊P12B3

※除了上述位置外，主要觀光景點處附近都設有旅客服務中心

美食 Gourmet

餐廳種類

●餐廳 Ristorante…一般多指裝潢奢華的高級餐廳。
●餐館 Trattoria…意指食堂，多為充滿家常氣氛的餐廳，可以享用地方菜餚等。
●小酒館 Osteria…由過去的小型旅館改建而成，如今散發出與餐館類似的氛圍。
●披薩店 Pizzeria…披薩專賣店，可以吃到道地的窯烤披薩。
●葡萄酒館 Enoteca…原本設在葡萄酒店的一隅，以供應客人單杯葡萄酒和下酒菜為起始，現在也有不少店家提供正餐。
●酒吧 Bar…和日本、美國那種開懷暢飲的酒吧不同，主要提供咖啡、飲料和輕食。通常會從一大早營業到深夜。
●咖啡廳 Caffè…比酒吧更具高級感，可以坐在店裡或露天座放鬆身心。
●冰淇淋店 Gelateria…冰淇淋專賣店，設有用餐區的店家並不多。

營業時間

餐廳和餐館基本上都是中午營業12:00～15:00，晚上營業19:30～23:00左右。酒吧則是從早上8:00一路開到深夜，並在中午提供午間套餐、晚上推出Happy Hour暢飲時光等，依時段提供多種服務。

關於訂位

雖然很少有僅限訂位客人光顧的餐廳，但知名店家常有訂位滿檔的情況，若要週末晚間用餐的話，建議訂個位以求安心。若沒有訂位的話，在19～20時左右前往較可能有位子。

點菜的方式

全餐為前菜→第一道主食→第二道主菜＋配菜→甜點。不過，就算是義大利人，也很少人會真的點用全餐。也可以採前菜→第二道主菜→咖啡之類的點法，自由搭配。此外，不用點餐便會自動送上的麵包已含在開桌費（Coperto）內，就算不吃也會收費。

小費

付錢時先確認帳單，若已經加算服務費的話基本上就不需再給小費。若是吃了一頓滿意的餐點，就擱下€2～5左右的小費聊表謝意吧。若是不含服務費的餐廳，通常會給與總額的15%左右作為小費。切記別將小費直接遞給店員，而是拿回找零時再放置於找零盤上。不過大多數餐廳都已含服務費。

進店打招呼是基本
禮貌，不可以擅自
觸碰商品

購物 Shopping

營業時間

通常是10:00～19:30，許多店家會在中午休息1～2
小時。週日和假日基本上是公休，也有很多店家週
一在下午才開始營業。此外，不少店家會在8月的
夏季避暑期公休2～3週。

退稅手續

義大利的商品價格內含4～22%的IVA（增值稅）。
居住在歐盟圈外的旅客，只要一天在一間店鋪消費
滿€154.94，就可以藉由手續退還2～14.5%的購物
金額。不過先決條件是這些商品必須為個人使用，
並且在出關前以未開封使用的狀態下才能退稅。所
有的退稅手續必須在購買當月最後一天的三個月內
辦妥。

❶ 在店裡…於TAX FREE SHOPPING的加盟店內購
物時，只要購物金額到達標準，就可以出示護照，
填寫免稅手續單。

❷ 在機場…若欲將退稅品託運上飛機，必須在出境
審查前的海關辦理手續。向航空公司櫃檯報到後，
將貼上貼條的行李箱帶到海關處，出示護照、機
票、退稅單、收據、未開封使用的購買商品，交給
海關蓋章。
若要將退稅品手提帶上飛機，就在出境審查後的海
關辦理退稅。若還會在歐盟圈內轉機，則必須在最
後一個歐盟國家辦理退稅手續。

❸ 領取退稅金額…在當地機場的退稅櫃檯，出示蓋
上海關認證章的退稅單，即可當場領取退稅金額
（手續費€3），原則上退稅款項以當地貨幣為主。
若希望以信用卡退稅的話，則將退稅單與收據一同
裝進專用信封，投入海關旁的專用信箱。
※上述的退稅手續以環球藍聯（Global Blue）的辦
理方式為準。🔗www.global-blue.com

飯店 Hotel

飯店的等級與種類

義大利的飯店（Albergo）是依據政府規定，分為
一星級到五星L級等六個等級，住宿費用也幾乎和
星數成正比。雖然二星級以下的飯店可能沒有迷你
吧、浴缸等，在設備層面上稍差一截，但還是有環
境整潔、空間寬敞的客房。星級頂多只是參考依
據，並不代表服務優劣。此外，大部分的飯店都會
附早餐。住宿時會以觀光客為對象收取一晚€3～7
（羅馬）、€1～5（翡冷翠）的住宿稅。

小費

若是投宿高級飯店，建議以小費向細心服務的工作
人員表示感謝的心意。小費同時也是和工作人員溝
通交流的工具之一，一點付出想必能讓服務品質更
上一層樓。雖然較便宜的旅館通常不須支付小費，
但若在特別委託交辦事項時，不妨以小費聊表心
意。
● 侍者幫忙搬行李進客房
→ 領收行李時，一個行李給€1
● 委託禮賓部預約餐廳
→ 預約完成時給予約€5

禮儀

只要在客房外，都與街頭同樣屬於公共場合，請不
要穿著拖鞋、睡衣等到走廊、大廳，也注意不要大
聲喧嘩。此外，若有洗衣服的話，請將衣服晾在浴
室內，不可晾在陽台上。若想晚點起床，記得將
「Non Disturbare, Per Favore」牌子掛在門外。

入住／退房

一般來說，大約是下午2點左右開始辦理入住。不
過有時若太晚抵達，會被取消預約。若是超過晚上
6點才會抵達的話，最好在預約時告知預計抵達時
刻。大部分飯店的退房時間都是中午12點。

從古典的歷史建築飯
店到家族經營的民宿
應有盡有

旅行的突發狀況

生病的時候

若症狀嚴重時，千萬不要勉強，趕快去看醫生吧。若是請飯店櫃台幫忙，飯店大多會協助安排醫師。若有投保海外旅遊傷害險，可以透過投保單位協助急難救助服務，大部分的保險公司全年無休，24小時皆能即時提供介紹合作醫院的服務，若有需要還會派出翻譯同行。即使是要自行前往看診，也要盡早和保險公司聯絡，並遵照指示填寫表單。

■可用英語溝通的醫院

International Medical Center 84
⌂Via Firenze 47
☎ (06) 4882371

遭竊或遺失的時候

為了讓受害程度減到最低，一定要立刻採取正確的應對方式。務必事先記下聯絡方式，或者預防萬一在出發前抄給在台灣的家人。

護照

1.向警方報案
到當地的警局報案，並請警方開立竊盜（遺失）報案證明文件。若是在飯店內遭竊或是遺失，就依據必要與否，也請飯店開立證明。

2.通報護照遺失
前往駐義大利代表處，辦理護照掛失手續。必要的文件為 ①遺失普通護照申請書一份（和窗口索取） ②警方開立的竊盜（遺失）報案證明文件等 ③兩吋照片（長45mm×寬35mm）兩張 ④身分證明文件（駕照等）。

3.申請補發護照
申請補發護照。除了手續費之外，必要的文件為 ①普通護照申請書一份（和窗口索取） ②警察局開具的竊盜（遺失）證明 ③兩吋照片（長45mm×寬35mm）兩張

3.為回國申請入國證明書
若來不及補發護照，可申請「入國證明書」。必要文件為①入國證明申請書1份（向窗口索取） ②遺失護照說明書及報案證明 ③兩吋照片（長45mm×寬35mm）兩張 ④身分證件影本

信用卡

1.向發卡機構連絡
為了避免被盜刷，首先要向發卡的機構連絡，並辦理掛失。

2.向警方報案
為了證明卡片遭到盜刷，須向當地警局報案，請警方開立竊盜（遺失）報案證明文件。若是在飯店內遭竊、遺失，也請飯店一同開立證明。

3.補發新卡
根據補發機構的不同，有些會由當地分行在數天內發行為期約1個月的臨時卡。請遵循發卡機構的指示。

行李

1.向警方報案
雖然大多是一去不回，但還是建議向當地警局報案，請警方開立竊盜（遺失）報案證明文件。若是在飯店內遭竊、遺失，就依據必要與否，也請飯店一同開立證明。

2.回國後向保險公司索賠
若有投保海外旅遊險，其中包含行李損失的話，回國後須立刻向保險公司聯絡，要求索賠。由於屆時會需要當地警方所開立的竊盜（遺失）報案證明文件，報案時切記向警方索取。

⑩ 項意外預防法

① 出發前將護照影印一份。

② 要記好信用卡遺失時的連絡電話、卡片號碼和有效期限。此外，在付款時一定要先確認過金額再簽名。

③ 物品不離身，盡可能避免使用後背包，將肩包的拉鍊拉好，並置於身前。

④ 離開客房外出時記得將行李箱上鎖，若有貴重物品，則放入保險櫃。

⑤ 不要隨身攜帶大量現金，也不要攜帶寶石等貴重物品。

⑥ 盡量遠離車道，要小心騎機車和開車的搶包賊。

⑦ 義大利街頭常出現一面喊著知名足球選手的名字，硬將編織手環套上遊客手腕，藉此強行索取費用的案例。尤其是在西班牙廣場、科索街、特萊維噴泉、圓形競技場、那沃納廣場等主要景點要特別留意。

⑧ 小心突然上前熱心攀談的陌生人。擺出強勢的態度，若察覺到危險就大聲呼救。

⑨ 不要喝陌生人提供的飲料（可能會摻入安眠藥）。

⑩ 盡量避免夜間單獨行動，日落後盡量搭乘計程車移動。

出發前確認

旅外安全資訊

外交部領事事務局全球資訊網
🌐www.boca.gov.tw/

要是在當地發生狀況

駐義大利代表處（羅馬）

🏠Viale Liegi 17. 00198 Roma, Italia
📞(06) 98262800
當地緊急聯絡電話
📞3668066434、3403868580

外交部緊急聯絡中心
📞00800-0885-0885

緊急撥號

警局　📞113、112
救護車　📞118、112
消防局　📞115、112

緊急時的基本 義大利文

救命！　Aiuto！
住手！　Smettila！
小偷！　Al ladro！
叫警察！　Chiamate la polizia！
叫救護車！　Chiamate un'ambulanza！

郵寄、網路 & 電子郵件

寄往台灣

我想把這個寄到台灣
Vorrei mandare questa in Taiwan.

明信片・信件

基本服務為優先郵件Posta Prioritaria，郵資方面，寄到台灣等亞洲國家的一般信件未滿20克為€2.30、20～50克為€4、50～100為€5。郵票可以在郵局及售菸亭購買。寄往國外的信件一律以航空寄送，大約會在一週後寄達台灣。記得在收件地址的最後加註「TAIWAN」，並用紅筆畫上底線，為防萬一，在加上AIR MAIL會更為周全。

包裹

可以從郵局寄包裹到台灣。也可以在郵局直接購買包裹套組（瓦楞紙箱和膠帶）。若沒有妥善將包裹封好，郵局可能會拒收，須多加留意。如果趕時間的話，就向櫃台索取EMS國際快捷包裹專用的表單，寫下收件資訊等寄出。EMS大約1個星期左右會送達，航空郵件大約10日，海運則大概會花上3個月。郵資方面，箱子的3個邊合計在225公分以內、重量未滿1公斤的話為€46.96～，1公斤以上未滿30公斤則是€238.50～。

航空郵件的寫法

```
Air Mail ❸                    郵票
                              23145
     (內容)          ❶ 新北市新店區
                       寶橋路235巷
                       6弄6號7樓
                       人人出版社收
  周人人  ❹          ❷ TAIWAN
```

❶寫下對方的地址和姓名，這裡可以用中文
❷國名用英文書寫，寫大一點比較明顯
❸用紅筆註明這是航空信件
❹在空白處寫上自己的名字

網路 & 電子郵件

1小時多少錢呢？
Quanto costa un'ora?

在飯店

許多3星以上的飯店，在大廳或是商務中心都設置有可以讓房客自由使用的電腦。客房的無線網路服務多是以1小時為單位收取費用。最好在申請時事先詢問費用和使用時間。若是免費上網的話需要輸入密碼。

網路狀況

就街頭的網路狀況來說，和台灣相比，義大利的Wi-Fi熱點相當少。不過最近在公共設施、廣場等地方逐步增設了免費熱點。速食店和咖啡廳的Wi-Fi有分為免費、付費、密碼的需要與否等等，會依據店家而有所不同。此外，若在大街上太過專注於滑手機或平板電腦，容易成為扒手下手的對象，須提高警覺。

客房內的上網環境會因飯店而異

INDEX
索引
分門別類方便查詢

INDEX

翡冷翠

時尚・可愛・慢步樂活旅

ラ ラ チッタ
Lala Citta

ROMA FIRENZE

國家圖書館出版品預行編目（CIP）資料

羅馬・翡冷翠 / JTB Publishing, Inc.作；
廖晟翔翻譯. ── 第一版. ──
新北市：人人, 2015.08
面；公分. ──（叩叩世界系列；2）
ISBN 978-986-461-013-6（平裝）
1.自助旅行 2.義大利羅馬
3.義大利佛羅倫斯

745.719　　　　　　　104013490

JMJ

【 叩叩世界系列 3 】

羅馬・翡冷翠

作者／JTB Publishing, Inc.
翻譯／廖晟翔
編輯／潘涵語
發行人／周元白
排版製作／長城製版印刷股份有限公司
出版者／人人出版股份有限公司
地址／23145 新北市新店區寶橋路235巷6弄6號7樓
電話／（02）2918-3366（代表號）
傳真／（02）2914-0000
網址／http://www.jjp.com.tw
郵政劃撥帳號／16402311 人人出版股份有限公司
製版印刷／長城製版印刷股份有限公司
電話／（02）2918-3366（代表號）
經銷商／聯合發行股份有限公司
電話／（02）2917-8022
第一版第一刷／2015年8月
定價／新台幣400元

日本版原書名／ララチッタ ローマ フィレンツェ
日本版發行人／秋田　守
Lala Citta Series
Title: ROMA FIRENZE
Copyright © 2014 JTB Publishing, Inc.
All rights reserved
First published in Japan in 2014 by JTB Publishing, Inc. Tokyo
Chinese translation rights arranged with JTB Publishing, Inc.
through CREEK & RIVER Co., Ltd. Tokyo
Chinese translation copyrights © 2015 by Jen Jen Publishing Co., Ltd.

Find us on
人人出版・人人的伴旅

人人出版好本事
提供旅遊小常識＆最新出版訊息
回答問卷還有送小贈品
部落格網址：http://www.jjp.com.tw/jenjenblog/

從這裡拆下來

羅馬・翡冷翠
別冊 **MAP**

CONTENTS

MAP 符 號 標 示

ℍ 飯店	♉ 銀行
➌ 旅客服務中心	⊜ 郵局
Ⓜ 地鐵站	⊞ 醫院 ⊗ 警察
✈ 機場	◆ 學校・公家機關
♀ 巴士站	♨ 教堂

地區
Navi

羅馬的地鐵只有兩條路線，簡單易懂也比較準時，可以多加利用。
兩條路線所交錯的特米尼站提供旅客許多便利的服務。

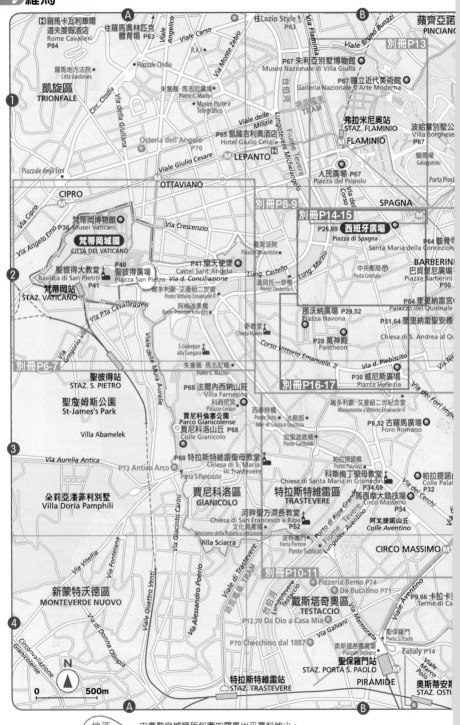

地區
Navi
由奧勒良城牆所包圍的羅馬出乎意料地小。
特米尼站到特拉斯特維雷區的直線距離約3公里，步行約1小時。

Viale Liegi
駐義大利代表處
Via Giovanni Paisiello
Via Salaria
Via Tagliamento
Corso Trieste
Via Santa Costanza
Via Rodolfo Lanciani
Via dei Monti Tiburtini
Via Monti di Pietralata
Circonvallazione Nomentana

Viale Regina Margherita
Via Nomentana
Villa Mirafiori

薩拉里奧區
SALARIO
Villa Paganini
Villa Massimo

波給塞美術館 P67
Galleria Borghese
Villa Torlonia
Viale Villa Massimo De-Rossi
諾門塔諾區
NOMENTANO

BOLOGNA

提布提納站
STAZ. TIBURTINA

Corso d'Italia
庇亞門
Porta Pia

POLICLINICO

Viale delle Province

TIBURTINA

Via Tiburtina
Via di Portonaccio

別冊P12

Via XX Settembre
財政部
Ministero del Tesoro e del Bilancio

天使聖母教堂 P65
Chiesa di Santa Maria degli Angeli

CASTRO PRETORIO
Admiralty Arch
國立圖書館
Biblioteca Nazionale

Enjoy Roma
P122

Viale Regina Elena

維拉諾墓園
Cimitero Campo Verano

城外聖羅倫佐教堂
San Lorenzo Fuori le Mura

REPUBBLICA
TERMINI

羅馬歐劇院
Teatro dell'Opera di Roma P53

特米尼站
STAZ. ROMA TERMINI

Via Marsala
Viale delle Scienze
羅馬大學
Città Universitaria

空軍總部
Ministero della Difesa Aeronautica

Da Franco P73

堤布堤諾區
TIBURTINO

CAVOUR

雪地聖母大教堂 P65
Basilica di Santa Maria Maggiore

維多利歐・艾曼紐二世廣場
Piazza Vittorio Emanuele II

聖羅倫佐門廣場
Pza di Porta S. Lorenzo

Tram Tram P73

Arco degli Aurunci P74

Circonvallazione Tiburtina

VITTORIO EMANUELE

奧比歐公園
Parco Oppio

COLOSSEO
埃斯奎利諾山丘
Monte Esquilino

Via Emanuele Filiberto
Via Porta Maggiore
Viale A. Manzoni

馬喬雷門
Porta Maggiore

Via Prenestina

圓形競技場 P8,33
Colosseo
Via Labicana

MANZONI

聖克里蒙堂 P66
Basilica di S. Clemente

Café Café P76

Villa Wolkonsky

聖階
Scala Santa

國立樂器博物館
Museo Nazionale d. Strumenti Musicali

Via del Pigneto

Via L'Aquila

P65 拉特蘭聖若望大教堂
Basilica di San Giovanni in Laterano

Viale Carlo Felice

聖若望門
Porta S. Giovanni

Via la Spezia

切利歐山丘
Monte Celio

聖史蒂芬圓形教堂
S. Stefano Rotonda

Via Amba Aradam

SAN GIOVANNI

REBIBBIA

梵蒂岡城區
特米尼站

TIBURTINA

Via Druso

RE DI ROMA

圖斯克蘭廣場
Pza Tuscolo

Piazza dei Re di Roma

Via Gallia
Via Acaia

PIRAMIDE

CINECITTÀ
ANAGNINA
LAURENTINA

PONTE GALERIA
菲烏米奇諾機場
[李奧納多・達文西機場]

強皮諾機場

Viale delle Terme di Caracalla
Via di Porta Latina

Pza Zama

Pza Galeria

Via Latina

阿底提納門
Porta Ardeatina

聖賽巴斯提亞諾門
Porta San Sebastiano

往阿庇亞古道

0   5km

Fiume Tevere

OSTIA ANTICA

LIDO DI OSTIA

提雷諾海
Mare Tirreno

LIDO DI CASTEL FUSANO

● 觀光景點   ● 餐廳・咖啡廳   ● 商店   H 飯店

5

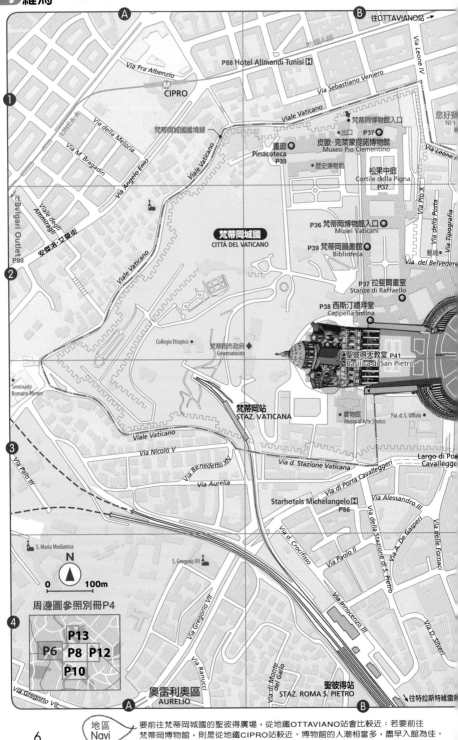

往OTTAVIANO站

P88 Hotel Alimandi Tunisi H

CIPRO

梵蒂岡城國國境線

您好餐
Ni H

梵蒂岡博物館入口
出口 P37
皮歐·克萊蒙提諾博物館
Museo Pio Clementino

畫廊
Pinacoteca
P39

歷史博物館

松果中庭
Cortile della Pigna
P37

梵蒂岡城國
CITTÀ DEL VATICANO

P36 梵蒂岡博物館入口
Musei Vaticani

P39 梵蒂岡書館
Biblioteca

郵局

P37 拉斐爾畫室
Stanze di Raffaello

P38 西斯汀禮拜堂
Cappella Sistina

聖彼得大教堂 P41
Basilica di San Pietro

往Bvlgari Outlet
P80

安傑洛·艾摩街

Collegio Etiopico

梵蒂岡市政府
Governatorato

Seminario
Romano Minore

梵蒂岡站
STAZ. VATICANA

實物館
Museo d'Arte Storico

Pal. d. S. Uffizio

Via Nicolò V

Via Benedetto XV

Via d. Stazione Vaticana

Largo di Po
Cavallegge

Via Aurelia

Via di Porta Cavalleggeri

Via Alessandro III

Starhotels Michelangelo H
P86

S. Maria Mediatrice

N

0   100m

S. Gregorio VII

奧雷利奧區
AURELIO

聖彼得站
STAZ. ROMA S. PIETRO

往特拉斯特維雷

周邊圖參照別冊P4

P13
P6 P8 P12
P10

地區
Navi — 要前往梵蒂岡城國的聖彼得廣場,從地鐵OTTAVIANO站會比較近;若要前往
梵蒂岡博物館,則是從地鐵CIPRO站較近。博物館的人潮相當多,盡早入館為佳。

↑往OTTAVIANO站

ia della Pizza P74

Via Germanico

Via dei Gracchi

P19 Alexandra

Via Fabio Massimo

Via Paolo Emilio

Via Cola di Rienzo

Castroni P14

Via Catullo

普拉蒂區 PRATI

Via Boezio

Via Orazio

Via Tacito

Via Cicerone

郵局

Via Virgilio

Via Cassiodoro

路面電車 TRAM

奧運動廣場 Piazza del sorgimento

Via Crescenzio

Via Ovidio

Via Properzio

Via Tibullo

Via Terenzio

Via P. Leto

P77 Calabascio

Via S. Porcari

Borgo Angelico

Via Cancellieri

Via Alberico II

Via Pietro della Valle

S. Maria Carmelit

郵局

P74 Enoteca Costantini

卡富爾廣場 Piazza Cavour

Via Falco

P.za A. Capponi

Hotel Alante Star P86

Via G. Vitelleschi

Piazza Adriana

最高法院 Palazzo di Giustizia

Via Triboniano

Via d. Mascherino

Hotel S. Anna P87

Vic. del Farinone

Via d. P. Palline

Borgo Vittorio

Borgo Pio

卡賓槍騎兵隊

聖天使堡 P41 Castel Sant'Angelo

Casa Madre dei Mutilati

Piazza Città Leonina

Via Rusticucci

Via dei Corridori

Via d. Campanie

S. Maria in Traspontina

Piazza Pia

Largo Mutilati e Invalidi di Guerra

城堡河岸大道 Lungotevere Castello

Piazza Pio XII

Via Pfeiffe

Pal. Torlonia

協和大道

Via della Conciliazione

Largo Giovanni XXIII

梵蒂岡河岸大道 Lungotevere Vaticano

國立聖天使博物館入口

聖天使橋 P52 Ponte S. Angelo

San Pietro 廣場

Via VI

Borgo S. Spirito

Ss. Michele e Magno

Hotel Columbus P86

La Veranda P73

Via S. Pio X

恩利科文藝復二世橋 Ponte Vittorio Emanuele II

P.za Ponte Sant'Angelo

Lungotevere Tor di Nona

Via d. Penitenzieri

Ospedale S. Spirito

P.za Pasquale Paoli

Via Paola

Via d. Banco di S. Spirito

P.za del Coronari

念珠商街

Via dei Coronari

帕里奧內橋區 PONTE PARIONE

Gelateria del Teatro P46

Porta S. Spirito

阿梅迪奧橋

Pal. Gaddi

P.za dell'Oro

Corso Vittorio Emanuele II

Via d. Banchi Nuovi

Via d. Monte Giordano

Principe Amedeo Savoia Aosta

Piazza Della Rovere

Ponte Principe Amedeo Savoia Aosta

Chiesa di S. Giovanni dei Fiorentini

Largo Tassoni

Via del Gianicolo

P48 Utilefutile

Pal. dei Filippini

新教堂 Chiesa Nuova

Salita di S. Onofrio

Via di S. Onofrio

薩維亞提宮 Pal. Salviati

Pal. Sforza Cesarini

Via Giulia

Via d. Cefalo

Via d. Banchi Vecchi

新教堂廣場 P.za d. Chiesa Nuova

Ospedale del Bambin Gesù

Collegio Pontificio Americano del Nord

Fiume Tevere 台伯河

S. Giuseppe alla Lungara

Via d. Gonfalone

Lungotevere del Sangallo

P80 Sotto L'arco

雷荀拉區 REGOLA

Via Monserrato

往威尼斯廣場

Via Aurelia

Passeggiata del Gianicolo

Via d. Orti d'Alibert

Lungotevere Gianicolense

Vicolo d. Prigioni

P.za dei Ricci

Spirito Santo dei Napoletani

Via S. Eligio

Largo L. Perosi

Ponte G. Mazzini

●觀光景點　●餐廳·咖啡廳　○商店　H飯店

♪ 羅馬

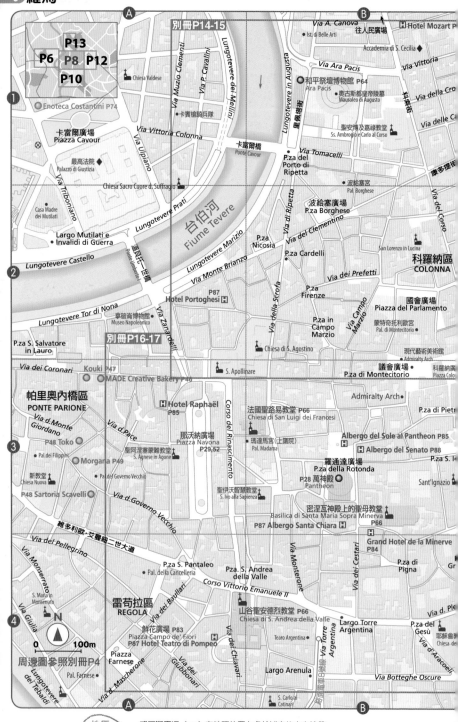

地區 Navi　威尼斯廣場（C4）在地理位置上處於城市的中心地帶，而被稱為羅馬的肚臍，也是主要道路在此交錯的圓環道。

SPAGNA M

Via Lombardia
P86 Hotel Savoy H
伊甸園酒店
Hotel Eden P84
Via Ludovisi
Via Emilia

羅馬威斯汀精益酒店
The Wesin
Excelsior, Rome P69,84
巴廖尼女王飯店
Regina Hotel Baglioni P84
路德維希區
LUDOVISI

Hotel Piazza di Spagna P88
Condotti P88   P26,69
聖三一教堂
Chiesa della Trinità dei Monti P64

西班牙廣場
Piazza di Spagna H Hotel Hassler P84

H Intercontinental de la Ville P84

Via Condotti

S. Isidoro
Via Liguria
維內多街
Hotel Majestic H
Via Versilia
Via V. Vento
Via San Basilio
義大利航空
Via Leonida Bissolati
Via Sallustiana
V. S. Nicola da Tolentino

el d'Inghilterra P85
Via Due Macelli
V. Gregoriana
西斯汀大街 Via Sistina

骸骨寺 P64
Santa Maria della Concezione

Via Frattina
Hotel Homs P88
天主教布道局
Collegio di Propaganda Fide
Via F. Crispi P88 Hotel King
Hotel Bernini Bristol
P84

蜜蜂噴泉
Fontana delle Api
Via Barberini

la Vite
Via Capo le Case
P86 Hotel Barocco H
巴貝尼街

中央郵局
Posta Centrale
Via della Mercede
佛拉特聖安德烈教堂 P64
Chiesa di Sant'Andrea delle Fratte
P50 巴貝里尼廣場
Piazza Barberini
BARBERINI
地鐵A線 LINEA A

國立古代藝術美術館(巴貝里尼宮)
Galleria Nazionale d'Arte Antica
(Palazzo Barberini)
P64

西爾維斯特廣場
P.za San Silvestro

Via del Tritone

海神廣場
Largo d. Tritone

Via Rasella
Via XX Settembre

Stanta Maria in Via
海神街
Via d.Maroniti
P12,71 Tritone
Via in Arcione
Nuovo Quattro Fontane H
四噴泉
Le Quattro Fontane
聖卡羅四噴泉教堂
San Carlo alle Quatro Fontane
Via d. Quattro Fontane

Rinascente
eria Alberto Soldi P.za
Crociferi

特萊維區
TREVI

奎里納雷山丘
Monte Quirinale

特萊維噴泉
Fontana di Trevi
P27,69
H Fontana Hotel P87

國立義大利麵博物館 P65
Museo Nazionale delle Paste Alimentari

Via del Quirinale
奎里納雷聖安德烈教堂 P51,64
Chiesa di S. Andrea al Quirinale

往共和廣場

Via M. Minghetti
奎里諾劇院
Teatro Quirino
Via dell'Umiltà
P64 奎里納宮
Palazzo del Quirinale
Via della Dataria

Via Ferrara
Via Piacenza
Via Genova
警察總局
Questura Centrale

Via d. Lucchesi
奎里納雷廣場
Piazza del Quirinale

P72 Antonello Colonna
羅馬展覽宮
Palazzo delle Esposizioni
S. Vitale

瓦倫蒂尼宮的古羅馬房舍 P65
Le Domus Romane di
Palazzo Valentini
Villa Colonna
Pal. d. Consulta

Via della Consulta

P75 Mr.Chow

Via Palermo
どうぞ P75
Doozo

維米納雷山丘
Colle Viminle

聖徒教堂
Ss. Apostoli
Pal. Pallavicini
Rospigliosi
Via Nazionale
郵局
民族街

Via Milano

Via del Corso
P.za Ss. Apostoli
科羅納美術館(科羅納宮) P65,69
Galleria Colonna (Palazzo Colonna)
S. Silvestro al Quirinale
義大利銀行
Banca d'Italia

Via del Boschetto

亞·潘菲列美術館
Galleria Doria Pamphilj
Via C. Battisti
Via IV Novembre
Hotel Bolivar P87
Via Mazzarino
S. Agata dei Goti
Via Panisperna

蒙提區

威尼斯宮
Palazzo Venezia
威尼斯廣場 P30
Piazza Venezia
大拿坡里廣場
Largo Magnanapoli
Via Panisperna
Via S. Agata dei Goti
Via dei Serpenti

Contesta Rock
Hair P79

S. Marco
Ss. Nome di Maria
Via Alessandrina
S. Caterina a Magnanapoli
Ss. Domenico e Sisto
P75 支倉
Hasekura

圖拉真市場 P66
Mercati di Traiano

Via Zingari

維多利歐·艾曼紐二世紀念堂
Monumento a Vittorio Emanuele II
奧古斯都廣場
Foro di Augusto
Via Leonina

往圓形競技場

●觀光景點　●餐廳·咖啡廳　●商店　H飯店

9

♪ 羅馬

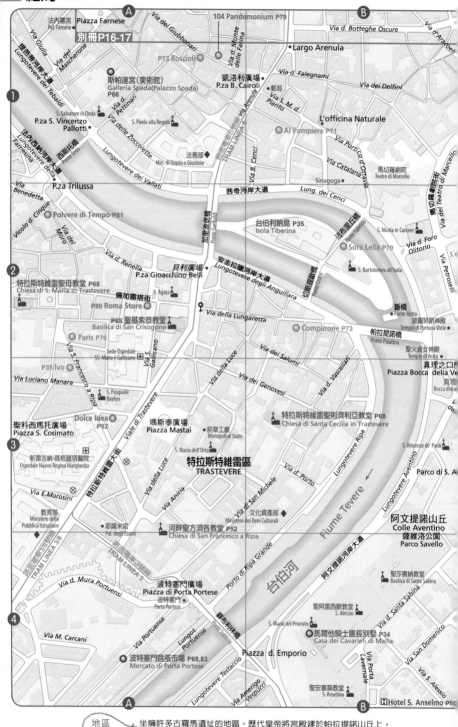

法內塞宮
Pal. Farnese
Piazza Farnese
Via dei Giubbonari
104 Pandemonium P79
Via d. Bottegne Oscure
Via d'Argon

別冊P16-17
Via del Mascherone
Via d. Monte delle Farina
• Largo Arenula

斯帕達宮(美術館)
Galleria Spáda(Palazzo Spada)
P66
P73 Roscioli
凱洛利廣場•
P.za B. Cairoli
Via d. Falegnami
Via dei Delfini

Via Pettinari
郵局
Via S. M. d. Pianto

S. Salvatore in Onda
P.za S. Vincenzo Pallotti•
S. Paolo alla Regola
L'officina Naturale

Via delle Zoccolette
Al Pompiere P71
Via Portico d'Ottavia

法務部
Min. di Grazia e Giustizia
馬切羅劇院
Teatro di Marcello

Via Catalana
Sinagoga •

P.za Trilussa
茜奇河岸大道
Lung. dei Cenci

S. Nicola in Carcere

Polvere di Tempo P81
台伯利納島 P35
Isola Tiberina
Via d. Foro Olitorio

貝利廣場
P.za Gioacchino Belli
安圭拉腊河岸大道
Lungotevere degli Anguillara
Sora Lella P70
S. Bartolomeo all'Isola

特拉斯特維雷聖母教堂 P68
Chiesa di S. Maria in Trastevere
斷橋
Ponte Rotto

倫加塔街
P80 Roma Store
Via della Lungaretta
波德努斯神殿
Tempio di Fortuna Virile

聖基索恭教堂
Basilica di San Crisogono
Comparone P73
帕拉提諾橋
Ponte Palatino

Paris P70
Via dei Salumi
聖火貞女神殿
Tempio di Vesta

P35 Ivo
Via della Luce
Via dei Genovesi
真理之口
Piazza Bocca della Ve

S. Pasquale Baylon
特拉斯特維雷聖則濟利亞教堂 P68
Chiesa di Santa Cecilia in Trastevere
S. Vincenzo de' Paoli

聖科西馬托廣場
Piazza S. Cosimato
瑪斯泰廣場
Piazza Mastai
菸草工廠
Monopolio di Stato
Parco di S. A

Dolce Idea P82
S. Maria dell'Orto
Via d. Porto

新雷吉納•瑪格麗塔醫院
Ospedale Nuovo Regina Margherita
特拉斯特維雷區
TRASTEVERE
阿文提諾山丘
Colle Aventino

Via E.Morosini
Via di San Michele
薩維洛公園
Parco Savello

教育部
Ministero della Pubblica Istruzione
文化資產部
Ministero dei Beni Culturali

耶蘇米宮
Pal. degli Esami
河畔聖方濟各教堂 P52
Chiesa di San Francesco a Ripa
聖薩賓納教堂
Basilica di Santa Sabina

波特塞門廣場
Piazza di Porta Portese
波特塞門
Porta Portese
聖阿雷西歐教堂
S. Alessio

Via d. Mura Portuensi
Porto di Ripa Grande
台伯河
馬爾他騎士團長別墅 P34
Casa dei Cavarieli di Malta

Via M. Carcani
Via Portuense
蘇布利休橋
Ponte Sublicio
Piazza d. Emporio
聖安塞莫教堂
S. Anselmo
H Hotel S. Anselmo

波特塞門跳蚤市場 P68,83
Mercato di Porta Portese
Lungotevere Testaccio
Via Amerigo Vespucci

A
B

地區
Navi
坐擁許多古羅馬遺址的地區。歷代皇帝將宮殿建於帕拉提諾山丘上，而被視為羅馬立國聖地，也是能一望古羅馬廣場全貌的絕佳觀景處。

圖拉真廣場
Foro Traiano

圖拉真市場 P66
Mercati di Traiano

P75 支倉
Hasekura

Via degli Zingari

Via Baccina

Via Leonina

CAVOUR M

Largo Visconti
Venosta

P75 SITAR

●維多利歐·艾曼紐二世紀念堂
Mon. a Vitt. Emanuele II

天壇聖母堂
S. Maria in Aracoeli

奧古斯都廣場
Foro di Augusto

Ss. Quirico e Giulitta

Via Madonna dei Monti

聖彼得鎖鏈教堂
Basilica di San Pietro in Vincoli

1

凱薩廣場
Foro di Cesare

Piazza
Aracoeli

卡比托利利博物館
(卡比托利諾美術館) P31
Musei Capitolini

康比托利歐廣場
Piazza del Campidoglio

元老宮
Pal. Senatorio

比托利尼博物館(保守宮美術館) P31
Musei Capitolini

涅爾瓦廣場
Foro di Nerva

Ss. Luca e Martina

卡富爾街 Via Cavour

Via Frangipane

羅馬大學工學部
Facoltà di Ingegneria

S. Lorenzo in Miranda

Ss. Cosma e Damiano

Via dei Fori Imperiali

Via del Colosseo

Via delle
Carine

圖拉真公園
Parco Traiano

Via della Consolazione

S. Maria d. Consolazione

凱薩神殿

馬克森提烏斯會堂
Basilica di Massenzio

Largo G. Agnesi

COLOSSEO M

Oppio Caffè
P33

Via Terme di Tito

Piazza
Consolazione

古羅馬廣場 P9,32
Foro Romano

S. Francesca Romana

Via Nicola Salvi

S. Eligio dei Ferrari

Via di San Teodoro

S. Teodoro

提圖斯凱旋門
Arco di Tito

Via Sacra

入口

圓形競技場
Colosseo
P8,33

2

Giovanni Decollato

S. Giorgio in Velabro

法尼斯花園
Orti Farnesiani

P33 君士坦丁凱旋門
Arco di Costantino

圓形競技場廣場
Piazza del Colosseo

雅努斯凱旋門
Arco di Giano

Casa di Livia

帕拉提諾山丘 P32
Colle Palatino

LINEA B

Via Celio Vibenna

Via Claudia

Santeo P77

S. Anastasia

Pal. dei Flavi

Viale d. Parco del Celio

尼祿庭園
Ninfeo di Nerone

斯梅丁聖母教堂 P34,69
Chiesa di Santa Maria in Cosmedin

Pal. di Augusto

Via di San Gregorio

Ex Antiquarium Comunale

3

馬西摩大競技場街

Stadio di Domiziano

入口

Clivo di Scauro

聖額我略教堂
S. Gregorio Magno

聖額望及保羅大教堂
Ss. Govanni e Paolo

Via dei Cherchi

馬西摩大競技場 P34
Circo Massimo

S. Sebastiano al Palatino

切利歐山丘
Monte Celio

N

Piazzale Ugo La Malfa

Clivo dei Publicii

Via d. Terme Deciane

Via del Circo Massimo

0   100m

周邊圖參照別冊P4

Largo Arrigo VII

S. Prisca

Via d. Fonte di Fauno

卡佩納門廣場
Piazza di Porta Capena

Largo Vittime d. Terrorismo

4

聖普利斯卡教堂
S. Prisca

Viale Aventino

M CIRCO MASSIMO

Via d. Terme di Caracalla

P13

d. Tempio di Diana

聖普利斯卡廣場
Piazza S. Prisca

往PIRAMIDE站

聯合國糧食農業機構
F.A.O.

P6 P8 P12

P10

●觀光景點   ●餐廳·咖啡廳   ●商店   H飯店

11

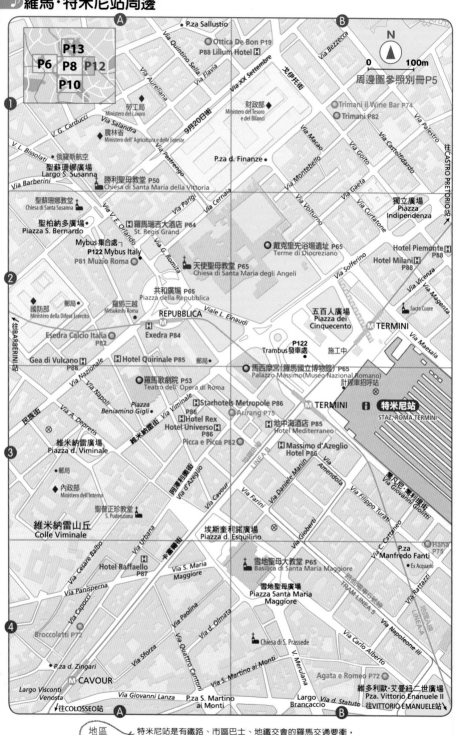

P13
P6 P8 P12
P10

A B

N

0 100m
周邊圖參照別冊P5

• P.za Sallustio
● Ottica De Bon P19
P88 Lilium Hotel H

往CASTRO PRETORIO站

● Trimani il Wine Bar P74
● Trimani P82

Via Quintino Sella
Via Flavia
Via XX Settembre
北伊托街
Via Bezzecca
Via Palestro

1

Via Aureliana
勞工局
Ministero del Lavoro
Via Salandra
農林省
Ministero dell' Agricoltura e delle Foreste
9月20日街
Via Pastrengo
財政部
Ministero del Tesoro
e del Bilanci
Via Macao
Via Goito
Via Castelfidardo

V. G. Carducci

V. L. Bissolati
俄羅斯航空
聖蘇珊娜廣場
Largo S. Susanna
Via Barberini
勝利聖母教堂 P50
Chiesa di Santa Maria della Vittoria
• P.za d. Finanze
Via Montebello
Via Gaeta
獨立廣場
Piazza
Indipendenza

聖蘇珊娜教堂
Chiesa di Santa Susanna
Via V. E. Orlando
Via Parigi
Via Cernaia
Via Volturno
Via Curtatone

聖柏納多廣場
Piazza S. Bernardo
H 羅馬瑞吉大酒店 P84
St. Regis Grand
Hotel Piemonte
P88
Hotel Milani H
P88

Mybus 集合處
P122 Mybus Italy
P81 Muzio Roma ◆
Via G. Romita
● 戴克里先浴場遺址 P65
Terme di Diocreziano
天使聖母教堂 P65
Chiesa di Santa Maria degli Angeli
Via Solferino
Via Vicenza
Via Magenta

往BARBERINI站

2

國防部
Ministero della Difesa Esercito
郵局
◆ 羅馬三越
Mitsukoshi Roma
共和廣場 P65
Piazza della Repubblica
Viale L. Einaudi
五百人廣場
Piazza dei
Cinquecento
Sacro Cuore
M TERMINI

Via Maesala

Esedra Calcio Italia ◎
P82
Exedra P84

REPUBBLICA

P122
Trambus 發車處
施工中

Gea di Vulcano H
P88
H Hotel Quirinale P85
郵局 •
● 馬西摩宮(羅馬國立博物館) P65
Palazzo Massimo (Muséo Nacional Romano)
計程車招呼站

Via Nazionale
Via Napoli
◆ 羅馬歌劇院 P53
Teatro dell' Opera di Roma
Via Viminale
M TERMINI
i 特米尼站
STAZ. ROMA TERMINI

民族街
Via A. Depretis
Piazza
Beniamino Gigli
H Starhotels Metropole P86
P86
H Hotel Rex
Hotel Universo H
P86
Picca e Picca P82
Arirang P75
地中海酒店 P85
Hotel Mediterraneo

3

郵局 •
維米納雷廣場
Piazza d. Viminale
Via d'Azeglio
Via Cavour
Via Farini
H Massimo d'Azeglio
Hotel P86
Via Daniele Manin
Via Amendola
Via Filippo Turati
Via Giovanni Giolitti
往艾曼紐二世廣場

內政部
Ministero dell'Interno
聖普正珍教堂
S. Pudenziana

維米納雷山丘
Colle Viminale
Via Urbana
埃斯奎利諾廣場
Piazza d. Esquilino
Via Gioberti
Via C. Cattaneo
P.za
Manfredo Fanti
Hana P75

Via Casare Balbo
Hotel Raffaello H
P87
Via S. Maria
Maggiore
雪地聖母大教堂 P65
Basilica di Santa Maria Maggiore
Ex Acquazzi

Via Panisperna
Via Capocci
Via Paolina
雪地聖母廣場
Piazza Santa Maria
Maggiore
TRAM LINEA 5
Via Rattazzi

4

Broccoletti P72
Via Sforza
Via d. Olmata
Chiesa di S. Prassede
Via Carlo Alberto
Via Napoleone III
LINEA 4

• P.za d. Zingari
M CAVOUR
Via Quattro Cantoni
Via S. Martino ai Monti
V. Merulana
Agata e Romeo P72 ◎

Largo Visconti
Venosta
往COLOSSEO站
Via Giovanni Lanza
P.za S. Martino
ai Monti
Largo
Brancaccio
Via d. Statuto
維多利歐·艾曼紐二世廣場
Pza. Vittorio Emanuele II
往VITTORIO EMANUELE站

A B

地區
Navi
特米尼站是有鐵路、市區巴士、地鐵交會的羅馬交通要衝，
也因此常發生專挑觀光客下手的扒手與竊盜，須特別留意。

C

Viale Bruno Buozzi

TRAM LINEA3/19號線

P13

P6 P8 P12

P10

Via di Villa Giulia

↑往奧林匹克體育場

路面電車3/19號線 TRAM LINEA 2/19號線

Via G. Filangeri

弗拉米尼亞街 Via Flaminia

Piazza della Marina

Via D. A. Azuni

Via P. S. Mancini

Via M. Fortuny

Via d. Scialoia

Via C. Beccaria

往LEPANTO站→

P67 朱利亞別墅博物館
Museo Nazionale di Villa Giulia

羅馬尼亞學士院
Accademia di Romania

荷蘭學院
Ist. Olandese

比利時學士院
Accad. Belga

Villa Strohl Fern

Villa Ruffo

Via Giustiniani

弗拉米尼奧站
STAZ. FLAMINIO

M FLAMINIO

往奧林匹克體育場方向
的2號線路面電車乘車處

弗拉米尼奧廣場
Piazzale Flaminio

Viale Luisa di Savoia

人民門
Porta del Popolo

V. Maria Cristina

P67 人民廣場
Piazza del Popolo

Hotel Locarno H

P88

Bomba
V. d. Penne P42

Via A. Brunetti

Pizza Rè
P74

Buccone P42

Via del Vantaggio

Via di Ripetta

Lungotevere in Augusta

台伯河
Fiume Tevere

N

0 100m

周邊圖參照別冊P4

D

Via A. Cancani Via Giuseppe Mangili

Via Vallisneri

建築專門學校
Facoltà di Architettura

Via A. Gramsci

英國學士院
Accademia Britannica

P.za S.Bolivar

P.za Thorwaldsen

國立近代美術館 P67
Galleria Nazionale d'Arte Moderna

Viale delle Belle Arti

Via Ulisse Aldrovandi

馬利賽 亞維瓦蘭街

Via di Viale Giulia

費杜西廣場
Piazzale Firdusi

寶琳娜波給塞廣場
Piazzale Paolina Borghese

Viale Folke Bernadotte

埃斯庫拉庇烏斯神殿
Tempio di Esculapio

波給塞別墅公園 P67
Villa Borghese

Piazzale del Fiocco

Viale Fiorello la Guardia

Viale G. Washington

雨果廣場
Piazzale Victor Hugo

Piazzale delle Canestre

Viale delle Magnolie

蘋果山丘 P67
Monte Pincio

Viale Valadier

Viale G. D'Annunzio

人民聖母教堂 P51
Chiesa di Santa Maria del Popolo

聖山聖母教堂
(雙子教堂)
Santa Maria di Montesanto

Canova P43

Borsalino P19,79

奇蹟聖母教堂(雙子教堂)
Santa Maria dei Miracoli

Babette P76

H Hotel Valadier P86

Fabriano P16,43

Via Margutta

Via del Corso

Via del Babuino

Museo Atelier
Canova Tadolini
P42

Via A.Canova

H Hotel Mozart P87

Accademia di S. Cecilia ◆

Via Ara Pacis

Via Vittoria

騎馬場
Galoppatoio

Viale del Galoppatoio

Viale del Muro Torto

Viale Trinità dei Monti

聖三一街

梅第奇別墅
Villa Medici

戰神廣場區
CAMPO MARZIO

SPAGNA M

H Hotel Manfredi

別冊 P14-15

P26,69 西班牙廣場
Piazza de Spagna

往BARBERINI站→

C D

◉觀光景點　●餐廳‧咖啡廳　◎商店　H飯店

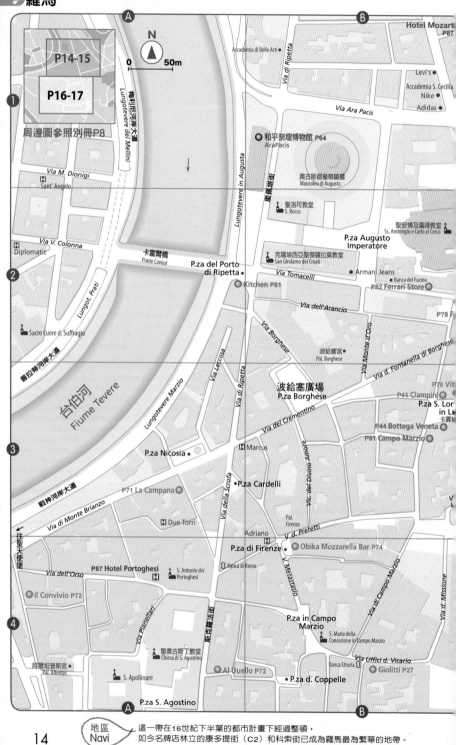

地區 Navi 這一帶在16世紀下半葉的都市計畫下經過整頓，如今名牌店林立的康多提街（C2）和科索街已成為羅馬最為繁華的地帶。

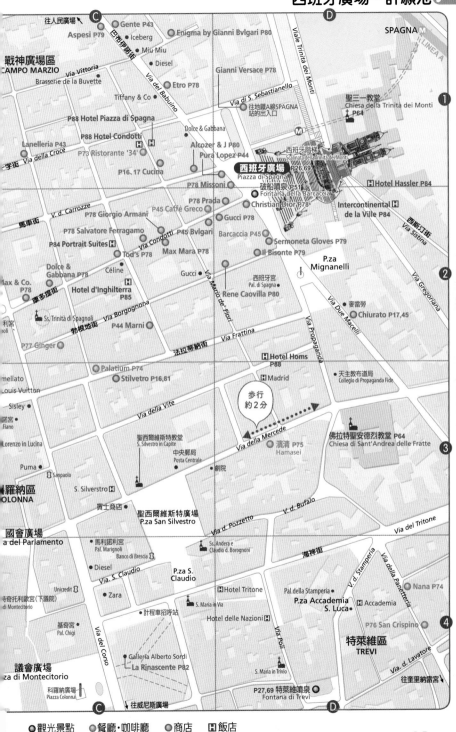

SPAGNA M

LINEA A

往人民廣場
C
Gente P43
Aspesi P79
Iceberg
Enigma by Gianni Bvlgari P80
Miu Miu
戰神廣場區
CAMPO MARZIO
Via Vittoria
Diesel
Brasserie de la Buvette
Gianni Versace P78
Etro P78
Via del Babuino
Via di S. Sebastianello
Tiffany & Co
往地鐵A線SPAGNA
站的出入口
聖三一教堂
Chiesa della Trinita dei Monti
P64
P88 Hotel Piazza di Spagna
Dolce & Gabbana
P88 Hotel Condotti
Lanelleria P43
Alcozer & J P80
西班牙階梯
Scalinata della Trinita dei Monti
Via della Croce
P79 Ristorante '34'
Pura Lopez P44
一字街
P16、17 Cucina
西班牙廣場
Piazza di Spagna P51
Hotel Hassler P84
M
P78 Missoni
破船噴泉 P51
Fontana della Barcaccia
V. d. Carrozze
P78 Prada
Christian Dior P78
Intercontinental
de la Ville P84
馬車街
P45 Caffè Greco
Gucci P78
P78 Giorgio Armani
Via Sistina
西斯汀街
P78 Salvatore Ferragamo
P45 Bvlgari
Barcaccia P45
Sermoneta Gloves P79
P84 Portrait Suites H
Max Mara P78
Tod's P78
Il Bisone P79
Dolce &
Céline
P.za
Mignanelli
Gabbana P78
Gucci
西班牙宮
Max & Co.
Pal. di Spagna
P78
Via Gregoriana
Hotel d'Inghilterra
P85
Rene Caovilla P80
Via Due Macelli
喬多提街
Ss. Trinita di Spagnoli
Via Borgognona
勃根地街
麥審諾
Chiurato P17,45
P44 Marni
Via Propaganda
P77 Ginger
Via Frattina
法拉蒂納街
Palatium P74
Hotel Homs
P88
Stilvetro P16,81
Madrid
天主教布道局
Collegio di Propaganda Fide
Louis Vuitton
Via della Vite
Sisley
步行
約2分
Fiano
佛拉特聖安德烈教堂 P64
Chiesa di Sant'Andrea delle Fratte
Lorenzo in Lucina
Via della Mercede
聖西維斯特教堂
S. Silvestro in Capite
濱清 P75
Hamasei
Puma
Sanpaolo
中央郵局
Posta Centrale
劇院
羅納區
COLONNA
S. Silvestro H
賓士商店
聖西爾維斯特廣場
P.za San Silvestro
Via d. Pozzetto
V. d. Bufalo
國會廣場
a del Parlamento
馬利諾利宮
Pal. Marignoli
Banco di Brescia
Ss. Andera e
Claudio d. Borognoni
海神街
Via del Tritone
Unicredit
Diesel
Via S. Claudio
P.za S.
Claudio
Pal.della Stamperia
Via della Panetteria
Nana P74
Zara
Hotel Tritone
P.za Accademia
S. Luca
Accademia
聖瑪利亞歐院（下議院）
di Montecitorio
S. Maria in Via
Hotel delle Nazioni H
特萊維區
TREVI
基奇宮
Pal. Chigi
Via del Corso
Via Poli
P76 San Crispino
議會廣場
za di Montecitorio
Galleria Alberto Sordi
La Rinascente P82
S. Maria in Trivio
Via d. Lavatore
往奎里納雷宮
科羅納廣場
Piazza Colonna
C
往威尼斯廣場
P27,69 特萊維噴泉
Fontana di Trevi
D

◉觀光景點　⚫餐廳‧咖啡廳　◍商店　H飯店

15

地區 Navi 這個地區仍保有中世紀的風情，有著錯綜複雜的巷弄、歷史悠久的小店，以及市民熙來攘往的廣場等。從特萊維噴泉（D1）步行到萬神殿（B2）約需10分。

往康多提街

Via U. d. Vicario
Giolitti P27

蒙特奇托利歐宮(下議院)
Pal. di Montecitorio

基奇宮
Pal. Chigi

Galleria Alberto Sordi
La Rinascente P82

特萊維聖母教堂
S. Maria in Trivio

Albergo Nazionale
議會廣場
P.za di Montecitorio

Colonna
Palace Hotel

科羅納廣場
Piazza Colonna

P27,69 特萊維噴泉
Fontana di Trevi

步行約2分

P63 AS Roma Store

Inesa Sanpaulo

特萊維區
TREVI

P.za Capranica

S. Maria in Aquiro

Via M. Minghetti

Via d. Muratte

麥當勞

Monte dei Paschi di Siena

奎利諾劇院
Teatro Quirino

P.za di Pietra

Albergo Cesari

Via di Pietra

Via del Corso

西亞拉宮
Pal. Sciarra

Galleria Sciarra P12,73

Via dell'Umiltà

rgo del Sole al Pantheon

Via dei Pastini

金杯咖啡 P28
Tazza d'Oro
Pantheon

工商會議所
Camera di Commercio

羅馬博物館(科索)
Roma Museo del Corso

P.za Oratorio

Via d. Archeto

Albergo del Senato P88

卡賓槍騎兵隊司令部

P.za S. Ignazio

Via Caravita

Via Seminario
Pellicanò P79

Sant'Ignazio

Via S. Marcello

S. Marcello al Corso

Via S. Ignazio

Via C. Romano

Pal. del Collegio Romano

Via Ss. Apostpli

za della Minerva

密涅瓦神殿上的聖母教堂 P66
Basilica di Santa Maria Sopra Minerva

拉塔街聖母教堂
S. Maria in Via Lata

Pal. Odescalchi

聖徒教堂
Ss. Apostoli

P.za Collegio Romano

入口

Via del Corso

德拉密涅瓦大酒店
Grand Hotel de la Minerve
P84

Via Piè di Marmo

P.za Santi Apostoli

Banca di Roma

P.za d. Pigna

Via S. Stefano del Cacco

Via d. Astalli

P.za Grazioli

朵利亞·潘菲利美術館
Galleria Doria Pamphilj

P12,71 La Cabana

Deutsche Bank

Via C. Battisti

Ss. Stimmate di S. Francesco
edit Banca

Via d. Gesù

Via d. Plebiscito

入口

威尼斯廣場 P30
Piazza Venezia

往共和廣場

o Torre
entina
nca di Roma

藥局

P.za del Gesù

耶穌會教堂
Chiesa del Gesù

Via degli Astalli

威尼斯宮
Palazzo Venezia

P.za Madonna di Loreto

Via Arco d. Ginnasi

V. Celsa

Via dell'Aracoeli

DOM P81

Via San Marco

P.za San Marco

Via Bottegghe Oscure

Pal. Caetani

Crypta Balbi

巴爾比地窖博物館

S. Stanislao d. Polacchi

維多利歐·艾曼紐二世紀念堂
Monumento a Vittorio Emanuele II

● 觀光景點   ● 餐廳·咖啡廳   ● 商店   H 飯店

♪翡冷翠

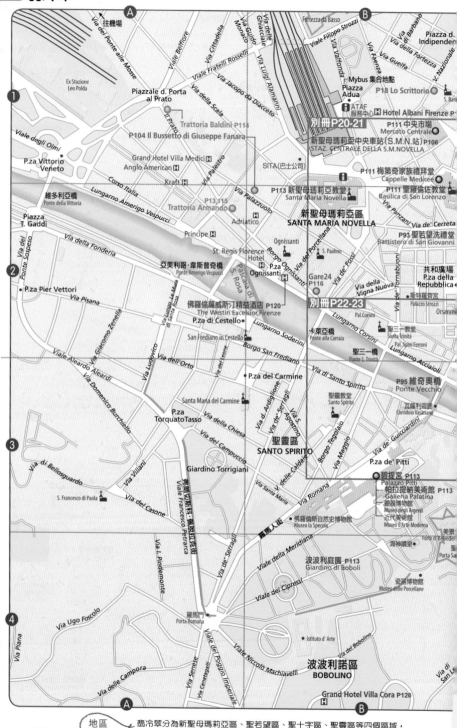

往機場

Via del Ponte alle Mosse

Fortezza da Basso

Piazza d. Indipender

Via Filippo Strozzi

Viale Filippo Strozzi

Via della Fortezza

Via di Barbano

Piazza d. Indipender

Via Faenza
Via Guelfa
V. Nazionale

Ex Stazione Leo Polda

Mybus 集合地點
Piazza Adua
P18 Lo Scrittorio

ATAF
服務中心

Hotel Albani Firenze P

S. Barc

Piazzale d. Porta al Prato

Trattoria Baldini P114
P104 Il Bussetto di Giuseppe Fanara

新聖母瑪莉亞中央車站(S.M.N.站) P106
STAZ. CENTRALE DELLA S.M.N.NOVELLA

別冊P20-21

P111 中央市場
Mercato Centrale

Grand Hotel Villa Medici
Anglo American

SITA (巴士公司)

P111 梅第奇家族禮拜堂
Cappelle Medicee

Kraft

P113 新聖母瑪莉亞教堂
Santa Maria Novella

P111 聖羅倫佐教堂
Basilica di San Lorenzo

維多利亞橋
Ponte della Vittoria

Corso Italia

Lungarno Amerigo Vespucci

新聖母瑪莉亞區
SANTA MARIA NOVELLA

P93 聖若望洗禮堂
Battistero di San Giovanni

Via de' Cerreta

Piazza T. Gaddi

Via della Fonderia

Trattoria Armando P13,115

Adriatico

Principe

Ognissanti
Borgo Ognissanti

S. Paolino

Via de' Fossi

共和廣場
P.za della Repubblica

斯特羅賽宮
Palazzo Strozzi

St. Regis Florence Hotel

亞美利哥·韋斯普奇橋
Ponte Amerigo Vespucci

Pescaia di S. Rosa

P.za Ognissanti

Gare24
P116

Via della Vigna Nuova

Orsanr

P.za Pier Vettori

Via Pisana

佛羅倫薩威斯汀精益酒店 P120
The Westin Excelsior, Firenze

Pal.Corsini

別冊P22-23

聖三一教堂
Santa Trinita
Pal. Spini Ferroni

P.za di Cestello

San Frediano in Cestello

Lungarno Soderini

卡萊茄橋
Ponte alla Carraia

Lungarno Corsini

聖三一橋
Ponte S. Trinita

Lungarno Acciaioli

P95 維奇奧橋
Ponte Vecchio

P.za del Carmine

Borgo San Frediano

Via di Santo Spirito

聖靈教堂
Santo Spirito

瓦薩利迴廊
Corridoio Vasariano

Via de' Guicciardini

Santa Maria del Carmine

P.za TorquatoTasso

Via della Chiesa

聖靈區
SANTO SPIRITO

Giardino Torrigiani

P.za de' Pitti

碧提宮 P113
Palazzo Pitti
帕拉提納美術館
Galleria Palatina
銀器博物館
Museo degli Argenti
近代美術館
Museo d'Arte Moderna

S. Francesco di Paola

Via del Casone

Via del Campuccio

佛羅倫斯自然史博物館
Museo la Specola

Giardino di Boboli

波波利庭園 P113

美景
Forte di Belveder

海神順泉

Porta Sa

羅馬門
Porta Romana

Viale dei Cipressi

Istituto d'Arte

瓷器博物館
Museo delle Porcellane

波波利諾區
BOBOLINO

Grand Hotel Villa Cora P120

地區
Navi

翡冷翠分為新聖母瑪莉亞區、聖若望區、聖十字區、聖靈區等四個區域，主要景點集中在阿諾河北側一帶。

往菲耶佐雷　 P.za A. Conti
P.za I. d. Lungo
Via Venezia
Via Pier Antonio
Via G. La Pira
Micheli
Via Giacomo Matteotti
博物館・巴葛里諾街
Via Pier Capponi
Via dei Della Robbia
Cimitero della Misericordia
Via Giambologna
Via Giuseppe La Farina
高級購物街區
Via Manolli

Corte d'Assise
Giardino dei Semplici
聖馬可博物館 P112
Museo di San Marco
翡冷翠大學
Universita
P.za S. Marco
聖馬可廣場
Via Cavour
Via S. Gallo
Via Santa Reparata
Vill. Aprile
Via G. Capponi
Via Gino Capponi
Giardino della Gherardesca

P.za Donatello
Via Giuseppe La Farina

Via Jacopo Nardi
Via Benedetto Varchi
Staz. Campo di Marte

學院美術館 P112
Galleria dell'Accademia
Via Cesare Battisti
Santissima Annunziata
佛羅倫薩四季酒店 P120
Four Seasons Hotel Firenze
安寶拉塔・翁貝爾吉街
Via Giuseppe Giusti
Via Maracco

Hotel Loggiato dei Serviti P121
P.za della Ss. Annunziata
孤兒之家美術館 P112
Galleria dello Spedale degli Innocenti
Cimitero degli Inglesi
Via Giuseppe Mazzini
Via A. Scialoia
Via Capo di Mondo

奇・里卡迪宮
zo Medici-Riccardi
Via de' Servi
Via Cavour
Via de' Riccardi
Le Due Fontane Hotel P121
Via degli Alfani
Borgo Pinti
P.za Massimo d'Azeglio
Viale Antonio Gramsci
Via Pietro Colletta
P.za Oberdan

聖若望區
SAN GIOVANNI P92
mo (Cattedrale di Santa Maria del Fiore)
Via della Colonna
Via G. Mattonaia
Viale Giuseppe Mazzini
Via Scipione Ammirato

Hotel Monna Lisa P121
Via Fiesolana
Via de' Pilastri
Sinagoga
Via della Niccolini
Via Battista Niccolini

樓 P93
di Giotto
Via dell'Oriuolo
Tuorlo P118
J&J Hotel J and J
Borgo la Croce
P.za Cesare Beccaria
Via Vincenzo Gioberti

I Corso
Borgo degli Albizi
P.za G. Salvemini
P.za S. Ambrogio
Via Pietrapiana
P.za dei Ciompi
Via Ferdinando Paolieri
Via dell'Agnolo
Salimbeni P118
P.za L Ghiberti
Via Orcagna
Via Giotto

廣場 P94
a della Signoria
Teatro Verdi
Casa Buonaroti
Enoteca Pinchiorm P114
Via Ghibellina
Viale Giovanni Amendola
Via Cimabue
Via Fra' Giovanni Angelico

維奇奧宮 P112
Palazzo Vecchio
P.za S. Croce
聖十字教堂 P112
Basilica di Santa Croce
Via Pietro Thouar
Via della Giovine Italia
Via Arnolfo

烏菲茲美術館 P96
Galleria degli. Uffizi
聖十字區
SANTA CROCE
P.za Mentana
Via Antonio Magliabechi
國立圖書館
Biblioteca Nazionale
Via dei Malcontenti
Via del Ghirlandaio

Corso de' Tintori
Via Tripoli
Hotel Piazza Lucchesi
Hotel River
P.za Piave
Lungarno G. Pecori Giraldi
Lungarno del Tempio

Lungarno delle Grazie
Lungarno della Zecca Vecchia
格拉奇橋
Ponte alle Grazie

rno Torrigiani
Pal. Torrigiani
阿諾河
Fiume Arno
Pescaia di S. Niccolo
Lungarno Benvenuto Cellini
聖尼可羅橋
Ponte S. Niccolo
Lungarno Francesco Ferrucci

Lungarno Serristori
Via de' Renai
Via di San Niccolò
Pal. Mozzi-Bardini
波吉廣場
P.za Giuseppe Poggi
Via dei Bastioni
P.za Francesco Ferrucci
Via Giampaolo Orsini

i Belvedere
Viale Giuseppe Poggi
米開朗基羅廣場 P95
Piazzale Michelangelo
Via Coluccio Salutati

Leonardo
Viale Michelangelo
San Salvatore al Monte

S. Miniato al Monte
Viale Michelangiolo

十字山丘區
MONTE ALLE CROCI
Viale Galileo Galilei

0   200m
N
Campo Sportivo A. S. S. I.

●觀光景點　●餐廳・咖啡廳　○商店　H飯店

新聖母瑪莉亞中央車站 P106
STAZ. CENTRALE DELLA SANTA MARIA
NOVELLA(S.M.N.站)

公車總站

計程車招呼站

CAP.Copit (巴士公司)

麥當勞

民族街

Via Fiume

Via Nazionale

Via G. B. Zannoni

法格札街

S. Jacopino in Campo Corbolini

Via Faenza

Via S. An

站前廣場
P.za della Stazione

Pal. d. Cartelloni

聖安東尼奧街

Via dell'Amorrto

售菸亭

P.za dell'Unità Italiana

Grand Hotel Majestic

Via del Melarancio

Madonna
Aldobr

P113 新聖母瑪莉亞教堂
Santa Maria Novella
附設博物館
Museo di S. Maria Novella

Fiorentino

Via d. Avelli

Bonciani

Grand Hotel Baglioni

海札尼街

Astoria

Via del Giglio

Via dell'Alloro

新聖母瑪莉亞藥局 P101
Officina Profumo Farmaceutica di Santa Maria Novella

Via della Scala

Via Panzani

P120 Grand Hotel Minerva

新聖母瑪莉亞區
SANTA MARIA NOVELLA
Hotel Croce di Malta

新聖母瑪莉亞廣場
P.za Santa Maria Novella

步行
約2分

藥局

Via dei Banchi

P118 Bojola

Hotel
Cerretani

Santa Maria Novella

P117 Richard Ginori

Via dei Rondinelli

S. Francescod.
Vanchetoni

Via del Porcellana

Via S. Paolino

P.za S.
Paolino

Via S. Palazzuolo

J. K. Place

Roma

Via del Trebbio

Cantinetta Antinori
P115

Pal. Antinori

Via degli Antinori

Via d. Agli

P.za Antinori

Via delle Pescioni

N

S. Paolino

藥局
P116 Cellerini

Via del Sole

Via delle
Belle Donne

Hermès

Loretta Caponi

P18

S.Gaetano

Via d. Corsi

0   50m

P.za d. Ottaviani

Via de' Fossi

Via della Spada

De la Ville

Via d. Giacomini

托納波尼街
Via de Tornabuoni

Banca di Ror

周邊圖參照別冊P18

P118 Aprosio & Co

P13,101
Osteria Belle Donne

Hogan

Max Mara P117

P20-21

P22-23

Hotel
Unicorno

L'Osteria di Giovanni P13,115

S. Pancrazio

Il Latini

Via de' Federighi

Via del Moro

Via de' Palchetti

P100
Sermoneta Gloves

Massimo
Rebecchi

Roberto Cavalli

P117 Tod's

Procacci
P101,118

Bottega Veneta P101

Etro

Via della Vigna Nuova

Chopard

Gucci (男裝)

Bvlgari

P117

Gucci (童裝)

Via degli Stro

Cartier

Louis Vuitton

斯特羅齊宮
Palazzo Strozzi

Pineider 1774 P118

Prada

Gucci (女裝)
P101,117

P.za de
Strozzi

地區
Navi
以聖母百花大教堂為起點的北側,是自古以來便以翡冷翠宗教重心而繁盛的地區。
若在遊逛時不小心迷了路,就以教堂的圓頂為地標來判斷吧。

P112 學院美術館
Galleria dell'Accademia

麥當勞

聖若望區
SAN GIOVANNI

Via Guelfa

Via degli Alfani

Via Cavour

Via Taddea

Via de' Ginori

卡富爾街

Pal. Gerini

市場 P111
ato Centrale
P.za del Mercato
Centrale

Borgo la Noce

Via della Stufa

Via Ricasoli

Pal.
Bandinelli

P111 梅第奇‧里卡迪宮
Palazzo Medici-Riccardi

Via del Canto de' Nelli

el Palazzo Benci

◉梅第奇家族禮拜堂 P111
Cappelle Medicee

P.za di San
Lorenzo

Via de Gori

Pal. Niccolini

Via de' Servi

聖若望教堂
S. Giovanni

P111 聖羅倫佐教堂
Basilica di San Lorenzo

入口

里卡索利街

Pal. Panciatichi

Biblioteca Medicea Laurenziana

Borgo San Lorenzo

Via Martelli

H Hotel Spadai P121

Via d. Biffi

Via dei Pucci

Pal. Pucci

el Centrale

聖羅倫佐街

Via F. Zannetti

Via Maurizio Bufalini

♦ Enoteca Lombardi P15

L'Antica Cantina del Chianti P15

馬羅素利街

a dei Cerretani

大教堂廣場
P.za
del Duomo

大教堂博物館 P92
Museo dell'Opera del Duomo

母大教堂
Maria Maggiore

藥局

大教堂 (聖母百花大教堂) P92
Duomo (Cattedrale di Santa Maria del Fiore)

P93 聖若望洗禮堂
Battistero di San Giovanni

喬托鐘樓 P93
Campanile di Giotto

計程車招呼站

ini

Pal. Guadagni

● Max Mara

◉ Gucci

Via d. Oriuolo

ei Pecori

P118 Luisa Via Roma

s(童裝)

Max & Co.

Grom (冰淇淋)

Via de' Bonizzi

Via della Oche

Via Roma

Via dei Tosinghi

◉ Enoteca Alessi P118

● Pegna (食品)

Via del Proconsolo

Campidoglio

● Miu Miu

Via Brunelleschi

人類學博物館
Museo di Antropologia

H Savoy

Via d. Studio

izi Palace

otel Helvetia & Bristol P120

共和廣場
P.za della
Repubblica

羅馬街

Hugo Boss

Via del Calzaiuoli

H Hotel Brunelleschi
P121

Borgo degli Albizi

endini

Via degli Speziali

Via del Corso

& Gabbana

藥局

● La Rinascente

● Furla

◉ Braschi P116

Grand Hotel Cavour H

Via Pellicceria

Via dei Cerretani

製糖商街

Anselmi

● Zara

C

D

◉ 觀光景點　　◉ 餐廳‧咖啡廳　　◎ 商店　　H 飯店

♪翡冷翠

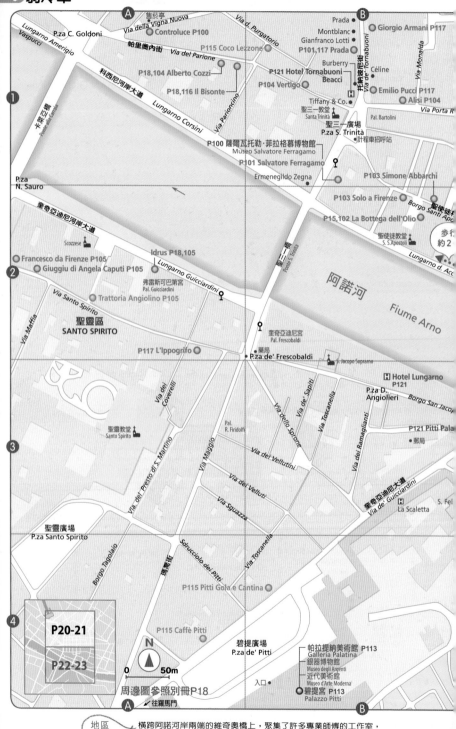

A

P.za C. Goldoni
Lungarno Amerigio Vaspucci

售票亭
Via della Vigna Nuova
● Controluce P100
帕里奧內街
Via del Parione
P115 Coco Lezzone ●
P18,104 Alberto Cozzi ●

科西尼河岸大道
Lungarno Corsini

Via del Pariorcino
P18,116 Il Bisone ●

卡萊亞橋
Ponte alla Carraia

Via d. Purgatorio

Prada ●
Montblanc ●
Gianfranco Lotti ●
P101,117 Prada ●
Burberry ●
P121 Hotel Tornabuoni
Beacci
P104 Vertigo ●
Tiffany & Co. ●
聖三一教堂 ♦
Santa Trinità
聖三一廣場
P.za S. Trinità

B

● Giorgio Armani P117

托納波尼街
Via de' Tornabuoni

Céline ●
● Emilio Pucci P117
Alisi P104 ●

Via Monalda
Via Porta R
Pal. Bartolini
計程車招呼站

P100 薩爾瓦托勒·菲拉格慕博物館
Museo Salvatore Ferragamo
P101 Salvatore Ferragamo ●
Ermenegildo Zegna ●

1

2

桂奇亞迪尼河岸大道
Lungarno Guicciardini

● Francesco da Firenze P105
● Giuggiu di Angela Caputi P105
Scozzese ♦

Idrus P18,105
弗雷斯可巴第宮
Pal. Guicciardini
● Trattoria Angiolino P105

P103 Simone Abbarchi ●
P103 Solo a Firenze ●
P15,102 La Bottega dell'Olio ●
聖使徒教堂 ♦
S. S.Apostoli

Borgo Santi Apc
聖使徒村
步行
約2

Lungarno d. Acc

阿諾河
Fiume Arno

聖靈區
SANTO SPIRITO

Via Santo Spirito
Via Maffia

P117 L'Ippogrifo ●

Ponte S. Trinità

Via dei Coverelli

聖靈教堂 ♦
Santo Spirito

Pal. R. Firidolfi

Via del Presto di S. Martino

聖三一橋

桂奇亞迪尼宮
Pal. Frescobaldi
藥局
P.za de' Frescobaldi ●
S. Jacopo Soprano ♦

Via de' Sapiti
Via dello Sprone

Via Maggio

Via dei Vellutini
Via dei Velluti

Via Sguazza

Hotel Lungarno
P121
P.za D.
Angiolieri
Borgo San Jaco

Via Toscanella

Via de' Ramagianti

P121 Pitti Pala

● 郵局

桂奇亞迪尼大道
Via de' Guicciardini

S. Fel
La Scaletta

3

聖靈廣場
P.za Santo Spirito

Borgo Tagolaio

瑪喬街

Sdrucciolo dei Pitti

Via Toscanella

P115 Pitti Gola e Cantina ●

4

P20-21

P22-23

P115 Caffè Pitti ●

N

0 ——— 50m

周邊圖參照別冊P18

碧提廣場
P.za de' Pitti

入口 ●

帕拉提納美術館 P113
Galleria Palatina
銀器博物館
Museo degli Argenti
近代美術館
Museo d'Arte Moderna
碧提宮 P113
Palazzo Pitti

A ↙往羅馬門

B

22

地區 Navi

橫跨阿諾河岸兩端的維奇奧橋上，聚集了許多專業師傅的工作室，
是一處留有古老石板地而飄散老街風情的區域。

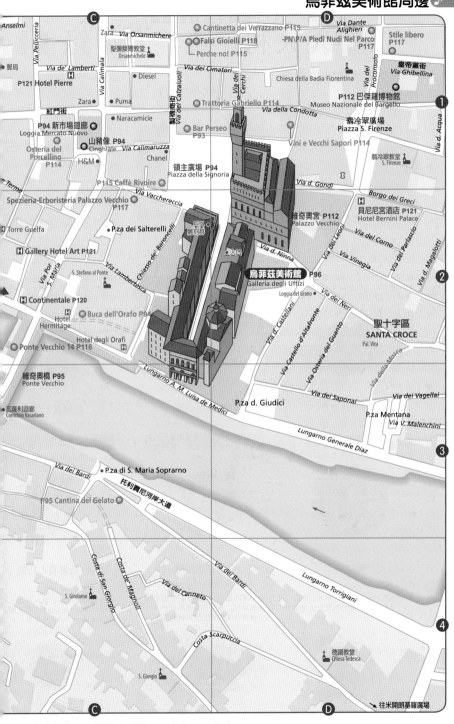

烏菲茲美術館周邊

Anselmi
Via Pellicceria
郵局
Via de' Lamberti
P121 Hotel Pierre
Zara

Zara Via Orsanmichere
聖彌額爾教堂 Orsanmichele
Diesel
Puma
Naracamicie
紅門街
P94 新市場迴廊
Loggia Mercato Nuovo
山豬像 P94
Osteria del Cinghiale Via Calimaruzza
Porcellino
P114 H&M Chanel

Cantinetta dei Verrazzano P115
Falsi Gioielli P118
Perche no! P115
Via dei Cimatori
Chiesa della Badia Fiorentina
Trattoria Gabriello P114
Via della Condotta
Bar Perseo P93
Vini e Vecchi Sapori P114

Via Dante Alighieri
Stile libero P117
皇帝黨街 Via Ghibellina
P112 巴傑羅博物館
Museo Nazionale del Bargello
翡冷翠廣場 Piazza S. Firenze
翡冷翠教堂 S. Firenze

領主廣場 P94
Piazza della Signoria
P115 Caffè Rivoire
Spezieria-Erboristeria Palazzo Vecchio P117
Torre Guelfa
Gallery Hotel Art P121
Via Por S. Maria
Continentale P120
Buca dell'Orafo P94
Hotel Hermitage
Hotel degli Orafi
Ponte Vecchio 14 P116
維奇奧橋 P95
Ponte Vecchio
瓦薩利迴廊 Corridoio Vasariano

Via Vaccereccia
P.za dei Salterelli
S. Stefano al Ponte

維奇奧宮 P112
Palazzo Vecchio
Via d. Ninna
烏菲茲美術館 P96
Galleria degli Uffizi
Loggia del Grano

Borgo dei Greci
貝尼尼宮酒店 P121
Hotel Bernini Palace
Via del Corno
SANTA CROCE
聖十字區
Pal. Vita

P.za d. Giudici
Lungarno A. M. Luisa de Medici
Via dei Saponai
Lungarno Generale Diaz
P.za Mentana

Via dei Bardi
P.za di S. Maria Soprarno
托利賣尼河岸大道
P95 Cantina del Gelato

Costa di San Giorgio
S. Girolamo
Via del Canneto
Via dei Bardi
Lungarno Torrigiani

Costa Scarpuccia
德國教堂 Chiesa Tedesca
S. Giorgio

往米開朗基羅廣場

● 觀光景點　　● 餐廳・咖啡廳　　● 商店　　H 飯店

23

\動動手指輕鬆點菜/

■■ 義大利經典美食型錄 ■■

前菜
Antipasto

意為「用餐前」的Antipasto，是全餐料理中最先吃到的前菜。大部分的店家都會提供少量多樣的前菜拼盤Antipasto Misto。

水牛莫札瑞拉起司
Mozzarella di bufala

以水牛的新鮮牛奶所製作的莫札瑞拉起司，在生起司中也被譽為頂尖美味。沒有多餘調味，品嘗食材本身的真實風味。

第一道主食
Primo piatto

除了各種義大利麵之外，也有義燉飯、麵疙瘩和湯類等。傳統上說，義大利菜中的第一道主食和二道主菜有著同樣重要的地位，常在份量上也相當豐盛。

烤麵包片
Crostini

將切片麵包盛上餡料的義式麵包小點，餡料從海鮮到蔬菜、肉類、肉醬等，口味五花八門。

油炸櫛瓜花
Fritto di fiori di zucca

將莫札瑞拉起司和鯷魚塞進櫛瓜花中一起油炸成的菜餚，櫛瓜花的獨特風味讓人讚不絕口。

茄汁義大利麵
Spaghetti al pomodoro

經典中的經典，番茄醬汁義大利麵。雖然是道簡單的菜色，但可以此吃到最道地的食材風味。

薄片拼盤
Affettati

盛滿切片的生火腿、義式臘腸等的綜合拼盤。Affettato的意思為「薄切」，也適合作為葡萄酒的下酒菜。

羅馬燉菜薊
Carciofi alla Romana

將朝鮮薊以白酒和橄欖油等一起蒸煮，帶出清爽的好滋味，是羅馬的知名菜色。

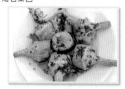

蛤蜊義大利麵
Spaghetti alle vongole

蛤蜊義大利麵通常分為用白酒蒸的 Bianco（白）和用番茄醬汁的 Rosso（紅）兩種。用上新鮮蛤蜊的Vongole Verace是絕佳美味。

普切塔
Bruschetta

將吐司麵包抹上大蒜，再淋上橄欖油的餐點。也有灑上番茄或豬背油的版本。

卡布里沙拉
Insalata caprese

將切片的番茄、莫札瑞拉起司和羅勒葉裝盤，是卡布里島風格的沙拉。調味以橄欖油和胡椒鹽為主。

海鮮義大利麵
Spaghetti alla scogliera

吃得到滿滿海鮮的義大利麵，也有店家稱之為Pescatora（漁夫麵）Frutti di Mare（海中的果實）。

在羅馬和翡冷翠等主要城市，不但能吃到當地風味的菜餚（→P12），也能品嘗義大利各地的佳餚，在此從眾多菜色中，精選出非吃不可的道地經典美味。

培根蛋汁義大利麵
Carbonara

羅馬名菜。將培根與羅馬羊奶起司、蛋黃、黑胡椒的醬汁拌上通心麵或細麵。

第二道主菜
Secondo piatto

為主要菜色，通常分成肉類和魚類。肉類多以牛、豬和羊為主，也有許多內臟料理。魚以海水魚為主，也有蝦子和螃蟹等甲殼類，以及花枝、章魚和貝類等，相當多樣。

義式海鮮湯
Zuppa di pesce

將海產蒸煮而成的菜色。雖然食材因為季節而異，但基本上會有鮟鱇魚及雕魚等白肉魚，以及蝦子、花枝、蛤蜊和淡菜等。將鮮甜風味濃縮起來的湯頭，就用麵包沾取細細品嘗吧。

卡布里麵餃
Ravioli alla Caprese

用扁平的義大利麵包裹住餡料的義大利麵餃（Ravioli），餡料會因地域而異。Caprese則意指卡布里風味。

烤牛排
Bistecca

牛排。僅以胡椒和鹽巴做簡單調味，並以炭火烤出風味。油脂不多，可以品嘗到肉質本身的鮮味。

炸什錦海鮮
Fritto misto di mare

油炸海鮮，內容因店而異，但基本上會有蝦、花枝、章魚、白肉魚等。以橄欖油炸是義大利的講究做法。擠上檸檬後享用。

熱那亞青醬義大利麵
Trenette al pesto genovese

將熱那亞當地特產的細扁麵（Trenette）拌上羅勒、大蒜、松子、帕瑪森起司調製出的青醬風味。

燉牛肚
Trippa

以牛的第二胃燉煮而成的菜餚，大致分為使用番茄去除腥味的羅馬風，以及加入大量蔬菜一起燉煮的翡冷翠風味。

烤什錦海鮮
Grigliata mista di mare

燒烤海鮮。以蝦子、花枝、扇貝等為主，但也因為有雕魚、鱸魚等一整隻的白肉魚，價格偏高。

羅馬風麵疙瘩
Gnocchi alla romana

羅馬風味的麵疙瘩，一般來說通常會添加馬鈴薯或南瓜，但羅馬做法是僅使用小麥麵粉製作。

燉牛膝
Ossobuco

將帶骨的小牛膝肉以葡萄酒、番茄醬汁長時間熬煮出的菜餚。從富含膠原蛋白的骨髓中流出的醬汁相當美味。

炸小牛排
Cotoletta

將小牛肉拍打至厚度均勻後，灑上蛋液和麵包粉，並以平底鍋煎烤兩面。是相當有名的米蘭風味。

披薩

Pizza

17世紀於拿坡里誕生的披薩，原是作為便當和消夜而大受歡迎的休閒速食。雖然只是在麵糰上面加上醬料和餡料後拿去烤的簡單餐點，但正因為簡單，才有著當地才品嘗得到的深奧美味。動身前往披薩專賣店Pizzeria品嘗吧。

瑪格麗特
Margherita

番茄醬、莫札瑞拉起司和羅勒葉口味的披薩。這是在1898年，由拿坡里的披薩師傅為了造訪當地的薩沃亞家公主瑪格麗特，所特別研發出的新口味。

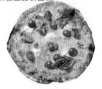

卡布里喬莎
Capricciosa

以「隨興」為名的羅馬當地披薩。如名所示，餡料相當多樣，但多以磨菇、橄欖、生火腿和蛋為多量餡料為特徵。

白披薩
Bianca

如同「白」之名，是一種不使用番茄醬的簡單披薩，也被稱為佛卡夏Focaccia。有著適中的鹽味，可以品嘗餅皮的原始滋味。

水手披薩
Pizza Marinara

以水手（Marinara）常吃而得名的披薩。以番茄醬、野薄荷和大蒜製作，雖然口味簡單，但越嚼越有滋味。

披薩餃
Calzone

將餡料灑在半邊的餅皮上，再對折起來烤製的披薩。主要的餡料為生火腿、義式臘腸、起司和蛋等等。

> 也是很受歡迎的外帶美食

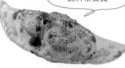

葡萄酒
Vino

義大利的葡萄酒業震古鑠今。國土呈南北狹長狀的義大利，因各地的土質和氣候而種出不同品種的葡萄。也因為如此，隨著產地不同而擁有多種風味，就成了義大利葡萄酒的特色。

代表當地的葡萄酒就是這個！

羅馬

羅馬所在的拉齊奧大區，以羅馬城堡區（Castelli Romani）的弗拉斯卡蒂鎮（Frascati）所生產的白葡萄酒（圖左）最具代表性。近年來也出現了Montiano（圖右）等高品質的紅葡萄酒。

翡冷翠

托斯卡納大區是國內相當知名的釀酒區。可以說是義大利葡萄酒代名詞的奇揚替（Chianti，圖左）和高級品牌的Brunello di Montalcino（圖右）等，擁有美味的紅葡萄酒。

想買來當伴手禮的義大利名酒

A　B　C　D

A　巴羅鏤
Barolo

有「義大利葡萄酒之王」美名，為北部皮埃蒙特大區出產的紅酒。

B　瓦波里切拉
Valpolicella

產自維內多大區維洛納近郊，有著豐醇口味的紅酒。

C　陶萊西
Taurasi

歷史悠久的Aglianico葡萄釀造而成，是代表坎帕尼亞大區的紅酒。

D　蘇瓦韋
Soave

口味清爽的辣口白酒，是威尼斯最受歡迎的葡萄酒。

Milano
維內多大區
皮埃蒙特大區
Venezia
Firenze
托斯卡納大區
拉齊奧大區
Roma
坎帕尼亞大區

西西里大區

義大利有著歐洲現存最古老的咖啡廳，並發展出獨特的咖啡文化。不妨在優雅的咖啡廳或是熱鬧的酒吧，喝著道地的義大利咖啡，享受片刻時光吧。

可可的香氣與風味是重點

義式濃縮咖啡
Espresso

在義大利說到「咖啡」非它莫屬。以蒸氣萃取出的深厚濃醇咖啡香為一大特色，可以加入砂糖飲用。

卡布奇諾
Cappuccino

將義式濃縮咖啡加入奶泡，眾所皆知的咖啡口味。適合在早餐或休息時間來上一杯。

瑪奇朵咖啡
Caffè macchiato

原意為「弄上汙點」的瑪奇朵咖啡，是在濃縮咖啡上加入少量奶泡的口味。

瑪羅奇諾咖啡
Caffè marocchino

意思為摩洛哥風味的瑪羅奇諾咖啡，是用義式濃縮咖啡＋奶泡＋可可粉，層次相當豐富。

冰咖啡
Caffè freddo

Freddo就是冷的意思。通常在送上來時就已經加入砂糖。夏季的最佳飲品。

冰搖咖啡
Caffè sciecherato

將冰塊與義式濃縮咖啡手搖製作出來的夏季飲品。通常會加一些酒，但也有不加酒的店家。

康寶藍咖啡
Caffè con panna

在義式濃縮咖啡上倒入大量鮮奶油。奶油相當甜，適合愛吃甜食的人。

冰茶
Tè freddo

冰茶。通常會問需不需要加檸檬還是桃子。基本上不加牛奶。

熱可可
Cioccolata

在寒冬時極受歡迎的熱可可，嘗起來其實沒有想像中甜。累的時候來一杯可以溫暖身子、提振精神。

拿鐵瑪奇朵
Latte macchiato

瑪奇朵咖啡的相反版本，在大量的熱牛奶上加入少許義式濃縮咖啡。

鮮果汁
Spremuta

新鮮果汁的意思。若是柳橙汁就是Spremuta di Arancia。雖然會附砂糖，但不加糖比較好喝。

苦澄汽水
Chino

名為Chinotto的柑橘口味碳酸果汁。甜中帶苦的味道和金桔相似，是會讓人上癮的味道。

啤酒
Birra

啤酒。義大利的代表品牌為Nastro Azzurro和Moretti。

氣泡酒
Spumante

義大利的發泡酒。辣口的Prosecco也很受歡迎。

金巴利
Campari

義大利的代表性利口酒。雖因味道苦澀而多用來調酒，但也有不少人直接飲用。

水
Acqua

分為含氣泡的Gassata、微氣泡的Frizzante、無氣泡的Naturale。

情境 簡單義大利會話

Scene 1 打招呼

你好 Buongiorno.	再見 Arriveder la.
謝謝 Grazie.	對不起 Mi scusi.
是 Si.	不是 No.

Scene 2 在餐廳

兩位，有位子嗎？ Ç un tavolo per due?	請給我菜單 Posso avere il menu, per favore?
推薦的菜色是？ Che cosa consiglia?	請給我招牌紅酒 Vorrei del vino ross della casa.
有葡萄酒單嗎？ Avete la lista dei vini?	這不是我點的 Non ho ordinato questo.
麻煩買單 Il conto, per favore.	請幫我叫計程車 Puo chiamarmi un taxi?

Scene 3 在商店

這個多少錢？ Quanto costa?	請給我這個 Prendo questo.
我自己看看，謝謝 Sto solo guardando. Grazie.	我可以拿起來看嗎？ Posso toccare?

Scene 4 觀光時

車站在哪裡？ Dove la stazione dei treni?	在哪裡買票？ Dove posso comprare un biglietto?

Scene 5 搭計程車

請載我到●●飯店 Al ●● Hotel, per favore.	請在這邊停車 Si fermi qui, per favore.

常用單字 貼心整理♪ 數字・單字

1…uno
2…due
3…tre
4…quattoro
5…cinque
6…sei
7…sette
8…otto
9…nove

車站…stazione
機場…aeroporto
往～…per
出發…partenza
抵達…arrivo

車資…tariffa
營業中…aperto
打烊…chiuso
出口…uscita
入口…ingresso
廁所…bagno

匯率 €1≒**35.85**台幣
（2015年8月時）

先寫下來吧♪
兌換時的匯率
€1 ≒ [　　　] 台幣